संलाप

संलाप

भगवानदास मोरवाल

सम्पादक

डॉ. नैया

लोकभारती प्रकाशन

लोकभारती प्रकाशन
पहली मंजिल, दरबारी बिल्डिंग, महात्मा गांधी मार्ग
प्रयागराज-211 001
शाखाएँ : 1-बी, नेताजी सुभाष मार्ग, दरियागंज
नई दिल्ली-110 002
अशोक राजपथ, साइंस कॉलेज के सामने
पटना-800 006
1, अनमोल सोराबजी सन्तुक लेन, धोबी तलाव
मरीन लाइंस, मुम्बई-400 002
वेबसाइट : www.lokbhartiprakashan.com
ईमेल : info@lokbhartiprakashan.com

पहला संस्करण : 2024 | **मूल्य :** ₹695

बी.के. ऑफसेट
नवीन शाहदरा, दिल्ली-110 032
द्वारा मुद्रित

SANLAP
Interview by Bhagwandass Morwal
Edited by Dr. Naiya

ISBN : 978-81-979181-2-4

डॉ. संजय नवले
पूर्व हिन्दी विभागाध्यक्ष
डॉ. बाबासाहेब आम्बेडकर मराठवाड़ा विश्वविद्यालय
औरंगाबाद (महाराष्ट्र)
की स्मृति को समर्पित!

क्रम

एक आम आदमी का क़बूलनामा

कहा जाता है कि किसी भी लेखक की रचनात्मक एवं वैचारिक यात्रा और उसके व्यक्तित्व को जानने-समझने के जो माध्यम होते हैं, उनमें आत्मकथा, कहानी, उपन्यास और संस्मरण के बाद समय-समय पर उससे की गई बातचीत अथवा संवाद शामिल होता है। एक तरह से कह सकते हैं कि उसकी सम्पूर्ण साहित्यिक यात्रा को उसके इन संवादों अथवा बातचीत से भी जाँचा-परखा जा सकता है। इस दृष्टि से हमारे समय के महत्त्वपूर्ण, हिन्दी की औपन्यासिक रचनाशीलता के सर्वोत्तम प्रतिनिधियों में से एक, ग्रामीण जीवन के आधुनिक चितेरे और उसकी लोक-संस्कृति में रचे-बसे कथाकार भगवानदास मोरवाल के 'संलाप' में संगृहीत साक्षात्कार इसी श्रेणी में आते हैं। ये मात्र उनसे की गई बातचीत नहीं है वरन् भारतीय समाज के अन्तर्विरोधों, उसकी अकुलाहटों, लेखक के रूप में एक नागरिक की बेचैनी और समाज में तय उसकी ज़िम्मेदारियों के जीवन्त दस्तावेज़ हैं। ये संवाद उनकी शब्दयात्रा तथा उनके बहुआयामी लेखकीय सरोकारों को भी सुपरिभाषित करते हैं। एक लेखक के लेखक होने की पहली शर्त है उसकी जन-पक्षधरता। यह जन-पक्षधरता जहाँ उसके लेखन में रिफ़्लेक्ट होनी चाहिए, वहीं यह उसके कथनों-उपकथनों और बातचीत में भी दिखाई देनी चाहिए। पिछले कुछ वर्षों में की गई उनकी कुछ तल्ख़ और कटु टिपण्णियाँ न केवल चर्चित रही हैं बल्कि इनके कारण वे विवादों में भी रहे हैं।

पिछले तीन दशकों के दौरान समय-समय पर उनसे किये गए इन छोटे-बड़े संवादों की विशेषता यह है कि इनमें लेखक का वही लेखकीय रूप हमारे सामने आता है, जो उनके असल जीवन का हिस्सा है। इसलिए इनमें किसी तरह का कोई दुचित्तापन और कृत्रिमता नज़र नहीं आएगी। एक बातचीत में बड़ी बेबाक़ी से ये अपनी सामाजिक पृष्ठभूमि को अपने लेखन की सबसे बड़ी ताक़त मानते हैं। वे यह भी स्वीकार करते हैं कि जहाँ यह पृष्ठभूमि कभी-कभी उनके आत्मविश्वास को डगमगाने लगती है, वहीं यह उन्हें अपनी रचनाओं में अधिक मेहनत करने को प्रेरित भी करती है। एक बातचीत में वे अपने शुरू के कुछ उपन्यासों 'काला पहाड़', 'बाबल तेरा देस में', 'रेत', 'नरक मसीहा' और उसी समय पूरे किये गए अपने नये उपन्यास 'हलाला' की रचनात्मकता और वैचारिकता के बारे में खुलकर अपनी बात कहते हैं।

इस संवाद में वे एक प्रश्न 'हिन्दी साहित्य में मुसलमानों के प्रति हुई उपेक्षा' पर भी पूरी साफ़गोई के साथ बात करते हैं। संवादकर्ता के यह पूछने पर कि क्या उनके कथा-लेखन को इस उपेक्षा की भरपाई के रूप में देखा सकता है, पर वे कहते हैं कि यह इस पर निर्भर करता है कि आपका नज़रिया और सहभागिता इस समुदाय के प्रति कैसे हैं।

इसी तरह एक और बातचीत में वे इस देश के एक क्षेत्र मेवात, जिसे आर्थिक-शैक्षिक पिछड़ेपन के चलते 'काला पानी' तक कहा जाता है, को लेकर वे एक लेखक की चिन्ताओं से परिचित कराते हैं। इसके साथ ही वे मेवात की सामाजिक-सांस्कृतिक बुनावट और तेज़ी से इसकी बनाई जा रही साम्प्रदायिक छवि पर भी खुलकर अपनी बात कहते हैं। इतना ही नहीं धर्म की आड़ में होनेवाले स्त्री-शोषण को केन्द्र में रखकर लिखे गए अपने उपन्यास 'हलाला' के सन्दर्भ में हुई लम्बी बातचीत में इस अमानवीय रिवाज पर जिस तरह क़ुरान के हवाले से इस उपन्यास को लिखने के साथ-साथ दूसरे सन्दर्भों के साथ अपनी बात रखते हैं, वह पाठक को रह-रहकर चौंकने पर विवश करता है। उनके बातचीत करने का ढब और धार्मिक परिप्रेक्ष्य में रखे गए तर्क इन संवादों को रोचक तो बनाते ही हैं अपितु एक नई ऊँचाई भी प्रदान करते हैं। एक और बातचीत में वे दलित साहित्य में तेज़ी से पैदा होनेवाले ब्राह्मणवाद पर चोट करते हुए कहते हैं कि जिस तरह सवर्णवाद और ब्राह्मणवाद हमें हिन्दी के कथित मुख्यधारा के साहित्य में नज़र आता है, वही अब दलित साहित्य में भी दिखाई देता है। इसलिए, यह अकारण नहीं है कि भगवानदास मोरवाल पिछले कुछ वर्षों से अपनी साफ़गोई के चलते यूँ ही विवादों में घिरे रहते हैं। यदि स्पष्ट शब्दों में कहा जाए तो 'संलाप' के साक्षात्कारों में एक चिन्तनशील, निष्ठावान लेखक की धड़कनों को सुना जा सकता है। यह सही है कि साक्षात्कार, बातचीत या इंटरव्यूज़ में लिखे गए शब्दों का साफ़-सुथरा सन्तुलन नहीं होता और यह असन्तुलन कुछ साक्षात्कार में आपको दिखाई भी देगा। इसलिए इन्हें बा-हैसियत एक आम आदमी का क़बूलनामा कहना उचित होगा।

15 अगस्त, 2024

—डॉ. नैया

लेखक को अपने भाषायी संस्कारों से विमुख नहीं होना चाहिए

राकेश श्रीमाल की बातचीत

राकेश श्रीमाल : बचपन में ऐसा कब लगा कि कुछ लिखा हुआ भी महत्त्वपूर्ण हो सकता है?

भगवानदास मोरवाल : अगर मैं अपने बचपन के बारे में बात करूँ तो मेरा बचपन इस देश के उन असंख्य वंचित, उपेक्षित और अभावों में पले-पढ़े बच्चों की तरह रहा है, जिनके लिए लिखना तो दूर की बात रही, सलीक़े से पढ़ना भी एक बीहड़ चुनौती रही है। पढ़ने से मेरा यहाँ तात्पर्य शिक्षा से और वह भी एक व्यवस्थित शिक्षा से रहा है। इस शिक्षा में सबसे बड़ी भूमिका हमारे सामाजिक और पारिवारिक परिवेश की होती है। शिक्षा के प्रति जो चेतना हमारे समाज में होनी चाहिए, उस तरह की चेतना उस दौर अर्थात सत्तर और अस्सी के दशक में कम-से-कम मेरे मेवात में नहीं थी। यह सुनकर भले ही आपको कुछ अटपटा लगे, लेकिन यह सही है। इस चेतना के मूल में सबसे बड़ा कारक था आर्थिक पक्ष। इसलिए हमारे भारतीय समाज, विशेषकर गाँव-देहातों के आर्थिक रूप से विपन्न परिवारों में व्यक्ति को एक अर्जक के रूप में देखा जाता है। उसे मात्र कमाई करनेवाली इकाई के रूप में देखा जाता है। इसीलिए उसे सबसे पहले 'कमेरे' के विशेषण से नवाज़ा गया है। उसकी पढ़ाई-लिखाई को भी इसी रूप में देखा जाता है। इसलिए हमारे यहाँ अक्षर-ज्ञान यानी साक्षरता को ही शिक्षित होने का पर्याय मान लिया गया है। स्त्री के लिए तो यह और भी विचित्र है। उनके लिए शिक्षित होने का अर्थ है केवल अपनी कुछ धार्मिक या मज़हबी पुस्तकों को पढ़ना या फिर ज़्यादा हुआ तो घरेलू कार्य में दक्ष होना।

ऐसे में आज के एक मुख्यधारा के उस लेखक से यह सवाल करना वाक़ई दिलचस्प है कि बचपन में ऐसा कब लगा कि कुछ लिखा हुआ भी महत्त्वपूर्ण हो सकता है। जहाँ तक मुझे याद है मैंने पहली बार किसी अख़बार को तेरह-चौदह

बरस की उम्र में पढ़ा। पढ़ते हुए मुझे पहली बार यह अहसास हुआ कि आख़िर लोग अख़बारों को क्यों पढ़ते हैं। यह पहला अवसर था जब लगा कि हम एक छात्र के रूप में अपनी पाठ्य-पुस्तकों में जो पढ़ते हैं, उस पठन-पाठन की दुनिया कितनी व्यापक है। मुझे याद पड़ता है कि मैंने किसी बड़े लेखक की जो रचना पहली बार पढ़ी, वह अपने बचपन में शायद सातवीं कक्षा में पढ़ी और वह रचना थी प्रेमचन्द की 'बड़े घर की बेटी'। लेकिन इसी दौरान मैंने जिस बड़ी रचना को पढ़ा, वह था विलियम शेक्सपियर के मशहूर नाटक 'मैकबेथ' का बालोपयोगी संस्करण। इसे पढ़ने की भी बड़ी दिलचस्प कहानी है और वो यह कि एक बार मैं अपने पड़ोस के ओमप्रकाश मेहता अर्थात ओमी मास्टर, जो पास के एक गाँव में प्राथमिक अध्यापक थे, गर्मियों में उनके साथ उनकी पाठशाला चला गया। आपको सुनकर हैरानी होगी कि उस समय यह पाठशाला किसी विधिवत सरकारी भवन में नहीं, बल्कि एक पुराने मक़बरे में चलती थी। इसी मक़बरे के नीचे ख़ाली जगह में जहाँ एक तरफ़ इस गाँव के एक स्थानीय ग्वाले की भेड़-बकरियों का रेवड़ आराम करता था, वहीं पास में एक साफ़-सुथरी जगह में पाठशाला की कुछ बड़ी-बड़ी सन्दूकें रखी होतीं। इनमें से कुछ में पाठशाला का ज़रूरी सामान रखा होता, तो एक बड़े सन्दूक में बच्चों की किताबें रखी होती थीं। अगर इसे मैं यह कहूँ कि यह सन्दूक पाठशाला का पुस्तकालय था, तो अतिशयोक्ति नहीं होगी।

ओमी मास्टर ने मेरे सामने अपने पाठशाला के उस पुस्तकालय को खोल दिया। इस पुस्तकालय से जो मैंने पहली किताब ऐसे ही छाँटी, वह 'मैकबेथ' थी। मैंने जब इसे पढ़ना शुरू किया तो यह मुझे इतनी रुचिकर लगी कि इसके बाद मैंने यहाँ से 'हेमलेट' और 'ऑथेलो' ली। मगर जो मज़ा 'मैकबेथ' में आया इनमें नहीं। इसके बाद मुझे ऐसी पुस्तकों को पढ़ने का ऐसा चस्का लगा कि मैंने फिर अपने स्कूल राजकीय उच्चतर माध्यमिक विद्यालय के पुस्तकालय से 'रॉबिन्सन क्रूसो' और 'पौंड ऑफ़ फ्लेश' का संक्षिप्त संस्करण 'वेनिस का सौदागर' पढ़ा। इसी तरह मुझे याद आता है कि मैंने दूसरी बड़ी रचना, जब मैं ग्यारहवीं में था तब पढ़ी थी और वह थी जैनेंद्र की कहानी 'पाजेब'। इसके अलावा जो मुझे याद पड़ते हैं उनमें एक निबन्ध था 'गूलर के फूल', यशपाल की 'परदा' और मोहन राकेश का एक एकांकी 'अंडे के छिलके'। इनके अलावा मुझे याद नहीं कि मैंने अपने बचपन या छात्र जीवन में किसी रचना को पढ़ा है।

शायद इन सबसे प्रेरित होकर ग्यारहवीं कक्षा के अन्तिम दिनों जनवरी, 1977 में मैंने पहली बार कुछ लिखने का प्रयास किया और वह थी एक कविता, जिसका शीर्षक था 'मेरा स्वप्न'। इसलिए मैं आज कह सकता हूँ कि बचपन में मुझे पहली बार ऐसा लगा था कि कुछ लिखा हुआ भी महत्त्वपूर्ण हो सकता है।

रा. श्री. : सबसे पहले आपने ऐसा क्या पढ़ा, जिसको पढ़कर लगा कि ऐसी चीज़ें पढ़नी चाहिए?

भ. मो. : मुझे लगता है कि आपकी यह समझ कि किसी को पढ़कर यह तय कर पाना कि आपको क्या पढ़ना चाहिए, इतनी जल्दी नहीं बनती है। यह सही है कि संयोग से बचपन में जो पढ़ा वह आज की दृष्टि में साहित्यिक रचनाएँ ही हैं। लेकिन इन्हें इसलिए नहीं पढ़ा गया था कि इन्हें पढ़कर मैं यह तय कर पाता कि कि मुझे कैसी चीज़ें पढ़नी चाहिए। एक बात बताऊँ अपने शुरुआती दिनों में पढ़ने से ज़्यादा मैं लिखने लगा था। क्या लिखने लगा था यह मैं आज तक नहीं समझ पाया हूँ। यह इसलिए कि मैंने क्या नहीं लिखा। कविताओं के नाम पर जहाँ तथाकथित हास्य और गम्भीर-सी तुकबन्दियाँ कीं तो ग़ज़ल, जिन्हें मैं अक्सर गजल कहता हूँ उन्हें भी लिखने का प्रयास किया। कहानी के नाम पर ख़ुद को अभिव्यक्त किया, तो कुछ व्यंग्य भी लिखे। कहने का आशय यह है कि जिसमें लगा कि इससे नाम और शोहरत मिल सकती है, उसी में हाथ आजमाना शुरू कर दिया। इसका एक कारण था और वह यह कि मुझे शुरू में कभी कोई ऐसा साहित्यिक गुरु नहीं मिला, जो यह बताता कि लिखने से पहले पढ़ना क्यों ज़रूरी है। दरअसल, यह समझ समय के साथ-साथ अपने-आप बनती चली गई कि कैसी चीज़ें पढ़नी चाहिए। और जब पढ़ने में रुचि जागने लगी, तब लोकप्रिय साहित्य से लेकर मनोहर कहानियाँ और इकबाल-राजन सीरीज़ को ख़ूब पढ़ा।

ईमानदारी से कहूँ तो मुझे प्रेमचन्द कौन है, इसके बारे में दिल्ली में ही आकर पता चला। और जब यह अहसास हुआ कि वास्तव में मुझे किस तरह का साहित्य पढ़ना चाहिए, तब भी मैंने प्रेमचन्द को बहुत बाद में पढ़ा। इससे पहले मैंने फणीश्वरनाथ रेणु, राही मासूम रज़ा, शानी, अब्दुल बिस्मिल्लाह, श्रीलाल शुक्ल को पहले पढ़ लिया। मेरा अपना यह मानना है कि एक गल्पकार, विशेषकर मुझ जैसे एक लेखक को साहित्येतर चीज़ें अधिक पढ़नी चाहिए। इसीलिए मेरी कोशिश रहती है कि मैं अधिक-से-अधिक समाजशास्त्रीय, ऐतिहासिक, धर्म और संस्कृति सम्बन्धी चीज़ें पढ़ूँ। इनको पढ़ने से मेरी समझ और दृष्टि न केवल व्यापक बनती है बल्कि अपने-आप को भी इनसे समझने में आसानी रहती है। उदाहरण के लिए मैंने जब क़ुरान, मनुस्मृति और अन्य ऐसी पुस्तकों को पढ़ा, तब मुझे लगा कि एक लेखक को अपने समकालीन साहित्य को तो पढ़ना चाहिए ही बल्कि ऐसे साहित्य को भी पढ़ना चाहिए जिनसे हमारे लेखन के बहुत से महीन और बारीक रेशे तैयार होते हैं। शायद यही कारण है कि अपने आसपास को देखने का नज़रिया मेरा बहुत स्पष्ट है। कभी-कभी यह नज़रिया पुस्तकों की अपेक्षा आपके उस वातावरण से साफ़ होता है कि आप जिस दुनिया में रहते हैं, वह क्या है।

रा. श्री. : कब उस पढ़े हुए पर ध्यान गया जब काला पानी कहे जानेवाले मेवात जैसे बेहद पिछड़े हुए इलाक़े के एक गाँव से आए हुए एक युवा को अहसास हुआ कि लेखन भी जीवन में महत्त्वपूर्ण हो सकता है?

भ. मो. : यह बात नब्बे के दशक के एकदम शुरू की है। बी.ए. करते ही रोज़गार की तलाश में मैं दिल्ली आ गया। दूसरे शब्दों में आप इसे पलायन भी कह सकते हैं। हालाँकि इस पलायन की मुख्य वजह शहर आकर किसी तरह का कॅरियर बनाने की नहीं, मेरी पारिवारिक वजह थी। जिस उम्र में आज के दौर में एक बीस-इक्कीस साला युवा अपने सपनों और आकांक्षाओं के खुले आकाश में कुलाँचें भरता है, उस उम्र में नब्बे के दशक में मेरी पारिवारिक ज़िम्मेदारियाँ दूसरी तरह की थीं। इस उम्र तक आते-आते मैं एक बच्चे का पिता बन चुका था। जैसाकि मैंने कहा कि मेरा बचपन इस देश के उन असंख्य वंचित, उपेक्षित और अभावों में पले-पढ़े बच्चों की तरह रहा है, उसके साथ आप यह भी जोड़ सकते हैं कि आर्थिक विपन्नता ने युवावस्था में मुझे भी इस देश के उन असंख्य युवाओं की तरह पलायन पर विवश कर दिया। नब्बे के दशक के मध्य में जब मैंने दिल्ली के दिल कनॉट प्लेस स्थित मोहन सिंह प्लेस के कॉफ़ी हाउस में जाना शुरू किया और वहाँ आनेवाले लेखकों के बीच बहस-मुबाहिसों को सुनता, तब मुझे लगा कि पिछले कुछ वर्षों में मैंने जैसा भी कच्चा-पक्का लिखा और पढ़ा है, उसे विस्तार देना चाहिए। धीरे-धीरे अपनी ही कविताओं में परिपक्वता और सुघड़ता आने लगी। शुरुआती जो कहानियाँ कहानियों की मूल शर्तों को पूरा करने में असफल थीं, आनेवाली कहानियों के सरोकार और व्यापक होने लगे। इन दिनों पहली बार इस पर ध्यान गया कि मैंने अपने स्कूली दिनों में अपने पड़ोसी ओमी मास्टर की पाठशाला और अपने क़स्बे के राजकीय उच्चतर माध्यमिक विद्यालय के पुस्तकालय से लेकर जो किताबें पढ़ीं, उनका महत्त्व अब समझ में आने लगा था कि लेखन भी जीवन में महत्त्वपूर्ण हो सकता है।

रा. श्री. : इस नब्बे के शुरुआती दशक में आप दिल्ली आए, और इन शुरुआती दिनों में जब धीरे-धीरे यहाँ के साहित्यिक परिवेश में घुलने-मिलने लगे, तो इस परिवेश में आप अपने-आप को किस तरह महसूस करते थे? कैसा लगता था उन दिनों?

भ. मो. : राकेश जी, दिल्ली का साहित्यिक परिवेश दरअसल हमेशा से कई परतों या कहिए कई रूपों में बँटा रहा है। ये परतें आज भी दिखाई दे जाएँगी। इसे उदाहरण के रूप में इस तरह समझा जा सकता है कि आज की तरह इसका एक रूप तो वह था जो वैचारिक रूप से वामपन्थी होने के कारण एक बड़ा लेखक वर्ग इसमें शामिल था। हमारे लेखक संघ जैसे जनवादी लेखक संघ और प्रगतिशील लेखक

संघ भी उन दिनों बेहद सक्रिय थे। दूसरा रूप वह था जो किसी लेखक संघ में नहीं थे या जिनका आज की तरह यह अनुमान लगाना मुश्किल है कि उनकी विचारधारा क्या है। इसके बावजूद ये दोनों तरह के लेखक आपस में ख़ूब विचार-विमर्श करते। इनके अलावा दिल्ली की विभिन्न दिशाओं में कवि, कथाकारों के छोटे-छोटे समूह थे। यहाँ एक बात और बता दूँ कि लेखक संघों से जुड़े होने के बाद भी लेखकों के ऐसे कुनबे थे जो संगठित तरीक़े से काम करते। मसलन, एक संगठन हुआ करता था राइटर्स गिल्ड ऑफ़ इंडिया। इस संगठन की सबसे बड़ी विशेषता यह थी कि कोई व्यक्ति भले वह लेखक न हो, इसका सदस्य हो सकता था। इस संगठन के सर्वेसर्वा सालों तक हिन्दुस्तान टाइम्स समूह की पत्रिका 'कादम्बिनी' के सम्पादक राजेन्द्र अवस्थी हुआ करते थे। बल्कि नब्बे के दशक में ऐसा ही एक और स्कूल था जिसकी चर्चा मैं यहाँ विशेष रूप से करना चाहूँगा, और यह स्कूल था डॉ. जीवन प्रकाश जोशी स्कूल। डॉ. जीवन प्रकाश जोशी 'संधान' नाम की एक संस्था के संस्थापक थे और त्रिशंकु प्रकाशन के अन्तर्गत युवा कवियों को प्रोत्साहित करते थे। 'संधान' भी समय-समय पर साहित्यिक आयोजन किया करता था। इसी तरह एक और कुनबा था हमारे कवि-कथाकारों का जिससे जुड़े लेखकों को आईटीओ पुल कवि कहा जाता था। इस कुनबे के ज़्यादातर लेखक टाइम्स ऑफ़ इंडिया और इंडियन एक्सप्रेस समूहों की पत्र-पत्रिकाओं से जुड़े लेखक-पत्रकार हुआ करते थे। संयोग से मेरा थोड़ा-बहुत वास्ता इन सारे तरह के लेखकों से रहा है।

1981 के लगभग अन्त में दिल्ली आने के बाद मेरा सबसे पहले वास्ता एकदम शौक़िया लेखकों से पड़ा। उन दिनों छोटी-छोटी पत्रिकाओं को निकालने का बड़ा चलन था। चूँकि मैं दिल्ली लेखक बनने नहीं अपितु रोज़गार की तलाश में आया था इसलिए मैंने कभी न तो किसी लेखक की विचारधारा पर ध्यान दिया, न कभी इस पर कि वह कैसा लिखता है। मेरी नज़र में हर वह व्यक्ति लेखक था जो कुछ-न-कुछ लिख रहा है। 1981 में मैं मेवात से आकर दिल्ली के नारायणा में अपने ही गाँव के लाला की जिस लोहे की चादर तपानेवाली फैक्टरी में काम करता था, एक दिन पता चला वहाँ पास की एक प्रिंटिंग प्रेस में एक पत्रिका मुद्रित होती है। चूँकि मैं अपने गाँव से आए युवा मज़दूरों के साथ फैक्टरी में रहता था इसलिए पत्रिका के कार्यालय को खोजने में दिक़्क़त नहीं हुई और इस तरह इस मासिक पत्रिका 'मंजुली दर्पण' से मैं जुड़ गया। धीरे-धीरे मैं लेखकों से जुड़ता चला गया। इसी क्रम में 1986 या शायद 1987 में, मैं हिन्दी के एक कथाकार और सालों तक एक लघु पत्रिका निकालनेवाले धर्मेन्द्र गुप्त के साथ पहली बार दिल्ली के कनॉट प्लेस स्थित मोहन सिंह प्लेस के कॉफ़ी हाउस गया।

एक तरह से कॉफ़ी हाउस जाना मेरे लिए इस रूप में वरदान साबित हुआ कि मैं अब उन लेखकों से मिलने लगा, जिन्हें तब और आज भी 'लेखक' माना जाता है। भीष्म साहनी, विष्णु प्रभाकर, रमाकान्त, पंकज बिष्ट और दूसरे लेखकों से मेरा यहीं परिचय हुआ। आपका सवाल है कि इन शुरुआती दिनों में जब धीरे-धीरे यहाँ के साहित्यिक परिवेश में घुलने-मिलने लगा, तो इस परिवेश में अपने-आप को किस तरह महसूस करता था? कैसा लगता था उन दिनों?—सच कहूँ दिल्ली के जिस साहित्यिक परिवेश की हम कल्पना करते हैं, उस परिवेश से पहली बार मेरा सामना इसी कॉफ़ी हाउस में हुआ। मैं यहाँ बिना नागा हर शनिवार को आता और लेखकों के बीच होनेवाली बहसों को चुपचाप सुनता रहता। हर शनिवार किसी-न-किसी विषय पर जमकर बहस होती और रात दस बजे ये बहसें तब ख़त्म होतीं, जब कॉफ़ी हाउस का बन्द होने का समय होता। हर तरह के नये-पुराने लेखकों से यहाँ मिलना होता। इनके बीच होनेवाली बहसों को सुनते हुए अहसास हुआ कि मुझे क्या पढ़ना चाहिए। जब-जब मैं यहाँ भीष्म साहनी और विष्णु प्रभाकर को देखता, तो यही सोचते हुए एक रोमांच से भर जाता कि मैंने हिन्दी के इन बड़े लेखकों को बेहद क़रीब से देखा है। इसके बाद मेरे लेखन की जो दिशा बदली उसका सारा श्रेय मैं इसी कॉफ़ी हाउस को देता हूँ।

रा. श्री. : अच्छा एक बात बताइए आपने जैसा कहा कि शुरुआत में आपने कविताएँ लिखीं। फिर कहानियों पर आए और अन्तत: आपने उपन्यास की शरण में जाकर दम लिया। ऐसा क्या हुआ कि एक अच्छा-ख़ासा लेखक जिसमें कवि होने की भरपूर सम्भावनाएँ थीं, वह कविता से विमुख हो गया अथवा उसका कविता से मोहभंग हो गया?

भ. मो. : यह सही है कि मेरी भी अपने लेखन की शुरुआत बहुत से लेखकों की तरह 'कविता' के नाम पर लिखी गई कविताओं से हुई। नब्बे के दशक में मेरी कविताएँ न केवल पत्र-पत्रिकाओं में प्रकाशित हुईं, बल्कि 1990 में मेरा 'दोपहरी चुप है' शीर्षक से एक कविता-संग्रह भी प्रकाशित हो चुका है। इसी दशक में एक समय ऐसा था जब 'कादम्बिनी' जैसी पत्रिका के दिसम्बर 1986 के अंक में 'प्रवेश' स्तम्भ के तहत मेरी चार कविताएँ प्रकाशित हुईं। मैं इस पत्रिका और इसके इस स्तम्भ का इसलिए उल्लेख कर रहा हूँ कि इसके अन्तर्गत सम्भावनाशील युवा कवियों की कविताएँ प्रकाशित होती थीं और उन दिनों मेरी पहचान एक ठीक-ठाक युवा कवि के रूप में बन चुकी थी। ये कविताएँ सम्पादक की इस टिप्पणी के साथ प्रकाशित हुईं, "उनकी कविताएँ एक रहस्यात्मकता का आवरण लेकर चलते हुए विसंगतियों को पहचानकर उकेरने की कोशिश करती प्रतीत होती हैं।"

इसी तरह 'दोपहरी चुप है' जो कि मेरा अब तक का एकमात्र कविता-संग्रह है, के आमुख में गीतकार और कवि विजय किशोर मानव लिखते हैं कि "भगवानदास मोरवाल जैसे युवा कवि से, जिनका पहला कविता-संग्रह आपके हाथों में है, सारी उम्मीदें नहीं की जा सकतीं। पर इस नये कवि में एक बात आमतौर पर मिलती है और वह है अनगढ़ता के बावजूद ऊर्जा का अत्यन्त व्यापक और तेजस्वी संसार। पुराना होने के साथ-साथ कवि शिल्पगत चालाकियों से जुड़कर अपनी धार और अभिव्यक्ति की तीव्रता खोता जाता है और विषय-वस्तु का क्षेत्र सिमटता जाता है।"

यह छोटी-सी भूमिका मैंने इसलिए बनाई है कि मेरे लेखन की जो शुरुआत कविता के नाम पर तुकबन्दियों से हुई थी, उसमें एक सम्भावनाशील कवि की पूरी गुंजाइश थी। अपनी अनगढ़ताओं के बावजूद उनमें ऊर्जा का व्यापक और तेजस्वी संसार मौजूद था। लेकिन धीरे-धीरे मैं क्यों कविता से विमुख होता गया उस पर आता हूँ। दरअसल, हर लेखक के लेखकीय जीवन में एक लम्बा समय ऐसा होता है जब उसे सिर्फ़ और सिर्फ़ अपने लेखन से मोह होता है। एक तरह से उसे अपने प्रकाशन से इतना मोह और उसके प्रति वह इतना आग्रही होता है कि जो भी उसके मन में विचार आते हैं उन्हें वह अभिव्यक्त करता जाता है। उसकी विधागत रुचि और रुझान थोड़े-थोड़े समय पर बदलते रहते हैं। ऐसे में वह तय नहीं कर पाता है कि वास्तव में उसकी मेधा किसके अनुरूप है? उसे अपनी अभिव्यक्ति का माध्यम किस विधा को बनाना चाहिए? कभी वह अपने-आप को पद्य के माध्यम से अभिव्यक्त करने की कोशिश करता है, तो कभी गद्य के माध्यम से। दरअसल, मैं इसे लेखक का एक तरह से लेखकीय अभ्यास मानता हूँ जो आगे चलकर उसकी दिशा तय करता है कि वह अपने-आप को साहित्य की सीमाओं और शर्तों की परिधि में रहते हुए किसमें सहज पाता है।

हालाँकि इस कविता-संग्रह के बाद भी मैंने कविताएँ लिखीं लेकिन जैसे-जैसे मेरा हाथ गद्य अर्थात कथा-लेखन में सधता गया, कविता मुझसे छूटती चली गई। एक बात और बताऊँ कि बहुत जल्दी मुझे यह अहसास हो गया कि मेरा जिस तरह का जीवन और समाज रहा है, उसके लिए कविता में मेरे लिए कोई विशेष स्पेस नहीं है। अपने अनुभवों को शब्द देने के लिए मुझे बाद में कहानी विधा में अपार सम्भावनाएँ नज़र आईं लेकिन कविता की तरह उसने भी मेरा या कहिए मैंने उसका साथ छोड़ दिया, और बक़ौल आपके अन्ततः उपन्यास की शरण में आ गया। शीघ्र ही मेरी यह समझ में आ गया कि कविता के लिए जो शिल्पगत मुलायमियत और बारीकियाँ होनी चाहिए, वे मेरे पास नहीं हैं। अपने अनुभवों, प्राप्त तथ्यों को किस तरह कल्पना के सहारे उपन्यास के माध्यम से विश्वसनीय और प्रामाणिक बनाया जाना चाहिए, शायद वह कला मुझसे सध गई है। इसलिए मैं आज अपने-आप को

सबसे ज़्यादा सहज उपन्यास में पाता हूँ। मुझसे कविता और कहानी छूटने का एक कारण यही हो सकता है।

रा. श्री. : हिन्दी साहित्य का गद्य लेखन इन दिनों किस तरफ़ जा रहा है? क्या उसमें आपको गम्भीरता दिखाई देती है?

भ. मो. : आपका यह सवाल थोड़ा असहज करने और एक हद तक चौंकानेवाला है कि हिन्दी साहित्य का गद्य लेखन इन दिनों किस तरफ़ जा रहा है? क्या उसमें आपको गम्भीरता दिखाई देती है? हिन्दी गद्य की जब बात होती है तो मैं इसे दो हिस्सों में बाँटकर देखता हूँ। एक वह लेखन जिसे पत्रकारिता का गद्य कहा जाता है और दूसरा सर्जनात्मक लेखन, विशेषकर कथा-साहित्य और कथेतर साहित्य का गद्य। पता नहीं क्यों इन दिनों जितनी बातें हिन्दी साहित्य के गद्य लेखन की होने लगी हैं, उतनी कविता की नहीं होती हैं। मुझे इसका सबसे बड़ा कारण यह लगता है कि कविता से अधिक एक पाठक को गद्य लेखन से कई तरह की अपेक्षाएँ रहती हैं। इधर एक बात और देखने में मिली है कि जिस तरह प्रकाशन की असीम सम्भावनाएँ और पुस्तक प्रकाशन के अवसर मिलने लगे हैं, उससे भी इस तरफ़ हमारा ध्यान गया है।

जिस तरफ़ आपका इशारा है मैं समझता हूँ वह यह है कि आख़िर गद्य की भाषा कैसी होनी चाहिए। इधर हिन्दी साहित्य के छोटे-बड़े पंडित बड़ी निराशा के साथ अक्सर यह कहते हुए पाए जाएँगे कि हिन्दी के लेखक को अपने पाठक के अनुरूप भाषा का इस्तेमाल करना चाहिए। मेरा इनसे पलटकर यह सवाल है कि क्या भाषा सिर्फ़ एक पाठक की होती है, लेखक की अपनी कोई भाषा नहीं होती? यह सवाल पिछले एकाध साल से और ज़्यादा उठने लगा है। कई पंडित तो यहाँ तक कहते-सुनते देखे जा सकते हैं कि गम्भीर साहित्य का पाठक कम होता जा रहा है। मेरा मानना है कि पानी की तरह भाषा का भी अपना कोई रंग या रूप नहीं होता। भाषा की अपनी कोई जाति नहीं होती। हम अपने अनुभवों, भाषायी और लोक-संस्कारों से जो मुहावरा गढ़ते हैं, वही भाषा के स्वरूप को निखारता है। दुर्भाग्य से सबसे ज़्यादा हमारे पूर्वग्रहों और दुराग्रहों का शिकार हमारी भाषा ही रही है। कई बार हम सिनेमाई भाषा या साहित्य के नाम पर उस भाषा को भी उसी भाषा का पर्याय मान बैठते हैं, जिससे समाज को देखने की हमारी समझ विकसित होती है। भाषा का असल काम विचारों का निर्माण करना होता है। यह बात निर्मल वर्मा बहुत पहले कह चुके थे। रही बात हिन्दी साहित्य के गद्य लेखन की, सो उसमें भी एक रूप नगरीय गद्य का है, तो दूसरा रूप वह है जो जीवन की जीवटता और उसके व्यावहारिक क्रियाकलापों से निर्मित होता है। दूसरी बात यह कि भाषा, भाषा होती है। कोई नई या पुरानी नहीं। जिसे जो भाषा आती है, या जिसने जो भाषा सीखी है

वह उसमें अपनी बात कहता है। हमें यह तो स्वीकारना पड़ेगा कि मनुष्य के दूसरे व्यावहारिक अनुशासनों की तरह भाषा का भी अपना एक अनुशासन होता है। यह अनुशासन हर लेखक का अपना होता है। नई या पुरानी भाषा के नाम पर भाषायी अराजकता से, विशेषकर गद्य लेखन को कुछ हासिल होनेवाला नहीं है। मुझे जो भाषा आती है मैं उसी में अपना गद्य रचूँगा। अब यह पाठक की भाषायी समझ और क्षमता पर निर्भर करता है कि वह इसे कैसे ग्रहण करता है।

जहाँ तक मौजूदा हिन्दी साहित्य के गद्य लेखन की गम्भीरता का प्रश्न है, इसे हमें इसके लेखकों पर ही छोड़ देना चाहिए। पाठक के नाम पर हमें निजी फ़तवों से बचना चाहिए। यह तो समय तय करेगा कि पाठक किस गद्य को स्वीकार करेगा। लेखक को अपने भाषायी संस्कारों से विमुख नहीं होना चाहिए। मज़े की बात यह है कि ऐसी फ़तवेबाज़ी सिर्फ़ और सिर्फ़ भारतीय भाषाओं में सम्भव है। किसी को आपने अंग्रेज़ी के बारे में ऐसा कहते-सुनते नहीं देखा होगा। सच तो यह है कि लेखक भाषा का पहरुआ भी होता है। उसकी कुछ ज़िम्मेदारियाँ तय होती हैं। अब यह लेखक पर निर्भर करता है कि वह अपनी इन ज़िम्मेदारियों का कैसे और किस हद तक निर्वाह करता है। मैं अगर अपनी बात कहूँ तो मुझे हिन्दी साहित्य में पूरी तरह गम्भीरता नज़र आती है। मैं इसके प्रति पूरी तरह आश्वस्त हूँ।

रा. श्री. : क्या कोई लेखक व्यक्तिगत जीवन से बाहर निकलकर वर्तमान दौर में लिख सकता है?

भ. मो. : राकेश जी, अगर मैं पूरी ईमानदारी के साथ कहूँ तो मेरा मानना है कि वर्तमान दौर लेखकों और संस्कृतिकर्मियों के लिए सबसे चुनौती-भरा दौर है। यह एक ऐसा दौर है कि बड़ी तेज़ी से हमारे प्रगतिशील वर्ग को हाशिये पर धकेलने की कोशिश हो रही है। कभी इसे पिछले सत्तर सालों के नाम पर धकेलने का प्रयास किया जा रहा है, तो कभी विचारधारा के नाम पर। बहुसंख्यकवाद का जितना विकृत रूप आज हमें देखने को मिल रहा है शायद इससे पहले कभी नहीं था। विचारों की जिस तरह हत्या करने की कोशिश की जा रही है, ऐसी कोशिश कभी नहीं हुई। हमारी उदारता ने जिस निर्ममता के साथ हिंसात्मक रूप ले लिया है, वह अकल्पनीय है। सच तो यह है कि मौजूदा समय हमारे सरोकारों की परीक्षा का है। वंचितों, उपेक्षितों और हाशिये पर लाकर खड़े कर दिये गए वर्गों के प्रति अपनी प्रतिबद्धता प्रदर्शित करने का है।

अब सवाल यह उठता है कि ऐसे दौर या कहिए निर्मम समय में क्या कोई लेखक अपने व्यक्तिगत जीवन से बाहर निकलकर अपने सरोकारों और प्रतिबद्धता को प्रदर्शित कर सकता है? प्रदर्शित करना तो दूर रहा, क्या वह लिखकर अपनी बात इन वंचितों, उपेक्षितों और हाशिये पर धकेल दिये गए समुदायों के पक्ष में कह सकता है?

लगभग यही स्थिति संस्कृतिकर्मियों और सिनेमा से जुड़े कलाकारों की है। यह स्थिति तब और भयावह रूप ले लेती है, जब एक धर्म-विशेष के लोग सेलेक्टिव तरीक़े से दूसरे समाज के लेखकों, संस्कृतिकर्मियों और कलाकारों को अपनी संकीर्णता का निशाना बनाते हैं। धर्म की आड़ में जिस तरह अराजकता, लम्पटता और फूहड़ता के साथ समाज को बाँटने की कोशिश हो रही है, एक प्रगतिशील सोच के व्यक्ति का, चाहे वह किसी भी धर्म या समुदाय से सम्बन्ध रखता है, दायित्व है कि वह रचनात्मक तरीक़े से अपनी आवाज़ बुलन्द करे। मगर दुर्भाग्य से बड़े ही सुनियोजित तरीक़े से ऐसा नैरेटिव गढ़ने का प्रयास किया जा रहा है, जैसे हमारे समाज को आज लेखकों, संस्कृतिकर्मियों और कलाकारों की ज़रूरत ही नहीं है। एक तरह से आज असहमति के नाम पर अभिव्यक्ति की आज़ादी पर मानो पहरा बैठा दिया गया है। एक लेखक को क्या कहना या लिखना है, उसको अब ऐसे अराजक तत्त्वों से इजाज़त लेने के लिए कहा जा रहा है, जिनका ज्ञान से दूर-दूर तक कोई वास्ता नहीं रहा है। राजनीति का तो इस समय सबसे बुरा हाल है। प्रेमचन्द का यह कथन कि साहित्य राजनीति के आगे चलनेवाली मशाल है, पूरी तरह भारतीय राजनीति से ग़ायब हो चुका है। सच तो यह है कि अब समाज सिर्फ़ दो ही चीज़ों से संचालित हो रहा है—एक धर्म और दूसरा राजनीति। राजनीति में धर्म जिस तरह एक निर्णायक की भूमिका निभाने लगा है, उसने एक लेखक के सामने कई तरह की चुनौतियाँ खड़ी की हैं। अभी तक लेखक अन्धविश्वास, साम्प्रदायिकता, धार्मिक कट्टरता, जातिवाद और अन्य सामाजिक व्याधियों के प्रति अपने नागरिक को जाग्रत करने का काम करता था, किन्तु अब उसे धर्म में लिथड़ी उस राजनीति से भी जूझना पड़ रहा है जिसकी किसी को उम्मीद नहीं थी।

मेरा मानना है कि भारत जैसे बहुलतावादी सांस्कृतिक देश के लिए यह स्थिति कम ख़तरनाक नहीं है। सच तो यह है कि ग़लत को ग़लत न कहने के लिए जिस तरह लेखक पर दबाव बढ़ता जा रहा है, वह चिन्तनीय है। लेकिन लेखक को ऐसे ख़तरे तो उठाने पड़ेंगे ही। बिगाड़ के डर से ईमान की बात न कहने की भावना से अपने-आप को बाहर लाना होगा।

रा. श्री. : आपके जीवन में मानवीयता और प्रेम का वास्तविक अर्थ क्या है?

भ. मो. : आपका यह सवाल इतना दार्शनिकता लिये हुए है कि इसका उस तरह जवाब देना कम-से-कम मुझ जैसे व्यक्ति के बस की बात नहीं है, जैसी आपकी अपेक्षा है। क्योंकि ये दोनों शब्द अपने-आप में इतनी व्यापकता लिये हुए हैं कि इनकी परिभाषा की व्याख्या करना आसान नहीं है। सच तो यह है कि मानवीयता और प्रेम की इतनी बारीक और महीन वटें व परतें हैं कि इन्हें चाहे जितना खोलते जाओ, इनका अन्त नहीं होनेवाला। मानवता के बारे में मेरी राय अगर पूछें तो मेरी

नज़र में मोटा-मोटा मानवता का अर्थ है बिना किसी भेदभाव के, बिना ग़रीबी-अमीरी के, बिना किसी धर्म-मज़हब के, बिना किसी लोभ-लालच अथवा स्वार्थ के आधार पर निस्सहाय, निर्बल, वंचित, बेबस, लाचार, उपेक्षित और हाशिये के लोगों की मदद करना। मनुष्य होने के नाते एक-दूसरे के काम आना ही प्रत्येक व्यक्ति का प्रथम कर्तव्य है। अपने परिवार, समाज, धर्म ही नहीं अपितु समस्त मानव जाति के हित में कर्म करना ही मानवता है। इस धरती पर इनसान तो बहुत हैं, मगर सही मायने में इनसान वही है जिसमें इनसानियत यानी मानवता है। सच्चा इनसान वही है जो अपने स्वार्थ से परे होकर दूसरों के दुखों को साझा करने का प्रयत्न करे। दूसरे शब्दों में कहूँ तो मानवता एक ऐसा सद्गुण है जो मूल रूप से दूसरों के हित आधारित, अर्थात परहितवादी नैतिकता से सम्बन्धित है। इसकी उत्पत्ति मानव अस्तित्व की मूलभूत दशाओं की समझ से होती है और इसमें एक मनुष्य द्वारा दूसरे मनुष्य के प्रति करुणा और प्रेम की भावनाएँ निहित हैं। जबकि प्रेम जिसे हम कई नामों, जैसे प्रणय, स्नेह, अनुरक्ति, अनुराग, प्यार आदि से सम्बोधित करते हैं, वास्तव में एक अहसास है, एक अनुभूति है, एक भाव है; जो दिमाग़ से नहीं दिल से होता है। यह एक मज़बूत आकर्षण और निजी सम्बन्धों का आधार होता है जिसमें हवस या वासना की कोई जगह नहीं होती। वास्तविक सच्चा प्रेम वह होता है जो सभी हालातों में आपके सुख-दुख में काम आए। यह प्रेम ही है जो हमारे अन्दर जीने की जिजीविषा पैदा करता है।

रा. श्री. : यह समय आपको किस तरफ़ ले जा रहा है और आप किस तरफ़ जाना चाह रहे हैं?

भ. मो. : सच कहूँ तो यह बेहद अनिश्चितताओं से भरा समय है। इसकी अतलता का न तो किसी को कोई गुमान है, न अनुमान। किसी को नहीं पता कि वह जाना किस तरफ़ चाहता है और वह जा किस तरफ़ रहा है। इसका एक बड़ा कारण शायद यह है कि आज समय की नकेल निरंकुश, अराजक और सत्ता के आवारा अश्वों के हाथों में आ गई है। हम जिस तरफ़ जाना चाह रहे हैं, उस तरफ़ जाने से हमें रोका जा रहा है। यह समय वास्तव में अराजक दुरभिसन्धियों का चाकर बनकर रह गया है। भय और अदृश्य आशंकाओं के बीच हमारी ज़्यादातर कल्याणकारी और मानवतावादी सोच एक ऐसे घटाटोप में भटककर गई है, जहाँ से लौटने में लम्बा वक़्त लग जाए। मुझे तो लगता है कि इसमें बेचारे इस समय का कोई दोष नहीं है। सच तो यह है कि समय किसी को किसी तरफ़ नहीं ले जा रहा है, बल्कि हम समय को अपनी सुविधा और इच्छा से हाँकने का प्रयास कर रहे हैं। शायद हम ऐसे ही अराजक समय के लायक हैं और हम ख़ुद ही उस तरफ़ जाना चाहते हैं, जहाँ हमें नहीं जाना चाहिए। नियति और समय के विवेक

को मानो हमने गिरवी रख दिया है। बावजूद इसके मैं अपनी बात कहूँ तो जाना मुझे उसी तरफ़ है जिस तरफ़ मैंने तय किया हुआ है। भले ही समय की सान से उठती चिनगारियाँ कितनी ही मेरी आँखों में घुसें। फ़ैज़ अहमद फ़ैज़ ने शायद ऐसे समय के लिए ही कहा था कि—

हम देखेंगे
लाज़िम है कि हम भी देखेंगे
वो दिन कि जिसका वादा है
जो लौह-ए-अज़ल में लिखा है
जब ज़ुल्म-ओ-सितम के कोह-ए-गरां
रुई की तरह उड़ जाएँगे।

(*समालोचन,* वेब पत्रिका; 23 जनवरी, 2021)

स्थानीयता रेणु की सबसे बड़ी ताक़त है

संजय जायसवाल की बातचीत

संजय जायसवाल : नई कहानी आन्दोलन और 'नया यथार्थ' के दौर में रेणु के कथा-साहित्य की विशिष्टता को आप कैसे रेखांकित करेंगे, और कौन सी चीज़ें आज ज़्यादा काम की हैं?

भगवानदास मोरवाल : सबसे पहले हमें नई कहानी आन्दोलन की प्रवृत्तियों और इसके प्रवर्तकों की लोक-चेतना और उनके सामाजिक-बोध को समझना ज़रूरी है। हम यह जानते हैं कि इस आन्दोलन से जुड़े लेखकों का सम्बन्ध कमोबेश शहरी सवर्ण जातियों के मध्यवर्गीय परिवारों से रहा है। दूसरे शब्दों में कहें तो इनके लेखन के केन्द्र में मध्यवर्गीय लोक-संस्कार और लोक-आचार की चिन्ताएँ और सरोकार रहे हैं। भारतीय समाज के मूल चरित्र से उनका सम्बन्ध नहीं रहा, जैसा आज़ादी के बाद होनेवाले बदलावों और नये यथार्थ से होना चाहिए। यह आन्दोलन शुरू हुआ 1950 में। यह वह दौर था जब देश नया-नया आज़ाद हुआ था यानी इसे हम स्वातंत्र्योत्तर काल भी कह सकते हैं। यह वह दौर था जब आज़ादी मिलने के बाद हमारी युवा पीढ़ी की आँखों में एक नये समाज के निर्माण और अपनी आकांक्षाओं के पूरे होने की ललक पल्लवित हो रही थी। नई कहानी आन्दोलन इसी पीढ़ी का प्रतिनिधित्व करनेवाले कथाकारों द्वारा चलाया गया था। मगर दुर्भाग्य से ये समूची युवा पीढ़ी के बजाय केवल मध्यवर्गीय समाज के प्रतिनिधि बनकर रह गए। संघर्ष के मायने इनके लिए लेखन में सिर्फ़ कॅरियर बनाना रह गया। जबकि उस दौर के युवाओं का सबसे बड़ा संघर्ष जीवन-जगत् की मूलभूत ज़रूरतों को पूरा करना था, जो आज भी है। बाद में यही दौर मोहभंग का दौर बन गया।

अगर हम इस आन्दोलन की कहानियों पर नज़र डालें तो एक बात बहुत साफ़ दिखाई देती है, और वह यह कि यह वास्तव में नई नहीं आधी कहानी का आन्दोलन था। आधी इस मायने में कि इन कहानियों के केन्द्र में इस देश का गाँव-देहात, उसकी आकांक्षाएँ-अपेक्षाएँ पूरी तरह नदारद थीं। इन कहानियों के मानव-मूल्य

उन मानव-मूल्यों से मेल नहीं खाते, जिनकी एक लेखक से अपेक्षा की जाती है। जबकि दूसरी तरफ़ फणीश्वरनाथ रेणु जैसा कथाकार भी था जिसकी कहानियों में गाँव-देहात की सौंधी गन्ध को महसूस किया जा सकता है। जातीय और वर्ग-संघर्ष के स्वर साफ़ सुनाई दे रहे थे। एक तरह से रेणु की कहानियों और उनके उपन्यासों को हम नये यथार्थ के दौर की शुरुआत मान सकते हैं। रेणु ने बहुत साफ़-साफ़ भारतीय ग्रामीण जीवन की उन विडम्बनाओं और कटु सत्य से पाठक को परिचित कराया, जिसका हमें इन्तज़ार था। आज मौजूदा हिन्दी कथा-साहित्य जिस तरह नये यथार्थ के धरातल पर फल-फूल रहा है, रेणु के कथा-साहित्य की विशिष्टता की ही देन है।

सं. ज. : रेणु ने 'मैला आँचल' में जातिवाद के संकट को किस तरह रेखांकित किया? क्या इस उपन्यास को सभ्यतागत ट्रैजेडी के आख्यान के रूप में देखा जा सकता है?

भ. मो. : बिलकुल सही है। रेणु ने 'मैला आँचल' में जिस जातिवादी संकट को रेखांकित किया है, वह दुर्भाग्य से इस देश की वर्णवादी सोच को प्रतिपादित करता है। जिस तरह जाति के टोलों, जैसे राजपूत टोली, कायस्थ टोली, यादव टोली का उल्लेख रेणु ने आज से सात दशक पहले के मेरीगंज जैसे क़स्बे के रूप में किया था, वही आज इक्कीसवीं सदी में भी मौजूद हैं। जातिगत उपनिवेश के रूप में ऐसे टोले-मोहल्ले पूरे भारत में दिखाई दे जाएँगे। दरअसल, सामन्तवाद और जातिगत अस्मिता-बोध इधर हिन्दी पट्टी में और गहरा हुआ है। बल्कि कहना होगा कि यह जातिगत-बोध अब सम्प्रदाय और समुदाय के शिक्षित वर्ग में ज़्यादा नज़र आने लगा है। मेरीगंज अपने-आप में कोई गाँव-क़स्बा नहीं है बल्कि यह भारतीय ग्रामीण समाज का वह यथार्थवादी रूपक है, जो आज़ादी के साढ़े सात दशक बाद भी हमें दिखाई देता है।

निस्सन्देह 'मैला आँचल' सभ्यतागत त्रासदी के साथ-साथ स्थानीय सभ्यताओं के टकराव का आख्यान भी है। यह उपन्यास भारतीय उपमहाद्वीप के समाजशास्त्र और उसके बदलते स्वरूपों को समझने का एक आधुनिक साहित्यिक सर्वेक्षण भी है। 'मैला आँचल' महज़ एक आंचलिक उपन्यास-भर नहीं है बल्कि यह उस भारत की भी दारुण कथा है, जिसका ग़रीब-गुरबा समुदाय पहले बेहतर भविष्य का सपना लिये अपनी जड़ों से उखड़कर शहरों की तरफ़ आता है, और अचानक किसी संक्रमण के भय से फिर से अपनी जड़ों की तरफ़ लौटने की कोशिश करता है। मगर तब तक देर हो चुकी होती है और उन्हें सैकड़ों मील पैदल चलकर भूखे-प्यासे रहना पड़ता है। बढ़ते पूँजीवाद और बाज़ारवाद की चपेट में आया शोषित-वर्ग आज भी वहीं खड़ा नज़र आता है, जहाँ वह आज़ादी के आसपास था।

सं. ज. : रेणु की कहानियों की लालित्यपूर्ण संवेदना के बारे में आपके क्या विचार हैं?

भ. मो. : अगर मैं रेणु की कहानियों की लालित्यपूर्ण संवेदना की बात कहूँ, तो यह संवेदना इतनी बारीक और महीन है कि कई बार कहानी समाप्त करने के बाद पाठक अवाक रह जाता है। उस दौर में कोई लेखक ग्रामीण समाज में टूटते जीवन-मूल्यों को इतनी बारीकी के साथ बुन सकता है, आज आप उसकी आसानी से कल्पना नहीं कर सकते। 'संवदिया' का हरगोबिन बड़ी हवेली की विधवा बड़ी बहुरिया के मायके से लौटने पर जब बड़ी बहुरिया के पैरों में लिपटकर गुहार करता है कि—तुम गाँव छोड़कर मत जाओ। मैं तुम्हारा बेटा। तुम मेरी माँ, सारे गाँव की माँ—पढ़कर द्रवित कर देती है यह कहानी। ऐसी मार्मिक कहानी सालों में एकाध ही लिखी जाती है। लोक-भाषा और लोकानुभवों की बुनियाद पर खड़ी रेणु की ज़्यादातर कहानियाँ उसी नये यथार्थ की कहानियाँ हैं, जिस यथार्थ और मनोभूमि को नई कहानी आन्दोलन छू भी नहीं पाया था। कहना चाहिए कि रेणु की कहानियाँ संवेदना के स्तर पर एक नये सौन्दर्यशास्त्र का निर्माण करती हैं। इनकी कहानियाँ भले एक अंचल या जनपद के लोक-जीवन पर लिखी कहानियाँ लग सकती हैं मगर सच्चाई यह है कि गहरी मानवीय संवेदनाओं और बदलते सामाजिक मूल्यों के साथ-साथ ये पूरे भारतीय लोक-जीवन की संवेदनाओं का मार्मिक आख्यान हैं।

सं. ज. : रेणु के सामाजिक सक्रियतावाद को आप कैसे देखते हैं? उसका नये युग में क्यों क्षरण होता गया?

भ. मो. : मुझे लगता है कि रेणु की सबसे बड़ी ताक़त उनकी सामाजिक सक्रियता रही है। बिना इस सक्रियता के आप साहित्य के समाजशास्त्र को नहीं समझ सकते। बल्कि मैं तो कहूँगा कि सिर्फ़ सामाजिक सक्रियता ही नहीं, उनकी राजनीतिक सक्रियता भी उनकी बड़ी ताक़त रही है। बिना राजनीतिक समझ और सक्रियता के कई बार आपको सत्ता के चरित्र को समझने में बड़ी मुश्किल पेश आती है। हम जानते हैं कि रेणु ने भारत छोड़ो आन्दोलन और सोशलिस्ट पार्टी में सक्रिय रहने के अलावा नेपाली क्रान्तिकारी आन्दोलन में भी हिस्सा लिया था। मेरा मानना है कि सामाजिक और राजनीतिक सक्रियता ये दोनों तत्त्व एक लेखक की वैचारिक समझ को समृद्ध करते हैं। सामाजिक सक्रियता किसी भी लेखक के लिए अपने लोक को समझने का सबसे बेहतर माध्यम है। यह सक्रियता प्रत्यक्ष और परोक्ष दोनों रूपों में होती है। अगर हम रेणु के सम्पूर्ण लेखन पर नज़र डालें, तो पता चलेगा कि उन्हें अपने समाज की कितनी बारीक समझ थी। दरअसल, यही समझ किसी भी लेखक के लेखन को प्रामाणिक और विश्वसनीय बनाती रहा है।

आपने पूछा कि जो सामाजिक सक्रियता रेणु के लेखन में नज़र आती है, उसका नये युग में क्यों क्षरण होता रहा है? इसका प्रमाण और जवाब आपको वर्तमान कथा-लेखन में मिल जाएगा। दरअसल, कथा-लेखन सिर्फ़ शिल्प और शब्दों की बाज़गरी का खेल नहीं है। कथा-लेखन आपकी जीवन-दृष्टि को भी व्यक्त करता है। सिर्फ़ कल्पना या शिल्प से कथा, कथा नहीं बनती है। कथा बनती है आपकी स्मृतियों और स्मृतियों के आधार पर की गई कल्पनाओं से। अगर आपके पास स्मृतियाँ हैं तो आप अपनी कल्पना-शक्ति से एक संवेदनशील और सशक्त कहानी बुन सकते हैं। हमारे जीवन के दुख-दैन्य, अभाव-अज्ञान, सामाजिक शोषण-कुचक्र, मानवीय पीड़ाओं और संघर्षों को एक लेखक तब तक नहीं समझ सकता, जब तक उसकी सामाजिक सक्रियता या भागीदारी नहीं होगी।

सं. ज. : क्या स्थानीयता-विमर्श के समकालीन उपन्यास रेणु की परम्परा का विकास हैं?

भ. मो. : स्थानीयता है क्या? मेरी नज़र में एक अंचल विशेष की सांस्कृतिक जीवन-पद्धति या उसकी कुछ सामाजिक-सांस्कृतिक विशेषताएँ उसे स्थानीयता का दर्ज़ा प्रदान करती हैं। जिसे दूसरे अर्थों में उसकी पहचान भी कहा जा सकता है। इसका मतलब यह नहीं है कि स्थानीयता अपने-आप में कोई दुर्गुण है। बल्कि यह स्थानीयता उसकी सबसे बड़ी ताक़त भी है। यहाँ रेणु की स्थानीयता के अलग मायने हैं, तो राही मासूम रज़ा की स्थानीयता के अलग। एक स्थानीयता, दूसरी स्थानीयता का स्थानापन्न नहीं हो सकती। मगर दुर्भाग्य से स्थानीयता या कहिए आंचलिकता को हम एक रूढ़ि के रूप में इस्तेमाल करने लगे हैं। इसे ग्राम बनाम नगर, सभ्य बनाम असभ्य, क्षेत्रीयता बनाम स्थानीयता के सांस्कृतिक खाँचों में बाँट दिया गया है। मैं एक कथाकार होने के नाते इस बात को स्वीकारता हूँ कि समकालीन कथा-लेखन, विशेषकर उपन्यास को रेणु का ऋणी होना चाहिए, जिसने हिन्दी कथा-लेखन के स्थानीय-बोध को पहचानने का आत्मविश्वास पैदा किया। अगर ऐसा नहीं होता, तो बिहार के पूर्णिया ज़िले के छोटे-से अंचल को केन्द्र में रखकर लिखे गए 'मैला आँचल' की तरह, देश की राजधानी से सटे मेवात, जिसे काला पानी भी कहा जाता है, को केन्द्र में रखकर लिखा गया उपन्यास 'काला पहाड़' भी आपके सामने नहीं होता। ऐसे उपन्यासों में 'मैला आँचल' की तरह आपको उनकी अपनी-अपनी दारुण कथाएँ नज़र आएँगी।

प्रेमचन्द की सामाजिक यथार्थवादी परम्परा और विरासत को एक स्थानीयता-विमर्श की अपनी नई पहचान के साथ, रेणु ने 'मैला आँचल' के रूप में आगे बढ़ाया था, उस विमर्श के क़ाफ़िले में आज समकालीन उपन्यासों की एक बहुत बड़ी खेप शामिल हो गई है। इसलिए आप देख सकते हैं कि विभिन्न अंचलों और जनपदों

के आख्यान उपन्यासों के रूप में हमारे सामने हैं। आज जितना दलित-विमर्श चर्चा के केन्द्र में है, उतनी ही स्त्री-विमर्श पर चर्चा हो रही है। एक तरफ़ आदिवासी-विमर्श चर्चा में है, तो वहीं दूसरे विमर्श भी साहित्य की परिधि में आने को बेचैन हैं। यानी उपन्यास को जिस तरह सबसे लोकप्रिय और लोकतांत्रिक विधा कहा गया है, उसका विस्तार दिन-प्रतिदिन होता जा रहा है।

(*वागर्थ,* कोलकाता; जनवरी-फ़रवरी, 2021)

लेखक का काम अपने पाठकों को शिक्षित करना भी होता है

डॉ. उपेन्द्र नाथ रैणा की बातचीत

डॉ. उपेन्द्र नाथ रैणा : आपके कई उपन्यास जैसे 'काला पहाड़', 'बाबल तेरा देस में', 'रेत', 'नरक मसीहा', 'हलाला', 'वंचना' और 'शकुंतिका' प्रकाशित हो चुके हैं। चूँकि आपने अभी हमारी मुलाक़ात के साढ़े तीन दशक पहले अर्थात 1985-86 की बात की, जब आप आकाशवाणी आते थे। साहित्य पर बातें होती रहती थीं। आपकी उस समय लेखन-यात्रा चल रही थी। मैं बातचीत मौजूदा हालातों से शुरू करता हूँ। अच्छा यह बताइए कि मार्च से लेकर यह जो आठ-नौ महीने का समय, जिसे हम कोरोना काल कह सकते हैं, इस दौरान आपने क्या-क्या लिखा?

भगवानदास मोरवाल : दरअसल, कोरोना से पहले मैंने एक उपन्यास शुरू किया हुआ था। उसका एक कारण यह था कि कोरोना या कहिए लॉकडाउन से पहले इसी जनवरी में मेरी सेवा-निवृत्ति होनी थी। इसलिए जान-बूझकर मैंने इसे इसलिए शुरू किया था कि मैं जानता था कि जब हम एक लम्बी सेवा से मुक्त होते हैं, तो हमारे सामने सबसे बड़ी मुश्किल यह आती है कि सेवा-निवृत्ति के बाद आख़िर हमारा समय कैसे बीतेगा। इसलिए हमारा-आपका जो लिखने-पढ़ने का शौक़ है इसका फ़ायदा यह है कि हमें अचानक मिलनेवाले समय को बिताने में कोई दिक़्क़त नहीं होगी। इसीलिए मैंने इसे शुरू किया था। अब यह मात्र एक संयोग है कि इधर मेरा उपन्यास अपने अन्तिम चरण में था और उधर मार्च के महीने में लॉकडाउन शुरू हो गया। इसलिए मैंने इस दौरान जुलाई में इसे पूरा किया और कुछ ज़रूरी संशोधनों के बाद अगस्त महीने में प्रकाशक को दे दिया। यहाँ एक बात और बता दूँ कि साल 2017 के बाद मैंने काग़ज़-कलम की जगह लैपटॉप पर लिखना शुरू किया है। इसलिए उसमें सम्पादन, फिनिशिंग और उसे अन्तिम रूप देने में बड़ी सहूलियत होती है। चूँकि यह एक ऐतिहासिक उपन्यास है, इसलिए इसमें काफ़ी बारीक काम था। बारीक से तात्पर्य यह है कि यह उपन्यास मेवात के शासक हसन खाँ मेवाती को केन्द्र में रखकर लिखा गया है।

हसन खाँ मेवाती वह शख़्स था जिसने 1527 में जो पानीपत के बाद बाबर का दूसरा युद्ध था, उसमें बाबर के ख़िलाफ़ खानवा में राणा सांगा के साथ मिलकर युद्ध किया था और दुर्भाग्य से इस युद्ध में वह शहीद भी हो गया था।

ऐसे उपन्यासों में भाषा का मामला बड़ा पेचीदा होता है। जिस तरह के कथानक, परिवेश और पात्रों का चयन अपने उपन्यास के लिए करते हैं, उसकी भाषा भी परिवेश और पात्रों के अनुकूल होनी चाहिए। जैसे इसी उपन्यास की बात करें तो इसमें इस बात का ध्यान रखा गया कि मुग़लों में ओहदे क्या होते थे। उनका खानपान क्या था। उनकी वेशभूषा क्या थी। चूँकि इसका कथानक मुग़लकालीन है तो इसमें भाषा का बहुत ध्यान रखा गया। कहाँ नुक़्ते होने चाहिए, कहाँ नहीं इसका विशेष ध्यान रखा गया। एक लेखक के रूप में मेरा यह मानना है कि अपने लेखन में जब हम दूसरी भाषा या ज़बान के शब्दों का इस्तेमाल करते हैं, तो उन्हें शुद्ध ही लिखा जाए। अगर आप ऐसा नहीं करते हैं तो आप ऐसे शब्दों का इस्तेमाल न करें। इसलिए पात्रों की अधिकता और संवादों के फ़ारसी-उर्दू के कारण इसमें बहुत काम किया। दूसरा, ऐसे उपन्यासों में शोध के लिए बहुत-सी सन्दर्भ पुस्तकों का अध्ययन करना पड़ता है। आप जानते हैं कि जब आप ऐतिहासिक विषय पर काम करते हैं, वह भी फ़िक्शन तो उसके ख़तरे भी बहुत होते हैं। ख़तरे ये होते हैं जैसे बाबर के बारे में हम बहुत कम जानते हैं। हम नहीं जानते हैं कि बाबर कुन्दूज़ की मैनाब और ग़ज़नी की ख़ुशबूदार अंगूरी शराब पीता था। शराब का वह बेहद शौक़ीन था। वह शायर बहुत उम्दा था। दरअसल, मेरी दिलचस्पी बाबर के व्यक्तिगत जीवन में बहुत थी। इस उपन्यास का फ़लक काफ़ी बड़ा है। इसे मैंने चौदहवीं सदी बल्कि उससे भी पहले से शुरू कर सत्रहवीं सदी के प्रारम्भ अर्थात अब्दुर्रहीम ख़ानख़ाना की मृत्यु तक लिया है। क्योंकि अब्दुर्रहीम की माँ इसी हसन खाँ मेवाती के चचेरे भाई जमाल खाँ की छोटी बेटी थी जिसका निकाह बैरम खाँ से हुआ था। जब हुमायूँ को शेरशाह सूरी ने खदेड़ दिया था, तो शेरशाह सूरी के मरने के बाद हुमायूँ दोबारा हिन्दुस्तान आया, यह तब की बात है। हुमायूँ ने आकर देहली-आगरा के आसपास के शाही परिवारों के साथ रिश्ते क़ायम करने शुरू किये। इसी कोशिश में जमाल खाँ की बड़ी बेटी शाहबानू का निकाह हुमायूँ से जबकि छोटी का निकाह बैरम खाँ से हुआ। इसी छोटी बेटी से 17 दिसम्बर, 1556 को अब्दुर्रहीम का जन्म हुआ।

इसका एक बड़ा रोचक प्रसंग है कि जब माहम अंगा की बेटी माहबानू से रहीम का निकाह हुआ था, तब माहबानू ने रहीम से पूछा कि मेरे सरताज आपकी यह इतनी अच्छी हिन्दवी ज़बान कैसे है? इसमें फ़ारसी है, संस्कृत है, हिन्दी है, ब्रज है? इसका रहीम ने बड़ा मज़ेदार जवाब दिया कि माह दरअसल मैं आधा हिन्दू और आधा मुसलमान हूँ। मेरे अब्बा हुज़ूर बैरम खाँ तुर्कमान यानी तातार थे, तो अम्मीजान ब्रज से सटे मेवात के मुस्लिम राजपूत ख़ानदान, जिन्हें ख़ानज़ादा कहते

हैं से। मेरी अम्मीजान के पुरखों का ताल्लुक़ दरअसल जादौन या जादों ख़ानदान की बारहवीं पीढ़ी में, थिनपाल ख़ानदान की नींव डालनेवाले राजा थिनपाल से है। यह शायद बहुत से लोगों को पता नहीं है कि मेवात के ख़ानज़ादे फ़िरोज़शाह तुग़लक़ के समय मुसलमान बने थे। हसन खाँ मेवाती इसी ख़ानदान से आता है।

उ. ना. रै. : अच्छा एक बात बताइए, मेरी यह जिज्ञासा है कि यह उपन्यास कितने पृष्ठों का होगा?

भ. मो. : मेरा अनुमान है कि यह पौने चार सौ पृष्ठों से अधिक होना चाहिए।

उ. ना. रै. : इसका मतलब है यह काफ़ी मोटा होगा? मगर मेरी जिज्ञासा यह है कि आपने इसकी ऐतिहासिक पृष्ठभूमि ली है अगर हम इतिहास पढ़ेंगे और आपका यह उपन्यास पढ़ेंगे तो फिर दोनों में अन्तर क्या रहेगा? आपने इसमें अतिरिक्त क्या कहने की कोशिश की है जो हमें इतिहास में नहीं मिल रहा है? या जो इतिहास में ग़लत तरीक़े से कहा गया है, या कुछ नया कहनेवाले हैं? यह थोड़ी-सी मेरी जिज्ञासा है?

भ. मो. : आपने बहुत अच्छा सवाल किया है। देखिए, न तो आपने उस युग को देखा है और न ही मैंने उसे देखा या जिया है। इसलिए जिसे हम फ़िक्शन या गल्प कहते हैं वह कल्पना, यथार्थ और स्मृति, इन तीनों का मिश्रण होता है। कल्पना आप तभी कर सकते हैं जब आपके पास स्मृतियाँ हों। जहाँ तक स्मृतियों का सवाल है तो मेरे पास अपने मेवात की स्मृतियाँ हैं। इतिहास की जानकारी मैंने दूसरे स्रोतों से जुटाई।

उ. ना. रै. : आपका जन्म तो मेवात में हुआ है।

भ. मो. : जी, मेरा जन्म मेवात में हुआ है। मेवात दिल्ली से चालीस किलोमीटर दूर से शुरू हो जाता है। मेरा पहला उपन्यास 'काला पहाड़' इसी पृष्ठभूमि पर है। आपने जैसे पूछा कि मेरे इस उपन्यास में अतिरिक्त क्या होगा, तो मैं बताना चाहता हूँ कि जैसे हसन खाँ मेवाती के बारे में हम बहुत ज़्यादा क्या लगभग नहीं जानते। सिर्फ़ इतना जानते हैं कि वह अलवर-तिजारा का कोई मेव सरदार था। या फिर थोड़ा-बहुत यह जानते हैं कि जो मेव मुसलमान हैं उनके पूर्वज हिन्दू थे। लेकिन उनके वंशज कौन-कौन थे? किस तरह उनका साम्राज्य रहा? ये दिल्ली दरबार को मानते ही नहीं थे, यह नहीं जानते हैं। मैं अपने बारे में ही बताऊँ तो मैंने इतिहास में सिर्फ़ इतना पढ़ा कि सलीमा बेगम अब्दुर्रहीम की माँ थीं। लेकिन आप इस उपन्यास को पढ़ेंगे तो आप जानेंगे कि कुछ दरबारियों और माहम अंगा के बरगलाने पर जब अकबर ने बैरम खाँ को हज के लिए भेज दिया, तब रास्ते में गुजरात के पाटण में बैरम खाँ की हत्या हो जाती है। इसके बाद चार साल की उम्र के बेटे को लेकर जब सलीमा वापिस आती है, तो उसके सामने दिक़्क़त यह

आती है कि वह इतनी लम्बी उम्र कैसे काटेगी। इस पर दोनों बहनें यानी शाहबानू और सलीमा एकान्त में विलाप कर रही हैं। यही लेखक की कल्पना है। ऐसी ही कल्पनाओं से लेखक अपनी रचना को विश्वसनीय बनाने का प्रयास करता है। उसे प्रामाणिक बनाने की कोशिश करता है। इसी तरह बाबर के बारे में ऐसी अनेक जानकारियाँ हैं। लोगों ने सिर्फ़ 'बाबरनामा' पढ़ा हुआ है लेकिन कम जानते हैं कि उसकी व्यक्तिगत रुचि-अरुचि क्या थी।

हम जानते हैं कि भारतीय उपमहाद्वीप में पहली बार किसी भी जंग में तोपख़ाने का इस्तेमाल पानीपत में बाबर ने किया था। तोपों के बारे में हमारी यही धारणा है कि इस जंग में तोपों ने गोले बरसाए होंगे। ऐसा नहीं है उस समय गोलों का आविष्कार नहीं हुआ था। इन तोपों से पत्थर बरसाए जाते थे। ऐसी बहुत-सी जानकारियाँ मिलेंगी। इसी तरह चिराग़ देहलवी साहब, जिनके नाम पर आज चिराग़ दिल्ली बसा हुआ है, शौपरपाल और समरपाल जदुवंशी भाइयों, जिन्होंने फ़िरोज़शाह तुग़लक़ के समय इस्लाम क़बूल किया था, और जिनका वंशज हसन खाँ मेवाती था, वे दरअसल चिराग़ देहलवी साहब के शागिर्द थे। नसीरुद्दीनशाह महमूद चिराग़ देहलवी साहब अवध के थे, उनके फ़िरोज़शाह तुग़लक़ से बहुत अच्छे सम्बन्ध थे बल्कि फ़िरोज़शाह उनको बहुत मानते थे। महरौली तक मेवातियों का प्रभाव था। इस तरह बाबर के साथ-साथ मेवातियों के बारे में अनेक ऐसी जानकारियाँ मिलेंगी, जिनसे हम परिचित नहीं हैं। इसमें मेरा प्रयास यह रहा है कि मेवात के उन अनछुए पक्षों से परिचित कराया जाए, जिनसे हमारा हिन्दी समाज परिचित नहीं है। इसी तरह इसमें हेमचन्द्र विक्रमादित्य यानी हेमू बक़्क़ाल भी आएगा, तो शेरशाह सूरी भी आएगा। अब आप सोचेंगे कि इस उपन्यास का हेमू या शेरशाह सूरी से क्या लेना-देना है? इनका लेना-देना यह है कि हेमचन्द्र विक्रमादित्य का सम्बन्ध अलवर से था। अलवर के पास एक क़स्बा है राजगढ़ और राजगढ़ के पास एक छोटा-सा गाँव है माचेड़ी, यह वहाँ का रहनेवाला था। इसके पिता राय पूरनमल, भार्गव जाति से थे। वे रेवाड़ी आते हैं और अनाज आदि का अपना व्यवसाय शुरू करते हैं। बक़्क़ाल का अर्थ वास्तव में बनिया होता है। आपको यह भी सुनकर हैरानी होगी कि रेवाड़ी के पीतल उद्योग की शुरुआत हेमू, जिसका घर का नाम बसन्त राय था, ने ही की थी। एक समय लगभग पूरे उत्तर भारत में लड़की के विवाह के अवसर पर दहेज़ में काँसे और पीतल के जो बर्तन दिये जाते थे, वे रेवाड़ी से ही लाए जाते थे। इसी तरह शेरशाह सूरी के दादा इब्राहिम खाँ सूर की छोटी-सी जागीर नारनौल, जो इस समय हरियाणा में है, में थी। पहले यह पूरी पट्टी नारनौल, महेन्द्रगढ़, अलवर, भरतपुर, आगरा, दिल्ली मेवात ही कहलाती थी। इस तरह सूत्रों को पिरोकर क्रोनोलोजी के हिसाब से रहीम के आने तक का बीच का स्पेस मैंने हेमू और शेरशाह सूरी से पूरा किया है। शेरशाह सूरी जिसका बचपन का

नाम फ़रीद खाँ था, का हेमू के परिवार में आना-जाना था। यह पन्द्रह साल की उम्र में जौनपुर आया था। इसकी एक सौतेली माँ जो इसके पिता की तीसरी पत्नी थी, इसे बहुत परेशान करती थी। इसलिए फ़रीद जब भी परेशान होता था, तब हेमू के घर चला आता था। इस तरह इसमें ऐसे बहुत से प्रसंग हैं।

उ. ना. रै. : अच्छा एक बात बताइए मोरवाल जी कि मैंने आपकी कृतियाँ देखी हैं चाहे वे उपन्यास हों या कहानी, आपका जो सब्जेक्ट मैटर है वह या तो ऐतिहासिक होता है या ऐसा सामाजिक होता है, जो थोड़ा लीक से हटकर होता है; या फिर ऐसा होता है जिस पर ज़्यादा लिखा नहीं गया है। ऐसे कई उदाहरण हैं मेरे सामने जैसे 'हलाला' उपन्यास जो काफ़ी चर्चित रहा। उसका मंचन भी हुआ। उसकी ख़ूब चर्चा हुई। मैं जानना यह चाहता हूँ कि आपने इस क्रम को कैसे जोड़ा है? किस तरह आपने अपनी इस लेखन-यात्रा को इस अंजाम तक पहुँचाया है?

भ. मो. : देखिए, जैसे मेरा पहला उपन्यास था 'काला पहाड़', जिसकी वजह से आपने मुझे याद किया है और मैं आपसे बात कर रहा हूँ, तो यह इसी उपन्यास की देन है। यह उपन्यास जब 1999 के आख़िर में प्रकाशित होकर आया, उस वक़्त सोशल मीडिया नहीं था, पर उस वक़्त इस उपन्यास की बहुत चर्चा थी। लोग तब यह समझते थे कि इसका लेखक कोई बुज़ुर्ग व्यक्ति है जिसने यह उपन्यास लिखा है। मेरा दूसरा उपन्यास 'बाबल तेरा देस में' जिसके शीर्षक को सुनकर आपको भी लगेगा कि शायद लेखक ने इसे ग़लत लिखा है। क्योंकि यह बाबुल तेरे देश में होना चाहिए। 'काला पहाड़' शीर्षक एक प्रतीकात्मक शीर्षक है। यह जो अरावली रेंजेस हैं जो दिल्ली के करोल बाग़ से शुरू होकर गुड़गाँव-सोहना-मेवात होती हुई आगे राजस्थान निकल जाती हैं, इनको मेवात में काला पहाड़ कहा जाता है। इसका जो पत्थर है वह हल्का काला है जिसके कारण अरावली दूर से काला दिखाई देता है। इसी तरह मेरे दूसरे उपन्यास का शीर्षक है 'बाबल तेरा देस में'। यह उपन्यास दरअसल एक देहाती स्त्री की अपने धर्म या मज़हब को लेकर क्या समझ होती है, उसको केन्द्र में रखकर लिखा गया है। संयोग से इसकी पृष्ठभूमि भी मेवात है। आपको सुनकर हैरानी होगी कि दोनों उपन्यास लगभग पौने पाँच-पाँच सौ पृष्ठों के हैं। यानी काफ़ी वृहद उपन्यास हैं।

उ. ना. रै. : सचमुच बहुत बड़े भारी उपन्यास हैं। ऐसा लगता है जैसे बहुत बड़ी डिक्शनरी है कोई, शब्दकोश है।

भ. मो. : सही कहा आपने और इनकी बहुत चर्चा हुई। अब देखिए, दो पहले उपन्यासों की पृष्ठभूमि एक ही है। अक्सर कहा जाता है कि एकाध उपन्यास तो हर व्यक्ति के जीवन में होता है क्योंकि उसके पास एक-दो उपन्यासों के अनुभव कहिए या फिर

स्मृतियाँ होती हैं। पता तो तब चलता है जब वह इसके आगे की यात्रा तय करता है। यहाँ मेरे लिए बहुत बड़ी चुनौती थी। बहुत से मित्रों ने कहा कि अब थोड़ा मेवात से बाहर भी निकलिए। यह किसी भी लेखक के लिए बहुत बड़ी चुनौती या कहिए डर है। इसी चुनौती या डर का परिणाम है मेरा तीसरा उपन्यास 'रेत'। यह उपन्यास भारतीय समाज में एक समय तथाकथित अपराधी कही जानेवाली जाति कंजर के सामाजिक ताने-बाने पर आधारित है। ये जातियाँ जैसे साँसी, भान्तू, बावरिया, नट इनके लिए कभी क्रिमिनल ट्राइब्स एक्ट बना हुआ था, और यह एक्ट अर्थात अधिनियम इतना भयानक था कि अगर इन समुदायों के लोगों को अपनी बस्ती या गाँव से किसी कार्यवश दूसरी जगह जाना होता था, तो इन्हें नज़दीक के थाने में अपनी रजिस्ट्री करानी होती थी। यानी यह सूचित करके जाना पड़ता था कि मैं फलाँ जगह जा रहा हूँ। इतना ही नहीं लौटने पर भी उसे यह सूचित करना पड़ता था कि मैं वापिस आ गया हूँ। चूँकि यह उपन्यास एक तथाकथित अपराधी जनजाति को केन्द्र में रखकर लिखा गया था, इसलिए इस उपन्यास के माध्यम से आपको इस क्रिमिनल ट्राइब्स एक्ट की पूरी जानकारी मिल जाएगी। इस जानकारी को पात्रों के संवादों में इस तरह बुना गया है कि आपको पता ही नहीं चलेगा कि कैसे आपको यह जानकारी मिल रही है।

यह उपन्यास 2008 में राजकमल प्रकाशन से प्रकाशित होकर आया था। लेकिन संयोग देखिए कि इस उपन्यास से पहले मेरी एक कहानी 'लिलहार' लगभग 21 साल पहले 'साप्ताहिक हिन्दुस्तान' के 19 जुलाई, 1987 के अंक में प्रकाशित हुई थी। मज़ेदार यह है कि इस कहानी की पृष्ठभूमि भी वही गाजूकी है, जो 'रेत' उपन्यास की है। अपने पहले दो उपन्यासों के बाद मैं जब इस उपन्यास को लिखने के बारे में सोच रहा था, इसी बीच मुझे जनवरी, 1949 में प्रकाशित प्रकाशनारायण सक्सेना की 'संयुक्त प्रान्त की अपराधी जातियाँ' नामक पुस्तक हाथ लगी। यह पुस्तक दरअसल यू.पी. डिसचार्ज्ड प्रिजनर्स एंड सोसाइटी के भूतपूर्व अध्यक्ष और यू.पी. पब्लिक सर्विस कमीशन के पूर्व चेयरमैन गोपीनाथ श्रीवास्तव की एक रिपोर्ट है। इस पुस्तक से मुझे इन जातियों के बारे में मुख्य जानकारी हासिल हुई।

उ. ना. रै. : आपको इस पुस्तक से इनके बारे में जानकारी यानी हेल्पिंग मेटीरियल मिल गया?

भ. मो. : जी बिलकुल। इस उपन्यास में दिखाया गया जो इलाक़ा है वह अलवर, राजस्थान के आसपास का है, मैं वहाँ गया। कंजर का शाब्दिक अर्थ है काननचर अर्थात जंगल-जंगल घूमनेवाला। आपको सुनकर हैरानी होगी कि इस उपन्यास के प्रकाशित होते ही उसी साल 2008 में लेखक के ऊपर उत्तर प्रदेश के कन्नौज ज़िले की छिबरामऊ तहसील की स्थानीय अदालत में आई.पी.सी. की धारा 500 के तहत मानहानि का मुक़दमा दर्ज हो गया जिसे यहाँ के गिहार समुदाय

ने दर्ज कराया, जो अपने-आप को कंजर ही मानते हैं। उनका कहना था कि मैंने इस उपन्यास में उनके समुदाय की स्त्रियों की ग़लत छवि पेश की है। इस तरह एक लेखक के लिए यह एक नया अनुभव था। यह उपन्यास बेहद चर्चित हुआ। इसका हाल ही में उर्दू अनुवाद रावलपिंडी, पाकिस्तान के सरीर प्रकाशन से प्रकाशित हुआ है। इससे पहले इसका अनुवाद उर्दू में हिन्दुस्तान से भी छप चुका है। इसके अलावा हाल में इसका अंग्रेज़ी में भी 'Quicksand' शीर्षक से अनुवाद प्रकाशित हुआ है। अब जब तीन उपन्यास प्रकाशित हो गए तब फिर वही मुश्किल खड़ी हो गई कि अब अगले उपन्यास का कथानक क्या चुना जाए?

मेरा चौथा उपन्यास, उसका शीर्षक है 'नरक मसीहा'। यह उपन्यास पिछले ढाई-तीन दशकों में इस देश में जिस तेज़ी के साथ एनजीओ संस्कृति का विस्तार हुआ है और विदेशी अनुदान आना शुरू हुआ, उस पर केन्द्रित है। इस विदेशी अनुदान का सबसे बड़ा नुक़सान यह हुआ कि हमारे यहाँ जनान्दोलन समाप्त हो गए। मेरा यह मानना है कि एनजीओ की दुनिया में तीन क़िस्म के लोग सबसे ज़्यादा सक्रिय हैं—एक वे जो एक समय घोर कम्युनिस्ट या कहिए वामपन्थी थे, दूसरे वे जो कभी विशुद्ध गांधीवादी हुआ करते थे, तीसरे अब कुछ अम्बेडकरवादी भी इस खेल में शामिल हो गए हैं। इन सभी की बड़ी-बड़ी एनजीओ हैं जिन्हें देशी और विदेशी अनुदान मिलता है। एक तरह से कह सकते हैं कि जो इस देश में जनान्दोलनों की अगुवाई करते थे, वही साम्राज्यवादी शक्तियों की कठपुतली बन गए। इसलिए सड़कों पर आज आपको कहाँ जनान्दोलन दिखाई देते हैं? वरना पहले थोड़ी-सी महँगाई होते ही ये लोग सड़कों पर उतर आते थे।

इसके बाद पाँचवाँ उपन्यास है 'हलाला'। हम सब जानते हैं कि हलाला मुस्लिम समुदाय की ऐसी रस्म है जिसको बहुत अच्छी नज़र से नहीं देखा जाता। अब सवाल यह है कि इस उपन्यास को मैंने क्यों लिखा? हालाँकि इसकी पृष्ठभूमि भी मेवात ही है। जबकि यह रस्म मेवात में बिलकुल भी चलन में नहीं है। इस उपन्यास की पृष्ठभूमि मेवात रखने का कारण यह है चूँकि मैं इस समाज को बहुत गहराई और बारीकी के साथ जानता हूँ, इसलिए मैं अपनी बात इस रस्म के बारे में अपने पात्रों, यहाँ के मुहावरों, लोकोक्तियों या नैरेशन के माध्यम से सहज और आसानी के साथ कह सकता हूँ। बेहतर तरीक़े से सम्प्रेषित कर सकता हूँ। दूसरा, इस उपन्यास को लिखने के पीछे मेरा उद्‌देश्य या मन्तव्य यह था कि इस रस्म के मुताबिक़ पहले पति के पास लौटने के लिए दूसरे पति के साथ जो सहवास की शर्त जोड़ी गई है, या कहिए हलाला के बहाने सिर्फ़ दूसरे पति से निकाह ही काफ़ी नहीं है उसके साथ हमबिस्तर होना भी ज़रूरी है। जबकि क़ुरान में दूसरे पति के साथ सहवास या हमबिस्तरी की बात ही नहीं कही गई है। क़ुरान में हलाला का ज़िक्र तो है मगर उसमें यह है कि अगर दूसरे शौहर की मृत्यु हो जाए, या वह

अपनी मर्ज़ी से तलाक़ दे दे तो वह अपने पहले पति के पास वापिस लौट सकती है। इसलिए इस रस्म की इस शर्त पर मुस्लिम समाज की स्त्रियाँ ही बहुत उद्वेलित हैं। उनका कहना है कि जो बात क़ुरान में कही ही नहीं गई है, उसे क्यों जोड़ दिया गया? मेरा भी यही मानना है कि अगर सारे इस्लामिक क़ानूनों की बुनियाद क़ुरान है, तो क्यों सहवास की शर्त जोड़ी गई? इसके पीछे मुझे पुरुषवादी मानसिकता काम करती नज़र आती है। ध्यान दीजिए कि इस धरती पर जितने भी धर्म-ग्रंथ रचे गए हैं, वे सब पुरुषों के द्वारा रचे गए हैं। इसलिए सारे निर्देश, हिदायतें और शर्तें स्त्री पर ही लागू किये गए हैं और पुरुष ने अपने बचाव के सारे रास्ते खोज लिये हैं। इसलिए मैंने इस रस्म को इस उपन्यास में एक औरत की नज़र से देखने की कोशिश की है। एक ऐसी औरत जिसका पति एक छोटी-सी बात पर उसे तलाक़ दे देता है और वापसी के लिए जिस दूसरे पुरुष से हलाला की रस्म को पूरा करने के लिए निकाह किया जाता है, वह उसे छूता तक नहीं है। जबकि वह चाहता तो कुछ भी कर सकता था। मगर वह उसे छूता भी नहीं है।

जब यह बात स्थानीय मौलवी को पता चलती है, वहीं मामला पेचीदा हो जाता है। देखिए, हमें एक बात नहीं भूलनी चाहिए कि धर्म का हमारे व्यक्तिगत जीवन में इतना हस्तक्षेप है कि जैसे ही वह बीच में आता है, वह अस्त-व्यस्त हो जाता है। जैसे ही इसका पता मौलवी को चलता है वह यह शर्त रख देता है कि बिना हलाला के दूसरा शौहर पत्नी को तलाक़ नहीं दे सकता। बस, यहीं आकर पेंच फँस जाता है। अन्त में महिला यही कहती है कि जिस आदमी ने मुझे छुआ तक नहीं, वह पहले वाले शौहर से ज़्यादा ईमानवाला है। इसलिए मैं अपनी बाक़ी की ज़िन्दगी इसी के साथ बसर करूँगी। मैं पहले शौहर के पास नहीं जाऊँगी।

देखिए, हम बार-बार जिस स्त्री-विमर्श या स्त्री-मुक्ति की बात करते हैं , दरअसल वे सब हमारे लोक में ही मौजूद हैं। हमें कहीं बाहर जाने की ज़रूरत नहीं है। दुर्भाग्य से इस देश में जब स्त्री-विमर्श की बात होती है, स्त्रीवाद पर चर्चा होती है, तो हम केट मिलेट, सिमोन द बोउआर, जर्मेन ग्रेअर या सुसान ब्राउनमिलर से आगे जा नहीं पाते हैं। उनकी हमने कुछ उक्तियाँ रटी हुई हैं। हम अगर देखें और हमारे समाज की जो विविधता है उसमें सारे विमर्श आपको यहीं मिल जाएँगे, बशर्ते हम उनको पूरी उदारता के साथ और गहराई के साथ देखने की कोशिश करें।

उ. ना. रै. : अच्छा एक बात बताइए मोरवाल जी कि 'हलाला' का जब रंगमंच पर प्रस्तुतीकरण हुआ, तो दर्शकों की क्या प्रतिक्रिया रही? किस तरह से इसको लिया गया?

भ. मो. : इसका मैं आपको एक उदाहरण देता हूँ। पुरानी दिल्ली के अजमेरी गेट से कुछ दूरी पर सिख समुदाय द्वारा संचालित एक कॉलेज है माता सुन्दरी कॉलेज। यह वही महिला कॉलेज है जिसमें बहुत बड़ी संख्या पुरानी दिल्ली के मुस्लिम समुदाय

की छात्राओं की है। इस कॉलेज में 'हलाला' का मंचन किया गया था। मंचन के दौरान मैं जान-बूझकर दर्शकों में जा बैठा। आपने पूछा था न कि दर्शकों की क्या प्रतिक्रिया रही, यही जानने के लिए मैं वहाँ जाकर बैठ गया था। जब-जब नाटक की मुख्य पात्र नज़राना पंचायत और मौलवी से बहस करती है, तो छात्राओं की प्रतिक्रिया देखते ही बन रही थी। जब नज़राना कोई संवाद बोलती तो ये लड़कियाँ चिल्लाते हुए उसका समर्थन कर रही थीं। जहाँ मैं बैठा हुआ था संयोग से वहाँ कुछ मुस्लिम छात्राएँ भी बैठी हुई थीं। जब मौलवी और इस उपन्यास के एक बुज़ुर्ग पात्र दादा टुंडल के बीच बहस होती है, तब वे छात्राएँ आपस में हैरानी जताते हुए कह रही थीं कि हलाला में ऐसा भी होता है, यह तो हमें पता ही नहीं था।

इस नाटक के एक वर्ष के अन्दर लगभग एक दर्ज़न मंचन हुए थे। इतना ही नहीं दिल्ली सरकार के साहित्य कला परिषद द्वारा हर साल आयोजित होनेवाले भारतेन्दु नाट्य उत्सव में भी इसका मंचन हुआ। दिल्ली के मंडी हाउस स्थित कमानी सभागार में आयोजित इस उत्सव का यह दूसरा मंचन था। पहले दिन के मंचन के बारे में यह सूचना मिली उसमें दर्शक बहुत कम थे। इसको लेकर नाटक के निर्देशक रवि तनेजा बड़े चिन्तित थे। यहाँ मैं बता दूँ कि रवि तनेजा मशहूर पंजाबी नाटककार सी.डी. सिद्धू की सबसे बड़ी बेटी वीना सिद्धू के पति और सिद्धू साहब के दामाद हैं। लेकिन जब शो ख़त्म हुआ तो आप कल्पना नहीं कर सकते कि दर्शकों की संख्या उम्मीद से ज़्यादा थी। मुझे इसका सबसे बड़ा कारण यह लगता है कि अभी तक हमारे हिन्दी रंगमंच में पारम्परिक क़िस्म के नाटकों का ही मंचन होता रहा है। जबकि दर्शक कुछ अलग हटकर देखना चाहता है। इसके जो संवाद हैं वे उपन्यास की तरह मेवाती के संवाद हैं। इसमें दर्शकों को एक नये तरह का आस्वाद नज़र आया। दर्शकों को इसमें एक ताज़गी नज़र आई। इसके अलावा एक ऐसी रस्म के बारे में भी जानकारी प्राप्त हुई जिसके बारे में सुन तो सबने रखा है लेकिन उसके विभिन्न पक्षों से अवगत नहीं थे। इसीलिए कहा जाता है कि जहाँ न पहुँचे रवि, वहाँ पहुँचे कवि अर्थात लेखक का काम अपने पाठकों-दर्शकों को एजुकेट करना भी होता है। जहाँ एक आमे आदमी की सोच ख़त्म होती है लेखक की वहाँ से शुरू होती है। इस तरह, दर्शकों की अच्छी प्रतिक्रिया रही। हालाँकि एक लेखक के रूप में मैं इसे उस तरह की कृति नहीं मानता, जिस तरह की मुझसे पाठक की अपेक्षा रहती है।

उ. ना. रै. : जब इस उपन्यास की रचना हो रही थी तो क्या आपको इस विषय के कुछ स्कॉलर्स से भी राय या कहिए मदद लेने की ज़रूरत पड़ी थी, क्योंकि यह थोड़ा अलग तरह का उपन्यास है?

भ. मो. : नहीं। मैंने सबसे पहले क़ुरान को पढ़ा। वैसे मैंने क़ुरान को तब पढ़ा था, जब मैं अपना दूसरा उपन्यास 'बाबल तेरा देस में' लिख रहा था। इसके अलावा

मैंने मौलाना अशरफ़ अली थानवी साहब की एक अन्य पुस्तक पढ़ी 'बहिश्ती ज़ेवर'। इस पुस्तक के बारे में कहा जाता है कि कुछ मुस्लिम समुदायों में जब लड़की का निकाह किया जाता है, तो उसके एक हाथ में क़ुरान रखी जाती है, तो दूसरे में 'बहिश्ती ज़ेवर' रखी जाती है। आपने बात कही किसी स्कॉलर से मदद लेने की, तो मैं आपको स्पष्ट कर दूँ कि मुझे कोई धार्मिक पुस्तक नहीं लिखनी थी। मुझे उपन्यास लिखना था और मेरा फोकस सिर्फ़ और सिर्फ़ हलाला रस्म पर था। मैं इसके बारे में इतना भी जानता हूँ कि हलाला, 'हलाल' शब्द से बना है। इस उपन्यास का बीज छह-सात साल पहले रोहतक, हरियाणा की एम.डी. यूनिवर्सिटी के अंग्रेज़ी विभाग द्वारा एक आयोजन के दौरान बच्चों द्वारा कहानी लिखने की कार्यशाला में पड़ा। उन्हीं दिनों पश्चिमी उत्तर प्रदेश के मुज़फ़्फ़रनगर के पास के गाँव में घटी ऐसी ही एक घटना की ख़बर प्रकाशित हुई थी। इसी ख़बर को आधार बनाकर मैंने उस कार्यशाला में विद्यार्थियों से कहा कि अगर इस घटना पर आपको एक कहानी लिखनी है, तो उसका अन्त क्या होगा? इसमें कुछ छात्राओं ने इस उपन्यास की मुख्य पात्र नज़राना द्वारा लिये गए फ़ैसले की तरह इसका अन्त बताया। तब से इसे लेकर यह बात कहीं मन में बैठी हुई थी कि कभी इस विषय पर एक उपन्यास लिखना है।

अक्सर लेखकों से उनकी रचना-प्रक्रिया के बारे में सवाल किया जाता है। मेरा मानना है कि रचना-प्रक्रिया सिर्फ़ काग़ज़ पर जो आप कलम से लिखते हैं, वह नहीं है। रचना-प्रक्रिया का यह भी हिस्सा है कि अगर मैं आपके साथ संवाद कर रहा हूँ और इन दिनों मैं कुछ लिख रहा हूँ तो मेरे मन में वह रचना भी चल रही होती है। कहने का तात्पर्य यह है कि आपके भीतर वह रचना भी चल रही होती है। दरअसल, रचना कोई व्यंजन नहीं है कि उसकी कोई तय विधि होती है। हर रचना की उसके कथानक के अनुरूप प्रक्रिया होती है। ऐतिहासिक उपन्यास की अलग रचना-प्रक्रिया होगी। 'रेत' जैसा उपन्यास है तो उसकी प्रक्रिया एकदम अलग होगी। 'सुर बंजारन' जो हाथरस शैली की नौटंकी और उसकी एक अदाकारा को केन्द्र में रखकर लिखा गया है, तो उसकी प्रक्रिया अलग होगी। हम सब जानते हैं कि नौटंकी की दो शैलियाँ हैं। एक कानपुर शैली और दूसरी है हाथरस शैली। इसी हाथरस शैली की एक अदाकारा हैं कृष्णा कुमारी। इनका शो मैंने पहली बार 1973 या 1974 में अपने क़स्बे में देखा था। उस वक़्त इनका यह जलवा था कि पश्चिमी उत्तर प्रदेश, ब्रज, मेवात, पूर्वी राजस्थान में उन दिनों हमारे जो शैक्षणिक संस्थान बन रहे थे, उनकी इमारतों के निर्माण के लिए कृष्णा कुमारी की नौटंकी के शो आयोजित किये जाते थे और इनसे टिकट्स के रूप में जो धन एकत्रित होता था, उससे वे इमारतें बनाई जाती थीं। यह एक लोक कलाकार की लोकप्रियता का कमाल है। मेरे क़स्बे के कॉलेज, जो आज एक सरकारी कॉलेज के रूप में जाना जाता है, उसके

शुरुआती दो कमरे इन्हीं के शो से एकत्रित धन से बने हुए हैं। अब आप देखिए की कहाँ 1973-74 और कहाँ 2017 जब 'सुर बंजारन' उपन्यास आता है। कहने का अर्थ यह है कि अवचेतन में कहीं-न-कहीं इस उपन्यास की प्रक्रिया जारी थी। रचना-प्रक्रिया एक तरह से लेखक के संयम, उसकी समझ की भी परीक्षा लेती है। इसके बाद मेरे दो उपन्यास 'वंचना' और 'शकुंतिका' आते हैं।

उ. ना. रै. : मैं अब उसी बात पर आना चाह रहा था कि आपका जो 'शकुंतिका' उपन्यास है, वह भी इन दिनों काफ़ी चर्चा में रहा है। इसकी एक अलग तरह की विषय-वस्तु है। इसके बारे में आपके क्या अनुभव रहे हैं?

भ. मो. : यह बहुत छोटा उपन्यास है। इसका फ़लक भी छोटा है। कई बार ऐसा होता है कि लेखक का जो अनुभव नहीं है, लेकिन जब वह इसका रचनात्मक उपयोग करता है तो जाने-अनजाने वह एक अच्छी रचना का रूप ले लेती है। ठीक इस तरह कि राग, रसोई, पागड़ी कभी-कभी बन जाए। रचना के साथ भी कभी-कभी ऐसा ही होता है। 'शकुंतिका' इसी साल 2020 के फ़रवरी महीने में आया था। इसकी पृष्ठभूमि भारतीय समाज में बेटियों के प्रति हमारी पारम्परिक और आधुनिक मानसिकता को दर्शाती है कि उसमें कैसे बदलाव आ रहा है। इसका शीर्षक 'शकुंतिका' दरअसल गौरैया या कहिए चिड़िया का समान्तर शब्द है। इसमें कई ऐसी प्रक्रियाएँ हैं जिनके बारे हम नहीं जानते। जैसे गोद लेने की क्या प्रक्रिया है। अगर है तो वह न केवल जटिल है बल्कि बहुत कठिन भी है। डॉक्टर या जज बनने के लिए किस तरह की परीक्षाएँ देनी होती हैं, ऐसी बहुत-सी प्रक्रियाओं के बारे में भी इसमें जानकारी दी गई है। दूसरी बात, कुछ उपन्यासों या रचनाओं के विषय बड़े भावुक होते हैं। इस उपन्यास का विषय भी ऐसी ही भावुकता लिये हुए है। इसलिए इसे जिसने भी पढ़ा है, उसे बहुत पसन्द आया है।

उ. ना. रै. : अच्छा 'शकुंतिका' तो आपका फ़रवरी में आया था। उसके बाद लॉकडाउन शुरू हो गया और आपने पहले ही बता दिया कि आपने जो उपन्यास शुरू किया था , उसे पूरा कर दिया। यह नया उपन्यास कब तक और कहाँ से आ रहा है?

भ. मो. : इसके जनवरी, 2021 तक आने की उम्मीद है। यह भी राजकमल प्रकाशन, नई दिल्ली से आ रहा है।

उ. ना. रै. : आपकी कोई समीक्षा की भी पुस्तक है?

भ. मो. : मेरी अपनी कोई पुस्तक नहीं है। हाँ, मेरे लेखन पर कई आलोचनात्मक पुस्तकें हैं। कई बार किसी-किसी पुस्तक का भाग्य होता है, हालाँकि मैं इन बातों

में विश्वास नहीं करता, फिर भी मैं यह बता दूँ कि 'शकुंतिका' उपन्यास फ़रवरी में आया और इस बीच यह तीन विश्वविद्यालयों के पाठ्यक्रमों में भी लग गया। किसी भी लेखक के लिए यह बहुत बड़ी उपलब्धि है। क्योंकि किसी लेखक और उसकी रचना को अगर याद किया जाता है तो पाठ्यक्रमों के माध्यम से ही याद किया जाता है। हम अगर सूर-तुलसी को जानते हैं, प्रेमचन्द-रेणु या निराला-पन्त को जानते हैं, तो पाठ्यक्रमों के माध्यम से ही जानते हैं। आम पाठक की हैसियत से नहीं जानते हैं। हम उनको तभी जान पाए, जब हमने उन्हें पाठ्यक्रमों में पढ़ा।

उ. ना. रै. : अब मैं एक महत्त्वपूर्ण पक्ष पर आता हूँ। उसके दो पार्ट हैं। एक यह कि क्या कभी आपको किसी साहित्यिक आयोजन में विदेश जाने का अवसर मिला?

भ. मो. : हाँ, एक बार मुझे 2008 में इटली के ट्यूरिन शहर में आयोजित 'भारतीय लेखक सम्मलेन' में शिरकत करने का मौक़ा मिला। इस सम्मलेन में कई भारतीय नामचीन लेखक जिनमें शशि थरूर, एम.जे. अकबर, विकास स्वरूप, तरुण तेजपाल, उदय प्रकाश आदि शामिल थे।

उ. ना. रै. : वहाँ का आपका अनुभव कैसा रहा? आपको वहाँ अलग क्या लगा?

भ. मो. : मैंने वहाँ एक बात देखी कि यूरोप के जो देश हैं कला, साहित्य और संस्कृति को लेकर वहाँ के लोगों में जो चेतना है, वह बहुत उत्साहवर्धक है। जबकि हमारे यहाँ दुर्भाग्य से जो साहित्यिक-सांस्कृतिक गतिविधियाँ हैं, वे बड़े शहरों और महानगरों तक ही सिमटी हुई हैं। जबकि आप वहाँ जाकर देखिए, वहाँ ऐसा नहीं है। एक रात हमें दूर एक गाँव में ले जाया गया, वहाँ मैंने जो स्थानीय लेखकों का माहौल देखा, उसकी मैं कल्पना नहीं कर सकता। हमारे यहाँ चाहे वे साहित्यिक गतिविधियाँ हों, या कला-सम्बन्धी गतिविधियाँ हों, सब महानगरों और बड़े शहरों से ही संचालित होती हैं। इसका उदाहरण मैं ख़ुद के रूप में देता हूँ कि अगर मैं दिल्ली नहीं आया होता, और चाहे मैं कितना ही बेहतर लिख रहा होता तो शायद मुझे एक लेखक के रूप में या जो मेरी लेखन-यात्रा रही है, उसे वह पहचान नहीं मिलती जो दिल्ली में आकर मिली, वह मेवात में नहीं मिल पाती। हमें इस सच्चाई को भी स्वीकारना चाहिए कि जो एक्सपोज़र बड़े शहरों, विशेषकर महानगरों में आकर मिलता है, दूसरी जगह नहीं मिलता, क्योंकि यहाँ कहीं ज़्यादा अवसर होते हैं। बशर्ते आपकी रचना में दम हो। दूसरा, मेरा यह मानना है कि लेखन कोई सौ मीटर की दौड़ नहीं है। यह मैराथन, वह भी हाफ़ नहीं फुल मैराथन दौड़ है। जो इतनी लम्बी यात्रा तय कर पाएगा, वही इसमें बच पाएगा। आपसे तो लगभग साढ़े तीन दशक पुराना रिश्ता है और यह वक़्फ़ा कम नहीं होता। अगर इसमें भी किसी की कोई पहचान नहीं बन पाती है तो बड़ा दुर्भाग्यपूर्ण है। दरअसल, इसका एक कारण और है और वो यह कि हम

अक्सर सभी विधाओं में हाथ आजमाने की कोशिश करते हैं। अगर एक लेखक को अपने बारे में यही नहीं पता कि वह क्या है—एक कवि, कथाकार, ग़ज़लगो, व्यंग्यकार क्या है? ऐसे में होता क्या है कि वह लिख तो सभी विधाओं में लेता है और लेखक बन भी जाता है मगर उसकी कोई मुकम्मल पहचान नहीं बन पाती है। संयोग से 'काला पहाड़' के बाद यह बात मेरी बहुत जल्दी समझ में आ गई। इसका नतीजा यह हुआ कि मेरी गति आप देखें तो 2014 के बाद लगभग सात साल में मेरे छह उपन्यास आ गए। हालाँकि महत्त्वपूर्ण यह नहीं है कि आपके उपन्यास आ रहे हैं या कहानियाँ, महत्त्वपूर्ण यह है कि आप जिन विषयों का चयन करते हैं, वो क्या हैं। आख़िर एक पाठक आपको क्यों पढ़े? आप उसे नया क्या दे रहे हैं? विषय का चयन ही एक लेखक के लिए सबसे बड़ी चुनौती है।

उ. ना. रै. : मोरवाल जी, अब हम बातचीत के अन्तिम चरण में हैं। अब जल्दी-जल्दी यह बताइए कि पुरस्कार तो आपको बहुत मिले हैं। आपकी नज़र में सबसे महत्त्वपूर्ण पुरस्कार या सम्मान कौन सा है?

भ. मो. : हमारे हिन्दी साहित्य में कुछ निजी संस्थानों और सरकारी संस्थानों के पुरस्कार जैसे हिन्दी अकादमी, दिल्ली का 'साहित्यकार सम्मान', जो एक लेखक को एक बार ही मिलता है; इसके अलावा इसी अकादमी का 'साहित्यिक कृति सम्मान' दो बार मिल चुका है—एक बार कहानी-संग्रह 'अस्सी मॉडल उर्फ़ सूबेदार' के लिए और दूसरी बार मेरे पहले उपन्यास 'काला पहाड़' के लिए। इसके अलावा लखनऊ का 'कथाक्रम सम्मान', भोपाल के वनमाली सृजन पीठ का 'वनमाली विशिष्ट कथा-सम्मान' और 'स्पन्दन सम्मान'। जिन दिनों 'इन्दु शर्मा कथा सम्मान' की काफ़ी अच्छी छवि और प्रतिष्ठा थी, वह भी मिल चुका है। मेरा कहने का आशय यह है कि हिन्दी कथा-साहित्य के वे सम्मान/पुरस्कार जिनकी अपनी पहचान है और जिनका लेखकों को इन्तज़ार रहता है, वे सभी मिल चुके हैं। हालाँकि पुरस्कार/सम्मानों को उत्कृष्टता की कसौटी या निकष नहीं माना जाता है लेकिन जब शुरू हुए हैं तो कसौटी या पैमाना तो होंगे ही। पुरस्कार या सम्मानों को मैं इस रूप में लेता हूँ कि लेखक को इनके मिलने से अपने होने का अहसास होता है। उसे समाज में अपनी सार्थकता का अहसास होता है। इससे उसे प्रोत्साहन मिलता है वरना असली पुरस्कार तो उसके पाठक होते हैं।

(*उपेन्द्र नाथ रैणा-साहित्य संवाद;* 24 नवम्बर, 2020)

औद्योगीकरण और बाज़ारवाद ने सबसे ज़्यादा हमारी लोक-कलाओं को प्रभावित किया है

डॉ. त्रिपुरारी शर्मा की बातचीत

डॉ. त्रिपुरारी शर्मा : 'सुर बंजारन' को आपने लम्बे समय तक अपने विचारों और स्मृतियों में सँजोए रखा। इस लम्बी यात्रा की प्रेरणा का स्रोत क्या रहा?

भगवानदास मोरवाल : आपने सही कहा है कि यह एक लम्बी यात्रा रही है। जहाँ तक 'सुर बंजारन' के प्रेरणा-स्रोत का प्रश्न है, तो इसका एक मज़ेदार वाक़या है। साल 2005 में मुझे दिल्ली सरकार की हिन्दी अकादमी, दिल्ली की संचालन समिति के सदस्य के रूप में मनोनीत किया गया था। इस समय अकादमी के सचिव के रूप में श्री नानक चन्द कार्यरत थे। जबकि हिन्दी साहित्य के पुरोधा हजारी प्रसाद द्विवेदी के सुपुत्र श्री मुकुन्द द्विवेदी इसके उपाध्यक्ष थे। हिन्दी अकादमी के एक महत्त्वपूर्ण और बेहद लोकप्रिय आयोजन 'लोक पर्व' के अन्तर्गत हरियाणा की मशहूर अदाकारा और मशहूर हरियाणवी फ़िल्म 'चन्द्रावल' की नायिका रही उषा शर्मा की प्रस्तुति हो चुकी थी। मुझे लगा कि 'लोक पर्व' के अन्तर्गत हरियाणा की एक लोक-कलाकार की प्रस्तुति हो सकती है, तब दूसरे कलाकारों की भी हो सकती है।

इस तरह एक दिन मैंने ऐसे ही नानक चन्द जी से कहा कि क्या अगले साल हाथरस शैली नौटंकी की अदाकारा कृष्णा कुमारी को भी आमंत्रित किया जा सकता है। मेरे इतना कहते ही नानक चन्द जी ने तुरन्त हाँ कह दी। सच तो यह है कि मुझे इसकी अपेक्षा नहीं थी कि वे तुरन्त हाँ कह देंगे। मैंने तो बस ऐसे ही पूछा था। जबकि सच्चाई यह थी कि मैं कृष्णा कुमारी के नाम के अलावा इनके बारे में कुछ नहीं जानता था। वे कहाँ रहती हैं। नौटंकी कला से वे जुड़ी हुई भी हैं या नहीं। आप सोचिए कि जिस कलाकार के बारे में मैं कुछ नहीं जानता, जिसकी नौटंकी मैंने अपने क़स्बे में अपने स्कूली दिनों में देखी हो, मैं उसकी प्रस्तुति की सिफ़ारिश अकादमी के सचिव से कर रहा हूँ। जिसे उन्होंने बिना एक पल गँवाए मान भी लिया।

इसके बाद मैंने कृष्णा जी की खोज शुरू कर दी। कई लोगों से पूछा मगर किसी ने कोई आधिकारिक जानकारी नहीं दी। मुझे यह भ्रम था कि कृष्णा जी मथुरा में रहती हैं

इसलिए एक दिन हिन्दी अकादमी की टीम जिसमें मुकुन्द द्विवेदी, नानक चन्द, मैं और अकादमी का एक अधिकारी कृष्णा जी से मिलने मथुरा के लिए चल दिये। इससे पहले मैं अपने दूसरे उपन्यास 'बाबल तेरा देस में' (2004) के लिखने के दौरान मथुरा के कोसीकलाँ से पंडित नथाराम शर्मा गौड़ द्वारा रचित सांगीत अर्थात नौटंकियों की कई पुस्तकें ला चुका था। इन पुस्तकों को खोजने का भी दिलचस्प क़िस्सा है। हुआ यह कि मुझे अपने इस दूसरे उपन्यास में इसके एक पात्र द्वारा नौटंकी 'स्याह-पोश' की कुछ पंक्तियाँ गवानी थीं। मगर दिक़्क़त यह थी कि इसकी मुझे प्रारम्भ की सिर्फ़ यही पंक्तियाँ याद थीं—*ग़लत न पढ़ना चाहिए है ये क़ुरान शरीफ़/इसीलिए मैं आपको देता हूँ तकलीफ़।* मैं चाहता था कि उपन्यास में पूरी पंक्तियाँ दी जाएँ। मगर मुश्किल यह थी कि मैं इन्हें लाऊँ या ढूँढू कहाँ से। इसी दौरान मेरा सपत्नीक अपनी मौसी के बेटे की शादी में कोसी के पास ब्रज के एक गाँव में जाना हुआ। हमने दिल्ली के आश्रम चौक से आगरा जानेवाली बस ली और हम कोसी उतर गए।

हमारे पास समय बहुत था। चूँकि कोसी भी एक समय नौटंकी का केन्द्र रहा है, तो मुझे लगा पंडित नथाराम की जो नौटंकियाँ साठ और सत्तर के दशक में ब्रज के मेलों में पटरियों पर बिकती थीं, शायद यहाँ मिल जाएँ। मैं पत्नी को लेकर बस अड्डे के पीछे एक स्टेशनरी की दुकान पर गया। मैंने दुकानदार से पूछा कि एक समय नथाराम शर्मा की नौटंकियों की पुस्तिकाएँ मेलों में बिकती थीं, वे क्या अब भी मिल सकती हैं? दुकानदार ने कहा कि साब अब कहाँ मिलती हैं। ऐसा है आप बग़ल में जो कैसेट की दुकान है, यहाँ से और पता कर लीजिए! हम उस कैसेट की दुकान पर गए और दुकानदार से इन पुस्तिकाओं के बारे में पूछा, तो उसने भी मना कर दिया। फिर बोला कि हमारे पास कृष्णा कुमारी की नौटंकियों की कैसेट्स हैं। मैंने तुरन्त कैसेट्स दिखाने के लिए कहा तो उसने रैक में लगी कैसेट्स में से कुछ कैसेट्स हमारे सामने रख दीं। अपने सामने रखी 'कृष्णा कुमारी एंड पार्टी' वाली कैसेट्स को मैं उलट-पुलटकर देखने लगा। सपना कैसेट कम्पनी, बस स्टैंड के सामने, कोसीकलाँ, मथुरा की इन कैसेट्स में से मैंने नौटंकी अमर सिंह राठौर और नौटंकी इन्दल हरण की (पूरी) कैसेट्स ख़रीद लीं। ख़रीदने के बाद मैंने कैसेट पर छपे कलाकारों पर नज़र मारी, तो पाया कृष्णा कुमारी के साथ उन्हीं कलाकारों जैसे नैम सिंह सिसोदिया, रामसिंह, ताराचन्द प्रेमी के साथ हास्य कलाकार चौधरी धर्मपाल सिंह का नाम भी छपा हुआ है जिसके लिए यह पार्टी जानी जाती थी।

कैसेट्स लेने के बाद मैंने फिर से दुकानदार से पंडित नथाराम शर्मा की पुस्तिकाओं के बारे में इस उम्मीद से पूछा कि शायद यह इनकी प्राप्ति का कोई सुराग़ दे दे। दुकानदार ने टालने की मुद्रा में बताया कि उस तरफ़ हनुमान मन्दिर के सामने एक भगत जी हैं। वे बहुत पहले मेलों में पटरियों पर इन्हें बेचा करते थे। आप वहाँ

जाकर पता कर लें। हम इसके बाद पैदल ही हनुमान मन्दिर की तरफ़ चल दिये। वहाँ जाकर देखा तो पाया एक बुज़ुर्ग चारपाई पर लेटा नवम्बर की गुनगुनी धूप सेंक रहा है, और उसके एक तरफ़ ज़मीन पर सन्तोषी माँ से लेकर सत्यनारायण की कथा के साथ दूसरी पुस्तकें भी लगी हुई हैं। मैंने पास जाकर देखा तो देखते ही मेरी बाँछें खिलती चली गईं। लगा जैसे मेरी मुराद पूरी हो गई क्योंकि इन धार्मिक पुस्तकों के साथ सबसे आगे जो पुस्तक सजी हुई थी, वह वही थी जिसकी मुझे तलाश थी, और यह थी 'सांगीत स्याह-पोश उर्फ़ पाक मुहब्बत'। हालाँकि मुझे एक प्रति की ज़रूरत थी लेकिन वहाँ रखी मैंने इसकी दोनों प्रतियाँ उठा लीं। सिर्फ़ यही नहीं कुछ और नौटंकियों की पुस्तिकाएँ जैसे सांगीत अमर सिंह राठौर (सम्पूर्ण दोनों भाग), सांगीत इंदल हरण (सम्पूर्ण दोनों भाग), सांगीत भक्त पूरनमल (सम्पूर्ण पाँचों भाग), क़त्लजान आलम (सम्पूर्ण तीनों भाग), हीर राँझा उर्फ़ सपने का आशिक़, नौटंकी शहज़ादी उर्फ़ अय्यारा औरत, श्रीमती मंजरी उर्फ़ ग़मज़दा क़ैदी, ऊदल का ब्याह उर्फ़ काठ का घोड़ा, दहीवाली उर्फ़ बदकार यार, सुल्ताना डाकू उर्फ़ ग़रीबों का प्यारा, रूप-बसन्त (तीनों भाग), हरिश्चन्द्र उर्फ़ गुलशन का नाग, सती सावित्री उर्फ़ हुस्न की देवी भी ख़रीद लीं।

शादी से लौटने के बाद मैंने सबसे पहले लिखे जा रहे अपने दूसरे उपन्यास 'बाबल तेरा देस में' का वह अध्याय पूरा किया, जो नौटंकी 'स्याह-पोश' की पंक्तियों के न मिलने के कारण अधूरा रह गया था। वो अधूरी पंक्तियाँ ये थीं जिन्हें इस नौटंकी का पात्र गबरू, महल के झरोखे में क़ुरान की ग़लत तिलावत करती शहज़ादी को सुनाते हुए दोबोले और चौबोले में कहता है—

गलत न पढ़ना चाहिए है ये कुरान शरीफ
इसीलिए मैं आपको देता हूँ तकलीफ। (दोबोला)

देता हूँ तकलीफ इनायत जो हुजूर फरमावें।
दिलोजान हो शाद महल के, ऊपर हमें बुलावें॥
पाक मुहब्बत करें कलामुल्लाह पढ़ाने आवें।
यहाँ कुरान के तीसों पारे, सारे सही करावें॥

हम जब मथुरा पहुँचे और कृष्णा कुमारी के बारे में पता किया, तो पाया यहाँ तो ऐसी कोई कलाकार नहीं रहती हैं। हम जब एक व्यक्ति से इनके बारे में बात कर रहे थे, तब मैंने बताया कि इनके साथ एक नैम सिंह सिसोदिया नाम का कलाकार भी काम करता था। तब उसने बताया कि अच्छा-अच्छा आप उसकी बात कर रहे हैं। ऐसा करिए कि आप रेलवे लाइन के साथ वाली कॉलोनी में जाओ वहाँ है यह सिसोदिया। हम जब इस बताई जगह पर गए तो पता चला उस व्यक्ति ने हमें नैम सिंह सिसोदिया

की जगह सिसोदिया नाम के एक इंटर कॉलेज भेज दिया। उसे लगा हम शायद इस कॉलेज के बारे में पूछ रहे हैं। अब हमारे पास ख़ाली हाथ दिल्ली लौटने के और कोई रास्ता नहीं था। हम सब निराश वहाँ खड़े रहे। अकादमी के सचिव और उपाध्यक्ष मेरी तरफ़ देखने लगे कि वे क्यों मेरी बातों में आ गए। इसी बीच उस कॉलेज के सामने खड़े एक व्यक्ति से मैंने हिम्मत कर पूछा कि यहाँ मथुरा में नौटंकी में काम करनेवाला कोई व्यक्ति है? उस व्यक्ति ने एक पल सोचा और फिर बोला उस तरफ़ पटरियों के पास एक आदमी है जो यह काम करता है। लौटने से पहले हमें इस आदमी से मिलने में कोई बुराई नहीं लगी और उसके घर पहुँच गए।

उससे जाकर जब हम मिले और हमने कृष्णा कुमारी के बारे में पूछा, तो उसने जो जवाब दिया उसे सुन हम सबका चेहरा खिल उठा। वह बोला कि कृष्णा जी को तो मैं जानता हूँ। हम दोनों ने न जाने कितनी बार साथ शो किये हैं। मैंने तुरन्त कहा कि फिर उनसे मिलवा दीजिए? वह बोला कि मिलवाऊँ तो तब, जब वे मथुरा में रहती हों। वे तो शिकोहाबाद में रहती हैं। हाँ, मैं उनसे अभी बात कर लेता हूँ। इतना कह उस व्यक्ति ने उसी समय अपने मोबाइल से सम्पर्क किया और हमारे सामने यह सूचित किया कि एक पार्टी आई है। बात होने के बाद सचिव नानक चन्द जी ने मुझसे कहा कि मोरवाल इनसे एकमुश्त पैसे की बात कर लीजिए। सारे कलाकारों और साजिन्दों को ये उसी तय राशि में लेकर आएँगे। उनके लाने-ले जाने की सारी ज़िम्मेदारी इनकी होगी। उस व्यक्ति से बात करने से पहले मैंने कहा कि मैं पहले इससे अकेले में बात कर लेता हूँ। मैं यह पता कर लूँ कि इनकी माँग क्या है। मैं जब उस व्यक्ति से अकेले में बात करने गया और पूछा कि आपकी माँग क्या है? तब उसने बड़े संकोच के साथ कहा कि आप पच्चीस हज़ार दिलवा देना। इसके साथ ही उसने इन पच्चीस हज़ार में से मुझे भी देने की बात की। इतनी कम राशि माँगने पर मुझे हैरानी हुई। मैंने उसे समझाते हुए कहा कि आपको पचास हज़ार के अलावा पाँच-सात हज़ार अपने कलाकारों और साजिन्दों के आने-जाने का किराया भी माँगना होगा। मेरे इस सुझाव पर वह सकपका गया लेकिन फिर मान भी गया। बाद में बात हुई तो पचास हज़ार में बात बन गई। दरअसल, मुझे पता था कि हरियाणवी की कलाकार उषा शर्मा को पारिश्रमिक के रूप में पचास हज़ार दिये जा चुके थे। इसके बाद हम दिल्ली लौट आए। और हाँ, जिस व्यक्ति से हमने बात की आपको सुनकर आश्चर्य होगा कि यह व्यक्ति कोई और नहीं नैम सिंह सिसोदिया ही था। इस तरह हिन्दी अकादमी दिल्ली द्वारा अपने 'लोक पर्व' के अन्तर्गत दिल्ली के मंडी हाउस के त्रिवेणी सभागार में हाथरस शैली की नौटंकी 'अमर सिंह राठौर' का मंचन हुआ। इस नौटंकी में कृष्णा कुमारी ने अमर सिंह राठौर की पत्नी हाड़ी रानी का अभिनय किया था। पूरा त्रिवेणी सभागार खचाखच भरा हुआ था।

अगले साल 'लोक पर्व' के दौरान फिर से नौटंकी के मंचन की बात चली, तो इस बार भी कृष्णा जी को बुलवाया गया। पिछली बार वे नैम सिंह सिसोदिया के साथ एक कलाकार के रूप में आई थीं, मगर इस बार उन्हें कृष्णा कुमारी एंड पार्टी के बैनर तले आमंत्रित किया गया। नैम सिंह सिसोदिया उनके साथ एक कलाकार के रूप में आए। इस बार उन्होंने 'भक्त पूरनमल' का मंचन किया। इसी दौरान मेरे मन में आया कि क्यों न कृष्णा जी को केन्द्र में रखकर एक उपन्यास लिखा जाए। मगर कुछ कारणों से मैंने इसे छोड़ दिया और मैं दूसरे काम में लग गया। इस बीच कृष्णा जी से भी बात होनी बन्द हो गई। बाद में लगभग आठ साल के बाद जब एक मित्र ने पूछा कि मैं जो नौटंकी पर काम करनेवाला था, वह कहाँ तक पहुँचा, तब मैंने कहा कि मैंने उसे छोड़ दिया है। इस पर मित्र ने कहा कि नहीं आपको यह काम करना चाहिए। मुझे उसकी यह सलाह ठीक लगी और एक बार फिर कृष्णा जी से सम्पर्क किया। सम्पर्क करने पर बहुत-सी स्थितियाँ बदल गई थीं। कृष्णा जी के पति डॉक्टर माथुर का अचानक देहान्त हो चुका था। इसके बाद वे जब भी दिल्ली आतीं, मेरे घर ज़रूर आतीं।

आपने 'सुर बंजारन' के प्रेरणा-स्रोत के बारे में पूछा है, तो मैंने जब फिर से इस पर काम करने का मन बनाया, तब सबसे पहला सवाल मेरे मन में यह आया कि मुझे क्यों यह काम करना चाहिए। मेरे मन में शुरू से कृष्णा जी को लेकर उनकी कला से ज़्यादा लोकप्रियता की एक अलग छवि बनी हुई थी। इनकी लोकप्रियता का आलम यह था कि पश्चिमी उत्तर प्रदेश, मेवात व पूर्वी राजस्थान में सत्तर और अस्सी के दशक में जब शैक्षणिक संस्थानों का निर्माण हो रहा था, तब इनके संचालक कृष्णा जी को बुलाते और टिकट से जो पैसा इकट्ठा होता, उससे इनके भवनों का निर्माण कराते। मेरे क़स्बे का आज जो राजकीय महाविद्यालय है उसके शुरुआती दो कमरे इनके शो से इकट्ठा हुए पैसे से बने हुए हैं। मुझे लगा कि एक कलाकार का योगदान सामाजिक निर्माण में इस तरह भी हो सकता है। इनकी जनप्रियता उस समय किसी फ़िल्म स्टार से कम नहीं थी। तो मैंने यही सोचकर इनके कला-जीवन और आज लगभग विलुप्त हो चुकी नौटंकी परम्परा को केन्द्र में रखकर 'सुर बंजारन' लिखना शुरू किया। इस उपन्यास के पूरा होने में ख़ुद कृष्णा जी की भूमिका भी बड़ी महत्त्वपूर्ण है। इनके सहयोग के बिना यह सम्भव नहीं था।

त्रि. श. : एक कला के रूप में उस समय नौटंकी और समाज के बीच का कैसा सम्बन्ध था? इसके प्रति आपका दृष्टिकोण कैसे निर्धारित हुआ? क्या आज भी कुछ-कुछ वैसा ही है?

भ. मो. : दरअसल, उस दौर में आमजन की समझ नौटंकी को लेकर एक कला की समझ भले ही न रही हो, मगर वह इसका भरपूर रसास्वादन करता था।

हालाँकि नौटंकियों में काम करनेवाली स्त्री कलाकारों की आम दर्शक या नौटंकी प्रेमियों के मन में वही छवि थी, जैसी फणीश्वरनाथ रेणु की कहानी पर शैलेन्द्र द्वारा बनाई गई फ़िल्म 'तीसरी कसम' की नायिका हीरामन बाई की थी। इसलिए हमारे मेवात में ही नहीं पूर्वी उत्तर प्रदेश में भी नौटंकी को 'रंडीन को नाच' कहा जाता था। नौटंकी को बहुत अच्छी नज़र से नहीं देखा जाता था। शायद यही कारण था कि नौटंकी में जहाँ पुरुष कलाकार सवर्ण जातियों के होते थे, वहीं उसके साजिन्दे और महिला कलाकार आर्थिक रूप से कमज़ोर, दलित, जरायम पेशा और मुस्लिम समाज के होते थे। कानपुर शैली नौटंकी की मशहूर अदाकारा गुलाब बाई एक ऐसी ही बेड़िया जाति से आती थीं। मगर कृष्णा कुमारी का नाम एक कलाकार के रूप में बड़े आदर के साथ लिया जाता था। इनके साथ किसी तरह की बे-अदबी मैंने कभी होती हुई नहीं सुनी। इन्होंने जितनी भी प्रस्तुतियाँ दीं, अपनी शर्तों पर दीं। यह सम्मान कृष्णा जी ने अपनी आवाज़ के बल पर अर्जित किया था। आज भी मेवात के लोग इनका नाम उसी सम्मान के साथ लेते हैं, जैसे उस समय लिया करते थे। इसी सम्मान ने मेरे दृष्टिकोण को इस रूप में पुख़्ता किया कि अगर एक कलाकार के पास उसकी कला है, तो समाज अपने-आप उसको सम्मान देना शुरू कर देता। उस समय दर्शकों का रेला सिर्फ़ नौटंकी देखने नहीं आता था बल्कि कोयले की धधकती आँच पर सिंकते नक्कारा-नक्कारी की खनकती धमक और पेटीबाजे के महीन सुरों पर कृष्णा कुमारी के गले से निकलनेवाले दौड़, दोहा, दोबोला, चौबोला, बहरतबील और दादरा-ठुमरी के आरोह-अवरोह को सुनने आता था। यह एक तरह से हाथरस शैली नौटंकी का स्वर्णिम मगर उसका अन्तिम दौर था। किन्तु आज ये सिर्फ़ और सिर्फ़ स्मृतियों और इतिहास की बातें रह गई हैं।

त्रि. श. : आपके लिए नौटंकी की विशेषता क्या है और क्यों यह लोकप्रिय हो पाई?

भ. मो. : कला कोई भी हो अगर उसमें सम्प्रेषण की क्षमता है, तो वह अपने रसिक बनाने में सफल हो ही जाती है। नौटंकी की सबसे बड़ी विशेषता यह रही है कि हमारे जितने भी पौराणिक, ऐतिहासिक और मिथकीय चरित्र व घटनाएँ हैं, वे अपने दर्शकों से सीधा संवाद स्थापित करती हैं। उनके पात्र भावनात्मक रूप से उनसे जुड़ते हैं। इसका एक उदाहरण मैं 'हरिश्चन्द्र उर्फ़ गुलशन का नाग' के उन दृश्यों के रूप में देना चाहूँगा, जब राजा हरिश्चन्द्र और तारामती अर्थात पति-पत्नी के बीच बेटे रोहिताश्व के शव को जलाने को लेकर संवाद होता है। इस पौराणिक कथा के बारे में हम सब जानते हैं। मगर माँ तारामती की भूमिका में जब पुत्र-वियोग में कृष्णा कुमारी बेटे से लिपटकर रोते हुए पति से गुहार लगाती थीं, तो दर्शकों की रुलाई फूट जाती थी। इसी तरह, 'अमर सिंह राठौर' में जब हाड़ी रानी बनी कृष्णा कुमारी को अपने पति की धोखे से हुई हत्या का पता चलता है, तब मंच पर वह

अपनी चूड़ियाँ तोड़ते हुए विलाप करती हैं, वह दृश्य दर्शक को अन्दर तक हिला देता था। यही सम्प्रेषणीयता नौटंकी की सबसे बड़ी विशेषता है और इसकी इसी संगीतमयी सम्प्रेषणीयता ने इसे बेहद लोकप्रिय बनाया। इसकी इस लोकप्रियता में उन वाद्ययंत्रों जैसे नक्कारा-नक्कारी, पाँवों से चलनेवाला पेटीबाजा और दूसरे वाद्ययंत्रों की भी बड़ी भूमिका है। शैलेन्द्र की 'तीसरी कसम' की ख़ूबसूरती एक तरफ़ उसकी कथा और अभिनय है, तो दूसरी तरफ़ वह पारम्परिक संगीत भी है जिसमें इन वाद्ययंत्रों का इस्तेमाल किया गया है।

त्रि. श. : आपके उपन्यास 'सुर बंजारन' में सांगीत अर्थात नौटंकी के तीन अध्याय दिखाई देते हैं—कम्पनी रूप, कलाकारों द्वारा संचालित ग्रुप या कम्पनियाँ और सरकारी अनुदान का एक कलाकार के जीवन और उसकी कला पर प्रभाव। ये उतार-चढ़ाव इस कला को किस तरह प्रभावित करते गए?

भ. मो. : मैंने लिखते समय इस तरफ़ ध्यान नहीं दिया। मेरी कोशिश एक कलाकार के जीवन में कला रूपी उतार-चढ़ाव को दर्शाने की रही है। जैसाकि हम सब जानते हैं नौटंकियों के मंचन के साथ-साथ पारसी थिएटर के तहत नाटकों का मंचन होना शुरू हो गया था। आग़ा हश्र कश्मीरी के नाटकों का मंचन ख़ूब होने लगा था। चूँकि नौटंकी कम्पनियों का दर्शक प्रबुद्धजन तो था ही, उसका बहुत बड़ा दर्शक धुर गाँव-देहात का व्यक्ति भी था। इसलिए मेलों में होनेवाली नौटंकियों के अलावा और फिर आर्थिक संसाधन जुटाने के लिए छोटे-छोटे मंचन होने लगे। ये नाटक कम्पनियाँ आर्थिक रूप से काफ़ी मज़बूत थीं। इनके पास कलाकारों, साजिन्दों और दूसरे कारिन्दों की अच्छी-ख़ासी संख्या होती थी। जब तक ये नौटंकी कम्पनियाँ थीं, कला और कलाकार हर दृष्टि से सम्पन्न थे। बाद में कम्पनियाँ समाप्त होने लगीं तो जीवनयापन के लिए ख़ुद कलाकारों ने अपने ग्रुप बनाने शुरू कर दिये। आपको सुनकर आश्चर्य होगा कि जो कलाकार पहले एकसाथ किसी कम्पनी में काम करते थे, उन्होंने अपने-अपने ग्रुप बना लिये। बाद में ख़ुद कृष्णा कुमारी ने भी 'कृष्णा कला केन्द्र' नाम से अपना ग्रुप बना लिया। फिर जब यह विधा समाप्त होने लगी तो इसे दूसरी कलाओं की तरह संरक्षण देने की नीयत से सरकार कलाकार और संस्थाओं को अनुदान देने लगी। मगर जैसाकि हमारी सरकारी व्यवस्था का मिज़ाज है उसकी नज़र में कला और एक कलाकार का कोई मोल नहीं है। इससे जो भ्रष्टाचार और बेईमानी पनपी उसने हमारी लोक-कलाओं को केन्द्र में लाने या पुनर्जीवित करने के बजाय उलटा हाशिये पर धकेल दिया। एक खाता-पीता सरकारी नौकर एक प्रतिबद्ध कलाकार को इस तरह विवश कर देता है कि जब तक वह उस सरकारी नौकर को चढ़ावा नहीं देगा, उसे अनुदान लेने की इस पूरी प्रक्रिया में सिवाय धक्के खाने के कुछ नहीं मिलेगा।

मैं तो इस बात का गवाह रहा हूँ। इस प्रक्रिया के चलते कलाकार को ख़ुद अपनी कला के प्रति वितृष्णा होने लगती है और उसमें अरुचि पैदा होने लगती है। दरअसल, सरकार को ऐसी विलुप्त होती लोक-कलाओं को जिस तरह ईमानदारी के साथ संरक्षण देना चाहिए, वह नहीं मिल रहा है।

त्रि. श. : उपन्यास में औद्योगीकरण और नौटंकी का विपरीत सम्बन्ध नज़र आता है?

भ. मो. : औद्योगीकरण और बाज़ारवाद ने सबसे ज़्यादा हमारी लोक-कलाओं को प्रभावित किया है। पहले कलाओं का प्रदर्शन कला के लिए होता था। बाद में धीरे-धीरे माँग कला पर हावी होती गई। इस माँग का असर यह हुआ कि असली कला नेपथ्य में चली गई और उसकी जगह नक़लीपन और फूहड़ता ने ले ली। अब आप नौटंकी को ही लीजिए। इससे जुड़े कितने कलाकार हैं जो इसके छन्दों का पालन करते हैं। सिर्फ़ गा लेना-भर दौड़ या चौबोला नहीं होता। उसके लिए विधिवत अभ्यास और प्रशिक्षण की ज़रूरत होती है। मुझे लगता है कि दर्शकों को बाँधे रखने के लिए बीच-बीच में जैसे-जैसे हास्य कलाकार का दख़ल बढ़ता गया, नौटंकी एक फूहड़ता का पर्याय बनती चली गई। इसीलिए नौटंकी शब्द का इस्तेमाल आज व्यंग्य के रूप में होता है।

त्रि. श. : कथ्य और कलाकार। आपकी नज़र में विधा की ताक़त किधर है?

भ. मो. : इस विधा की ताक़त कथ्य और कलाकार दोनों में है। विशेष रूप से हाथरस शैली की नौटंकी की। क्योंकि इस शैली की असली ताक़त इसका गायन है। कहने का आशय यह है कि यह विशुद्ध गले की विधा है। अभिनय इसका गौण पक्ष है। गुलाब बाई की तो पहचान ही उसका यह दादरा है 'नदी नारे न जाओ, श्याम पैंया परूँ', जो बाद में 1963 में बनी फ़िल्म 'मुझे जीने दो' में आशा भोंसले ने भी गाया।

त्रि. श. : कृष्णा कुमारी की कौन सी भूमिका सबसे अधिक लोकप्रिय रही?

भ. मो. : मेरा मानना है कि नौटंकी 'अमर सिंह राठौर' में हाड़ी रानी की भूमिका सबसे अधिक लोकप्रिय रही। एक तरह से इस नौटंकी की हाड़ी रानी की यह भूमिका उसकी ताक़त है। इसके बाद मैं नौटंकी 'हरिश्चन्द्र-तारामती' में तारामती के अभिनय को उनकी लोकप्रिय भूमिकाओं में मानता हूँ। फिर 'इन्दल हरण' और 'भक्त पूरनमल' नौटंकियों में उनकी बड़ी सजीव भूमिका रही। इस लोकप्रियता की सबसे बड़ी वजह रही है उनकी गायन कला। कई बार अतिरिक्त छूट लेते हुए जिस तरह वे दौड़, दोहा, दोबोला, चौबोला, बहरतबील या दादरा के बीच लोकगीतों का प्रयोग करती थीं, उससे दर्शक अपने-आप को उस भूमिका से जुड़ा महसूस करने लगता था।

त्रि. श. : नौटंकी प्रदर्शन को लेकर आपकी कुछ स्मृतियाँ होंगी।

भ. मो. : कृष्णा कुमारी जी को लेकर आमजन में बहुत से क़िस्से किंवदन्तियों की तरह प्रचलित थे। जब वे अपनी फ़िएट से शो करने आती थीं, तब लोग उनकी इस कार को इसलिए देखने आते थे कि वह कलाकार कैसी होगी जो शो करने अपनी कार से आती है। कई बार तो ऐसा होता था कि आयोजक इनकी कार को पहले ले आते थे ताकि लोगों को यक़ीन हो जाए कि कृष्णा कुमारी आ रही हैं। एक तरह से नौटंकी प्रेमियों में इनके प्रति ग़ज़ब की दीवानगी थी। ऐसी बहुत-सी स्मृतियाँ हैं। जैसे जब मैंने पहली बार अपने क़स्बे में इनका शो देखा था, तब मैं आठवीं में पढ़ता था। टिकट लेना बूते से बाहर था, तो कनात से बनाई गई दीवार के नीचे से चोरी-छिपे अन्दर घुसकर इनका शो देखा था। इसके बाद जब कोई तीस साल बाद इनको 2007 में मथुरा में देखा था, तो मैं एकाएक भाव-विह्वल हो गया था।

त्रि. श. : उपन्यास में 'अमर सिंह राठौर' का उल्लेख कई बार हुआ है। इसका कारण क्या है?

भ. मो. : जैसाकि उपन्यास 'सुर बंजारन' हाथरस शैली की अदाकारा कृष्णा कुमारी और नौटंकी के लगभग पिछले साठ साल के सांस्कृतिक इतिहास को समेटे हुए है, इसलिए स्वाभाविक है कि इस बहाने उस नौटंकी का सर्वाधिक उल्लेख हुआ है जो बेहद लोकप्रिय थी। अगर आप देखें तो कृष्णा जी ने हाथरस के बिजली कॉटन मिल में अपने जीवन का जो सबसे पहला शो किया था वह 'अमर सिंह राठौर' ही था। इस शो के बाद वे इस कला की शोहरत की बुलन्दियों को छूने लगी थीं। सबसे ज़्यादा मंचन भी अपने पूरे अभिनय-काल में उन्होंने इसी नौटंकी के किये थे। दूसरी बात, एक लेखक के साथ-साथ एक आम नौटंकी प्रेमी के रूप में मुझे भी यह सबसे ज़्यादा प्रिय रही है। चूँकि यह उपन्यास है और उपन्यास, यथार्थ और कल्पना से उपजा रचनात्मक कौशल माना जाता है इसलिए कई बार इस नौटंकी का आना स्वाभाविक है। कथा को प्रामाणिक और सुरुचिपूर्ण बनाने के लिए कुछ प्रसंगों की आवश्यकता होती है, जैसे जिस समय एन.एस.डी. में इस नौटंकी का मंचन हो रहा होता है, तभी इस उपन्यास की नायिका के पति का असामयिक निधन हो जाता है, और संयोग देखिए कि जब इसकी सूचना ग्रुप के दूसरे कलाकारों को मिलती है, उस समय शहंशाह के महल में अमर सिंह राठौर के धोखे से मारे जाने का दृश्य चल रहा होता है। उस दृश्य में हाड़ी रानी विलाप कर रही होती है। लेखक ने इन दोनों प्रसंगों को आपस में गूँथने की कोशिश की है, जो स्वाभाविक भी लगती है। दरअसल, यह लेखक की कल्पना है। कई बार कुछ चीज़ें लेखक जान-बूझकर नहीं देता बल्कि कथानक की माँग के अनुसार अपने-आप आ जाती हैं। ऐसा ही 'अमर सिंह राठौर' को लेकर हुआ।

त्रि. श. : नौटंकी 'अमर सिंह राठौर' की लोकप्रियता को आप कैसे देखते हैं?

भ. मो. : मेरा मानना है कि नौटंकी 'अमर सिंह राठौर' की रचना, इसके लेखक सांगीत शिरोमणि हिन्दी भूषण पंडित नथाराम शर्मा गौड़ ने बड़ी ही सूझ-बूझ और कौशल के साथ की है। भारतीय समाज की जैसी संरचना है और उसमें जो विशेषताएँ पाई जाती हैं, उनका समावेश इसमें किया गया है। एक ऐतिहासिक कथानक होने के बावजूद इसमें साम्प्रदायिक सौहार्द के वे सारे तत्त्व विद्यमान हैं जो एक रचना को कालजयी बनाते हैं। एक तरफ़ शहंशाह की उदारता है, तो दूसरी तरफ़ बादशाह होकर वह दरबार के नियमों का चाहकर भी अतिक्रमण नहीं कर पाता है। यह जानते हुए कि अमर सिंह राठौर का नया-नया गौना हुआ है, वह उसे छुट्टियों में रियायत नहीं दे पाता है। गौना करके लौटते समय रास्ते में एक मुस्लिम पात्र नरशहबाज़ पठान से भी भेंट होती है, जो मारे प्यास के व्याकुल है। अमर सिंह उसको पानी देता है। इसके बाद नरशहबाज़ पठान कहता है कि कभी विपत्ति आए तो उसे याद कर लेना। यहाँ पानी दरअसल प्राकृतिक प्रतीक के रूप में आता है कि जीवन में पानी का क्या मोल है। इसी तरह एक दरबारी सलावत खाँ की ईर्ष्या और ख़ुद अमर सिंह के साले अर्जुन गौड़ द्वारा अमर सिंह की घात लगाकर हत्या करना जैसे प्रसंग इस नौटंकी को बेहद रोचक बनाते हैं। इनके अलावा हाड़ी रानी का विलाप सहित ऐसे कई भावपूर्ण दृश्य हैं जो दर्शक को बाँधे रखते हैं। नौटंकी कला की लोकप्रियता का एक मज़बूत पक्ष है उसका लोक-संगीत। मैंने देखा है कि नक्कारा-नक्कारी की खनक के साथ ढोलक की संगत और हारमोनियम व पेटीबाजे का महीन स्वर भी इसकी लोकप्रियता का एक पक्ष रहा है। हालाँकि, नौटंकी की मूल आत्मा का क्षरण हास्य कलाकार की उपस्थिति के चलते भी हुआ क्योंकि आगे जाकर हास्य की आड़ में पनपती फूहड़ता नौटंकी की ज़रूरत बन गई। ऐसा नौटंकी के साथ ही नहीं हुआ बल्कि नाटकों के पितामह आग़ा हश्र कश्मीरी के नाटकों के मंचन के दौरान भी हुआ। आगे जाकर तो स्थिति यह हो गई कि दृश्य बदलने के दौरान हास्य कलाकारों को मंच पर बुलाया जाने लगा और वे जो कुछ बोलते या गाते, सालों बाद वे आग़ा हश्र कश्मीरी के नाटकों के टेक्स्ट का हिस्सा बन गए। जब इनके नाटक पुस्तकाकार में आने लगे, तो इन हास्य कलाकारों के संवाद भी आग़ा हश्र कश्मीरी के समझकर उनमें शामिल होते रहे। नौटंकी जनमानस तक किसी बात को सम्प्रेषित करने का बहुत अच्छा माध्यम था।

त्रि. श. : क्या नौटंकी का मंचन सामाजिक सद्भाव का सन्देश दे पाने में एक कारगर माध्यम साबित हो सकता है?

भ. मो. : नौटंकी ही नहीं हमारी जितनी भी लोक-कलाएँ हैं उनमें सामाजिक सद्भाव का सन्देश देने की पूरी क्षमता है। इसका एक कारण यह है कि यह एकदम देसी

और स्थानीय कला है, जो दर्शकों तक अपना सन्देश पहुँचाने में पूरी तरह सफल होती है। दरअसल, नौटंकी या सांगीत के कई अलग-अलग रूप हैं। हरियाणा में सांग तो ब्रज में इसे सांगीत कहते हैं, जो बाद में नौटंकी कहलाने लगी। जिस समय भारतीय समाज में मनोरंजन के माध्यम और साधन बेहद सीमित थे, हमारी लोक-कलाएँ बेहद समृद्ध थीं। धीरे-धीरे जैसे-जैसे टेलीविज़न, सिनेमा और इसके बाद इंटरनेट अस्तित्व में आया, मनोरंजन के कई विकल्प पैदा हो गए। आज स्थिति यह है कि बड़े और छोटे शहरों से सिनेमाहॉल ग़ायब हो गए हैं। एक समय था जब सिनेमाघरों के परदों से सामाजिक सद्‌भाव के सन्देश दिये जाते थे। कहने का तात्पर्य यह है कि जैसे-जैसे प्रौद्योगिकी (टेक्नोलॉजी) का विस्तार होता गया, हमारे पारम्परिक माध्यमों की भूमिका भी ख़त्म होती चली गई। नौटंकी भी इसकी चपेट में आ गई। हाँ, अगर पारसी थिएटर की तर्ज़ पर नौटंकी कला में कुछ प्रयोग होते, तो शायद आज यह उस तरह ख़त्म नहीं होती, जिस तेज़ी के साथ हो रही है।

त्रि. श. : 'अमर सिंह राठौर' की सफलता इसकी नाटकीयता में है, या इसके ऐतिहासिक शौर्य प्रदर्शन या मनोरंजन में।

भ. मो. : मेरी दृष्टि में इसकी सफलता का रहस्य इसकी नाटकीयता, मनोरंजन और इसके ऐतिहासिक शौर्य प्रदर्शन तीनों में छिपा हुआ है। हमें यह नहीं भूलना चाहिए कि नौटंकी साहित्य की एक विधा फ़िक्शन का ही प्रदर्शन रूप है। इसको लिखते समय लेखक ने इसमें उन सारे कथा-तत्त्वों का समावेश किया है, जो एक प्रदर्शन कला को लोकप्रिय बनाते हैं। एक और तत्त्व जो नौटंकी में लालित्य पैदा करता है, वह है इस विधा की भाषा। जब फ़ारसी, उर्दू, खड़ी बोली, ब्रज और अंग्रेज़ी मिश्रित छन्द स्वरबद्ध होकर कलाकार के गले से निकल, अपनी शास्त्रीयता के साथ दर्शकों के कानों में घुलते हैं, तो दर्शक अभिभूत होकर उनमें खो जाता है। मैं हाथरस शैली की नौटंकियों के रचयिता पंडित नथाराम शर्मा के इस अद्‌भुत रचना-कौशल को प्रणाम करता हूँ। मुझ जैसे साहित्य के विद्यार्थियों को यह सीखने की ज़रूरत है कि भाषा भी किसी रचना की लोकप्रियता और उसकी सफलता का आधार हो सकता है।

त्रि. श. : क्या नौटंकी 'अमर सिंह राठौर' को ऐतिहासिक माना जाना चाहिए?

भ. मो. : देखिए, इसमें तो कोई दो राय नहीं है कि अमर सिंह राठौर मुग़ल काल का एक वास्तविक ऐतिहासिक पात्र था। अब सवाल यह है कि एक लेखक ने इसे अपनी रचना या कहिए नौटंकी का कथानक क्यों चुना? इसका एक कारण मुझे अमर सिंह राठौर की वह बहादुरी और निडरता लगती है, जिसकी अपेक्षा हमें अपने शासकों से रही है। अगर देखें तो इस नौटंकी में ऐसा कुछ ख़ास नज़र नहीं

आता। एक हिन्दू सरदार की साधारण-सी कथा है। मगर इसे जिस तरह रचा गया है और इसमें सारे ऐतिहासिक पक्षों को समेटा गया है, वही इसे ऐतिहासिक दृष्टि से प्रामाणिक बनाता है।

त्रि. श. : नौटंकी 'अमर सिंह राठौर' का दूसरा भाग क्या मंचन में शिथिल पड़ जाता है?

भ. मो. : मैं अगर इसे एक दर्शक की नज़र से देखूँ, तो मेरा मानना है कि एक आम दर्शक की रुचि वहीं समाप्त हो जाती है, जब अमर सिंह राठौर की उसी का साला धोखे से हत्या कर देता है। दरअसल, एक दर्शक की रुचि, वह भी नायक प्रधान नौटंकी या नाटक में, तभी तक बनी रहती है, जब तक उसका नायक मंच पर रहता है। नौटंकी 'अमर सिंह राठौर' का सबसे ख़ूबसूरत हिस्सा वह है जब हाड़ी रानी से विवाहोपरान्त वह गौना करने के बाद वापस दरबार लौटने लगता है। इस दौरान पति-पत्नी के बीच दोहा, चौबोला, क़व्वाली, दौड़, दादरा, बहरतबील में पगा जो संवाद होता है, वह इसकी सबसे बड़ी ताक़त है। किसी भी कथानक का अगर नायक जल्दी नेपथ्य में चला जाता है, या कहिए उसकी भूमिका समाप्त हो जाती है, तो दर्शक का उससे अलगाव शुरू हो जाता है। संयोग से अमर सिंह राठौर का पहले भाग के लगभग शुरू में ही क़त्ल हो जाता है जिससे मंचन में शिथिलता आ जाती है।

त्रि. श. : हाड़ी रानी के पात्र को कैसे आँका जाए? इसकी क्या ख़ूबियाँ हैं?

भ. मो. : हाड़ी रानी के किरदार को मैं उस दौर की एक पारम्परिक और कथित संस्कारवान स्त्री के रूप में देखता हूँ। उसमें वे सारे स्त्रियोचित गुण मौजूद हैं जो ऐसे राजपूत परिवारों की स्त्रियों में होने चाहिए। उदाहरण के लिए, एक नई-नवेली दुल्हन की तरह वह अपने पति अमर सिंह को प्यार से रिझाने से लेकर ग़ुस्से का इज़हार करती हुई दरबार में जाने से रोकती है। इतना ही नहीं पति के रूप में अमर सिंह राठौर एक पुरुष की तरह उसे हंटर मारकर चुप कराने की कोशिश करता है। और तो और पति की हत्या के बाद हाड़ी रानी पति के साथ सती होने के लिए भी कहती है। मुझे लगता है कि परम्पराओं के नाम पर यह सती जैसी कुप्रथा का महिमामंडन है। जब हिन्दी अकादमी द्वारा नौटंकी अमर सिंह राठौर का मंचन हुआ था, तब कृष्णा जी को यह निर्देश दे दिया गया था कि मंच पर ये दोनों प्रसंग नहीं होंगे। इसलिए मुझे यह पात्र उस दृष्टि से एक पतिव्रता स्त्री का पात्र ज़्यादा लगा। वैसे भी यह नौटंकी पुरुष प्रधानता और उसके पराक्रम की महिमा का बखान करती है इसलिए हाड़ी रानी की भूमिका उतनी ही है, जितनी उसकी भूमिका ऐसे परिवारों में होती है।

त्रि. श. : क्वीन विक्टोरिया को लेकर लिखी गई प्रशस्ति या वन्दना क्या कभी मंचित हुई होगी? यहाँ भी इसमें दो राय है। एक यह कि यह वन्दना विक्टोरिया को लेकर लिखी गई होगी या एलिज़ाबेथ को लेकर।

भ. मो. : यह सम्भव नहीं है कि पूरी नौटंकी का मंचन हो। प्रकाशित रचना और उसके मंचन की अपनी-अपनी सीमाएँ होती हैं। चूँकि मंचन के लिए समय की बाध्यता होती है और वैसे भी नौटंकियों का मंचन आम लोगों के मनोरंजन के लिए होता था, इसलिए पूरे का मंचन न तो सम्भव था, न उसकी कोई ज़रूरत होती है। रही बात इसकी कि इसमें विक्टोरिया के बजाय एलिज़ाबेथ की प्रशस्ति या वन्दना की गई है, इसके बारे में कुछ भी नहीं कहा जा सकता। लेखक अगर अंग्रेज़ी में दोहा और चौबोला जैसे छन्दों के साथ इसकी रचना करता है, तो बहुत सोच-विचार के साथ किया होगा।

त्रि. श. : आपने 'सुर बंजारन' में नौटंकी के नाम पर हास्य मंचनों का उल्लेख किया है। यह महज़ उपन्यासकार की कल्पना है, या यह यथार्थ पर आधारित है।

भ. मो. : आपने नौटंकी के नाम पर जिन हास्य मंचनों का ज़िक्र किया है वे इन दिनों ख़ूब हो रहे हैं। बल्कि हास्य के नाम पर दर्शकों को फूहड़ता और अश्लीलता परोसी जा रही है। रामपत हरामी की नौटंकी और भोजपुरी नौटंकी नाच इसके ताज़ा उदाहरण हैं। ये नौटंकियाँ एक ज़माने में दिल्ली के मंडी हाउस के सप्रू हाउस में मंचित होनेवाले पंजाबी के 'जीजा दी हाँ, साली दी ना' जैसे द्विअर्थी नाटकों का दूसरा रूप हैं। इतना ही नहीं कृष्णा जी के साथ काम करनेवाले हास्य कलाकार चौधरी धर्मपाल की हाथरस शैली की नौटंकी के नाम पर यू-ट्यूब पर इस फूहड़ता को देखा जा सकता है। उपन्यास में मैंने नौटंकी के साथ होनेवाली इन्हीं विडम्बनाओं को उद्घाटित करने का प्रयास किया है।

(2019)

1990 के बाद के उपन्यासों ने हाशिये के समाजों की आवाज़ को केन्द्र में ला दिया है

पीयूष कान्त की बातचीत

पीयूष कान्त : आज़ादी के बाद के उपन्यासकारों में से आपको कौन ज़्यादा प्रभावशाली नज़र आता है और क्यों? क्या उनका समकालीन उपन्यास पर कोई असर नज़र आता है?

भगवानदास मोरवाल : इस प्रश्न का जवाब देने से पहले हमें आज़ादी से पूर्व और उसके बाद की प्रस्थितियों, प्रवृत्तियों और सामाजिक बदलावों पर ध्यान देना होगा। आज़ादी से पूर्व आम भारतीयों के सपने बिलकुल अलग तरह के थे, जो नेहरू युग के अवसान तक आते-आते बदल गए। उस समय सबसे बड़ा सपना था भारत को आज़ाद कराना। पराधीन भारत में सामन्ती ताक़तें एक तरह से फ़िरंगियों के साथ थीं। इसलिए आम आदमी दोहरे शोषण का शिकार था। देश के आज़ाद होते ही समाज को सबसे पहले सामन्तवादी महाजनी सभ्यता से मुक्त होना था, जिसे सबसे पहले प्रेमचन्द ने 'गोदान' के माध्यम से चित्रित किया। आज़ादी के बाद के उपन्यासकारों में जहाँ तक प्रभावशीलता का सवाल है उसमें किसी एक उपन्यासकार का नाम लेना तर्कसंगत नहीं होगा। हिन्दी उपन्यासों की जो कालजयी सूची हमें देखने को मिलती है, उसके अलग-अलग कारण हैं। 'मैला आँचल', 'झूठा सच', 'तमस', 'आधा गाँव', 'झीनी-झीनी बीनी चदरिया', 'काला जल', 'शेखर : एक जीवनी', 'त्यागपत्र', 'राग दरबारी', 'ज़िन्दगीनामा', 'डूब', 'नौकर की कमीज़', 'कसप', 'मुझे चाँद चाहिए', 'सूखा बरगद', 'महाभोज', 'पहला गिरमिटिया' जैसे विराट फ़लक वाले उपन्यासों के माध्यम से इसे समझा जा सकता है। इनमें 'मैला आँचल' और 'आधा गाँव' उस भारतीय समाज का प्रतिनिधित्व करते हैं जिसे असली भारत कहा जाता है। आज़ादी के बाद के लेखन में विभाजन की त्रासदी, शहरी मध्यवर्ग, आंचलिकता और शिल्प की बुनावट जैसे कथा-तत्त्व दिखाई देने लगे। एक तरह से हिन्दी उपन्यास दो समाजों में बँटा हुआ था और आज भी है यानी एक शहरी या नगरीय उपन्यास और दूसरा देहाती बल्कि एक ऐसा उपेक्षित-वंचित समुदाय अर्थात

हाशिये का समाज जिसे सबसे अधिक अगर कोई विधा आवाज़ प्रदान कर रही है, तो वह उपन्यास ही है। अगर इस सबकी सूची बनाई जाए तो वह बहुत लम्बी हो जाएगी, जो यह दर्शाता है कि समकालीन हिन्दी उपन्यास का वितान कितना फैला है। जहाँ तक किसी समकालीन उपन्यास पर किसी अन्य उपन्यास के असर का प्रश्न है, मैं उससे सहमत नहीं हूँ। क्योंकि जैसे-जैसे समाज में बदलाव आता जाता है विषय-वस्तु का विस्तार भी होता जाता है।

पी. का. : 1990 के बाद हिन्दी उपन्यास में कुछ नये रुझान देखने को मिलते हैं। क्या आप मानते हैं कि इन रुझानों में व्यापकता आती गई? स्त्री और दलित-विमर्श के तहत जो नया उपन्यास संसार आया, उसकी उपलब्धियाँ क्या हैं?

भ. मो. : 1990 के बाद के स्त्री और दलित-विमर्श के तहत जो नया उपन्यास संसार आया है वह एक हद तक ठीक है। लेकिन मेरा मानना है कि 1992 में राम जन्मभूमि-बाबरी मस्जिद प्रकरण से पहले, ख़ासकर विभाजन की त्रासदी से जो साम्प्रदायिकता के सवाल पैदा हुए थे, वे फिर से केन्द्र में आ गए। 1992 के बाद इस साम्प्रदायिकता ने 'तमस' से बाहर निकल, धीरे-धीरे ऐसे समुदायों और इलाक़ों को अपनी गिरफ़्त में ले लिया जिनके आपसी सौहार्द को मिसाल के रूप में देखा जाता था। उदाहरण के लिए, देश की राजधानी से सटा मेवात का साम्प्रदायिक सौहार्द ऐसी ही मिसाल है। इसी के साथ स्त्री और दलित-विमर्श का प्रवेश भी हिन्दी साहित्य में हुआ। हालाँकि उपन्यास दलित-विमर्श को अपने भीतर उस व्यापकता के साथ समाहित नहीं कर पाया, जैसी अपेक्षा थी। इसका एक कारण है और वह यह कि उपन्यास की इस कमी को दलित आत्मकथाओं के माध्यम से पूरा कर दिया गया। वैसे भी आत्मकथा लिखने के बाद उपन्यास लिखने की गुंजाइश बचती नहीं है। आज आदिवासी-विमर्श भी चिन्तन का एक विषय है। भारतीय समाज में 1990 के बाद जिस तेज़ी से बदलाव आए, यह उसी बयार का परिणाम है कि आज हिन्दी साहित्य में बिना दलित और स्त्री-विमर्श के बात करना नामुमकिन है। हालाँकि समाज में आनेवाले दूसरे बदलावों जैसे विस्थापन की समस्या को उपन्यास में सबसे पहले 'डूब' में प्रस्तुत किया गया। उपन्यास में दरअसल, पिछले तीन दशकों में जिस सामुदायिक और जातिगत चेतना का विकास हुआ है, उसने हाशिये के समाजों को उपन्यास के केन्द्र में ला दिया है। आप याद करिए 1999 के बाद हिन्दी उपन्यास में बड़ी तेज़ी से बदलाव आया। लगभग सात वर्ष के छोटे-से समय (1998 से लेकर 2005) ने हिन्दी साहित्य को विषय-वस्तु और आकार की दृष्टि से एक-से-एक नायाब उपन्यास जैसे 'पाहीघर', 'पीली आँधी', 'इन्हीं हथियारों से', 'कितने पाकिस्तान', 'आख़िरी कलाम', 'काला पादरी', 'जहाँ बाँस फूलते हैं', 'गगन घटा गहरानी', 'कलि-कथा वाया बाईपास', 'चाक', 'आवाँ', 'सात आसमान', 'जंगल जहाँ से शुरू होता है',

'हमारा शहर उस बरस', 'काला पहाड़', 'बारामासी', 'अपने-अपने राम', 'काल कथा', 'कथा सतीसर' दिये। 1990 के बाद के हिन्दी उपन्यासों की सबसे बड़ी उपलब्धि यही है कि उसने हाशिये के समाजों को जैसे दलित, स्त्री, आदिवासी, तथाकथित अपराधी जनजातियों की आवाज़ को केन्द्र में ला दिया है। वास्तव में, 1990 के बाद का हिन्दी उपन्यास ग्रामीण, मध्य वर्ग, क़स्बे और महानगर, कला-साहित्य व पत्रकारिता, दलित, स्त्री, साम्प्रदायिकता, राजनीतिक और हिन्दुत्व जैसे सन्दर्भों को एकसाथ लेकर चलनेवाला समय है।

पी. का. : आज उपन्यास में स्थानीयता का प्रश्न भी महत्त्वपूर्ण है। यह स्थानीयता प्रेमचन्द, रेणु और श्रीलाल शुक्ल से किन अर्थों में भिन्न है?

भ. मो. : आपने बहुत ही महत्त्वपूर्ण प्रश्न किया है और वह है स्थानीयता। यह सही है कि स्थानीयता ने हिन्दी उपन्यासों में 1990 के बाद ही अपनी जगह बनाई है। इस अस्मितावादी दौर में जिस तरह दूसरी वैश्विक चिन्ताओं के साथ कुछ प्रश्नों ने हिन्दी उपन्यास को उद्वेलित किया उनमें स्थानीयता प्रमुख रही है। चाहे वे विस्थापन से जुड़े प्रश्न रहे हों, या किसानों की हत्याओं का मामला रहा हो। चाहे वे जंगल-ज़मीन से जुड़े प्रश्न रहे हों या विस्मृत होते लोक-तत्त्व रहे हों—सबके केन्द्र में स्थानीयता प्रमुख रही है। एक तरफ़ रणेन्द्र जहाँ 'ग्लोबल गाँव का देवता' लिख रहे हैं, तो दूसरी तरफ़ संजीव किसानों की आत्महत्याओं को केन्द्र में रखकर 'फाँस' लिख रहे हैं। इतना ही नहीं मेरे समकालीन लेखक अखिलेश का 'निर्वासन' भी इसी स्थानीयता की देन है। यह इसी स्थानीयता का असर है कि 'कब तक पुकारूँ' के बाद हिन्दी में तथाकथित अपराधी जनजातियों को केन्द्र में रखकर 'रेत' और 'अल्मा कबूतरी' भी लिखे जाते हैं। इस स्थानीयता ने 1990 के बाद भारत में आए आर्थिक उदारवाद के चलते एनजीओ नाम की संस्था द्वारा भारत के पिछड़े क्षेत्रों में ग़रीबी को जिस तरह बाई प्रॉडक्ट के रूप में इस्तेमाल करना शुरू किया है, हिन्दी उपन्यास का ध्यान उस तरफ़ भी गया है, जैसे 'नरक मसीहा' जैसे उपन्यास में देखा जा सकता है। इधर पानी और पर्यावरण जिसका सीधा सम्बन्ध स्थानीयता से है, वह भी हिन्दी उपन्यास में नज़र आने लगा है। आपने पूछा है कि यह स्थानीयता प्रेमचन्द, रेणु और श्रीलाल शुक्ल से किन अर्थों में भिन्न है? इसका उत्तर मेरा यही होगा कि जो व्यक्ति, समाज और देश प्रेमचन्द के समय था वह रेणु के समय में नहीं था। दूसरी बात मैं यह पूरे विश्वास के साथ कह सकता हूँ कि रेणु और राही मासूम रज़ा इन दो लेखकों को मैं यह श्रेय दूँगा कि यदि इनके 'मैला आँचल', 'परती परिकथा' और 'आधा गाँव' जैसे उपन्यास नहीं आते, तो जिस स्थानीयता की आप बात कर रहे हैं, हिन्दी उपन्यास उससे अछूता ही रहता। मैं तो इन दो लेखकों का ऋणी हूँ कि जिन्हें पढ़कर मैं 'काला पहाड़', 'बाबल तेरा देस में'

और दो साल पहले 'हलाला' जैसा उपन्यास लिख पाया। स्थानीयता और लोक-संवेदनाओं के बिना कोई भी लेखन, ख़ासकर उपन्यास सूखी जमीन की तरह होता है। वास्तव में, हमारी लोक-संवेदनाओं की गहरी जड़ें इसी स्थानीयता में बसी हुई हैं। अगर हम अपने लोक यानी स्थानीयता से अनजान और अपरिचित हैं तो सारे विमर्श खोखले हैं। हाँ, इन तीनों लेखकों के उपन्यासों में स्थानीयता के उन छूटे हुए सूत्रों को इनके बाद के उपन्यासकारों ने न केवल पहचाना बल्कि उन्हें विस्तार भी दिया। किसान समस्या का स्वरूप जहाँ बदला है वहीं 'गोदान' का गोबर अब गाँव-देहातों से पलायन कर शहरों में आकर सूदखोर महाजन में तब्दील हो गया है, तो रेणु का गांधीवाद अब एनजीओ में तब्दील हो गया है। प्रेमचन्द का आदर्शवादी यथार्थवाद अब पूरी तरह यथार्थवादी हो गया है। इस स्थानीयता की असली पहचान को विभिन्न समाज और उनके सरोकारों से निकले उपन्यासों ने भी पक्का किया है।

पी. का. : क्या लगभग तीस सालों में अन्तर्वस्तु और शैली के स्तर पर आज हिन्दी उपन्यास में कोई बड़ा परिवर्तन आया है, या आने की सम्भावना है?

भ. मो. : अन्तर्वस्तु और शैली ये दोनों कथा की ऐसी ज़रूरतें हैं जो कथ्य और रचना की माँग के साथ-साथ बदलते रहते हैं। मनोहर श्याम जोशी, विनोद कुमार शुक्ल ने जिस खिलन्दड़ी शैली का प्रयोग किया, उसने हिन्दी उपन्यास को समृद्ध ही किया है। हालाँकि ज़्यादातर हिन्दी लेखकों का विश्वास अपनी पारम्परिक शैली में अधिक रहा है। इनमें मैं अपने-आप को भी शामिल पाता हूँ। मुझे लगता है कि हिन्दी का बड़ा पाठक-वर्ग भी इसी शैली का आदी है। वह अन्तर्वस्तु के साथ उपन्यास में क़िस्सागोई, विश्वसनीयता और प्रामाणिकता को ज़्यादा तरजीह ही नहीं देता है बल्कि पसन्द भी करता है। फैंटेसी या मायावी दुनिया को भी वह इसी पारम्परिक शैली के द्वारा समझने का अभ्यस्त है। मुझे नहीं लगता कि भविष्य में इन दोनों में कोई बहुत बड़ा परिवर्तन आने की सम्भावना है। इसका एक कारण यह है कि हिन्दी लेखक के अनुभवों में विविधता बहुत है। पश्चिमी लिखाई-पढ़ाई के बावजूद उसकी कहन की शैली, चाहे वह ऐतिहासिक हो या मिथकीय, पारम्परिक ही है। इसका एक कारण वह अकादमिक संस्कार हैं जिन्हें वह अपने समाज से ग्रहण करता आया है।

पी. का. : अंग्रेज़ी के भारतीय उपन्यासों से हिन्दी उपन्यास किस अर्थ में विशिष्ट हैं? क्या आप हिन्दी के कुछ श्रेष्ठ समकालीन उपन्यासों के नाम बताना चाहेंगे?

भ. मो. : आपका आशय अंग्रेज़ी के जिन उपन्यासों से है उन्हें हिन्दी के लोकप्रिय उपन्यासों की श्रेणी में रखा जाता है। ऐसे लोकप्रिय उपन्यास जिन पर बम्बइया क़िस्म

की कोई फ़िल्म बन जाए। जबकि हमारे हिन्दी समाज में अंग्रेज़ी के बेहतर भारतीय उपन्यासों की सिवाय बौद्धिक जगत् के कहीं चर्चा नहीं होती। हाँ, अंग्रेज़ी के ऐसे भारतीय लोकप्रिय उपन्यासों को टक्कर देने के लिए इन दिनों हिन्दी में उपन्यास-लेखन को ख़ूब प्रोत्साहित किया जा रहा है। इनकी सबसे बड़ी विशेषता यह है कि इनके शीर्षक अंग्रेज़ी के होते हैं लेकिन कहे हिन्दी के जाते हैं। इनकी दूसरी विशेषता है इनकी पृष्ठ संख्या। बड़े-से-बड़ा ऐसा उपन्यास दो सौ पृष्ठों का होता है। चलताऊ भाषा, जीवन-दृष्टि की कमी इनकी एक और ख़ूबी होती है। जबकि हिन्दी के श्रेष्ठ उपन्यास इन सीमाओं से अलग होते हैं। इस समय समकालीन हिन्दी उपन्यास बड़ी मेहनत और शोध के साथ लिखे जा रहे हैं। मैं चाहूँ तो ऐसे तीन दर्ज़न उपन्यासों के नाम गिना सकता हूँ जिनके सामने अंग्रेज़ी के भारतीय उपन्यास कहीं नहीं ठहरते हैं। ऊपर मैंने जिन उपन्यासों का ज़िक्र किया है क्या वे समकालीन हिन्दी के श्रेष्ठ उपन्यास नहीं हैं? दरअसल, यह उस औपनिवेशिक अंग्रेज़ी भाषा, जिसने आज अन्तरराष्ट्रीय भाषा का रूप धारण कर लिया है, का खेल है। सच तो यह है कि आपकी चिन्तन की भाषा वही हो सकती है जिसमें आप सोचते हैं। अन्तरराष्ट्रीय स्तर पर अगर हिन्दी उपन्यासों को स्थापित करना है, तो उनका अधिक-से-अधिक अंग्रेज़ी में अनुवाद कराना होगा। तभी हम इस कुंठा से बाहर आ पाएँगे कि अंग्रेज़ी में बेहतर लेखन हो रहा है। हालाँकि, कुछ अपवादों को छोड़ दें तो हिन्दी में श्रेष्ठता पाठकीय विवेक तय नहीं करता, कुछ घराने तय करते हैं।

पी. का. : अंग्रेज़ी से भिन्न कई लैटिन अमेरिकी और अफ़्रीकी उपन्यास विश्व में लोकप्रिय हुए हैं, हिन्दी में भी। हिन्दी उपन्यासों को ख्याति न मिलने की क्या वजह है?

भ. मो. : विश्व स्तर पर लोकप्रियता के कई कारण हैं। सबसे बड़ा कारण है कि भारतीय, विशेषकर हिन्दी उपन्यासों का अंग्रेज़ी में अनुवाद जितना होना चाहिए उतना नहीं हो रहा है। आप उपन्यासों की बात छोड़िए कविताओं तक के अनुवाद नहीं हो रहे हैं। हिन्दी से अंग्रेज़ी में अनुवाद करनेवालों का हमारे यहाँ नितान्त अभाव है। अगर कोई लेखक या साहित्य-प्रेमी अनुवाद करवा या कर भी दे, तो उसे आसानी से अंग्रेज़ी का कोई प्रकाशक छापने को तैयार नहीं होता। मैं यहाँ बताना चाहूँगा कि मेरे एक उपन्यास 'हलाला' का अंग्रेज़ी अनुवाद किया जा चुका है मगर उसे प्रकाशित करने के लिए प्रकाशक नहीं मिल रहे हैं। ऐसे में आप कैसे यह उम्मीद रखें कि हिन्दी के उपन्यास को लैटिन अमेरिकी या अफ़्रीकी उपन्यासों की तरह विश्व स्तर पर ख्याति मिले। हिन्दी में लैटिन अमेरिकी और अफ़्रीकी उपन्यासों की लोकप्रियता एक ख़ास क़िस्म के बौद्धिक समाज में सिमटकर रह जाती है। अगर यही लोकप्रियता है तो हमें इसकी परिभाषा फिर से परिभाषित करनी पड़ेगी।

पी. का. : बाज़ार और पुरस्कार उपन्यास की लोकप्रियता को भी प्रभावित करते हैं?

भ. मो. : देखिए, लोकप्रियता को न तो बाज़ार प्रभावित करता है और न ही कोई पुरस्कार। लोकप्रियता के अपने मानदंड हैं। एक मानदंड यह है कि किसी उपन्यास की उस तरह चर्चा नहीं होती जैसी होनी चाहिए, मगर फिर भी वह ख़ूब पढ़ा जाता है। आख़िर यह किस तरह की लोकप्रियता है। इधर फेसबुक जैसे सोशल मीडिया पर हम देखते हैं कि किसी उपन्यास का प्रचार तो बहुत होता है, मगर जब वह पढ़ा जाता है तो पाठक को निराशा हाथ लगती है। क्या प्रचार और लोकप्रियता में कोई अन्तःसम्बन्ध है? मेरा मानना है कि किसी उपन्यास के प्रचार का उसकी लोकप्रियता से कोई सम्बन्ध नहीं है। किसी उपन्यास की लोकप्रियता वह है जिसके चलते दस साल बाद भी पाठक उसे खोज-खोजकर पढ़ते हैं। प्रचार से पैदा की जानेवाली लोकप्रियता बड़ी तात्कालिक होती है। इतनी तात्कालिक कि कुछ साल के बाद ऐसे उपन्यास का नाम तक पाठकों को याद नहीं रहता। मेरी अपनी राय है कि हिन्दी के लेखक को इस बाज़ार नाम के हव्वे से मुक्त होना पड़ेगा। मुझे यह स्वीकार करने में कोई संकोच नहीं है कि मेरे उपन्यास हवाई अड्डों के बुक स्टॉल्स पर अंग्रेज़ी के उपन्यासों के बीच क्यों न रखे जाएँ? क्यों नहीं उन्हें मेट्रो स्टेशनों पर रखा जाए? रही बात पुरस्कारों की तो कौन ऐसा लेखक है जो अपने उपन्यास पर पुरस्कार नहीं चाहता है। ये सब कहने की बातें हैं। पुरस्कारों के लिए हिन्दी का लेखक किस तरह की कोशिशें करता है, हम सब जानते हैं। बाज़ार और पुरस्कार मेरी नज़र में किसी भी उपन्यास की लोकप्रियता को बढ़ाते ही हैं, कम नहीं करते। एक बात और, लेखक को न तो इसकी परवाह करनी चाहिए और न ही चिन्ता कि उसके लेखन की लोकप्रियता को कौन प्रभावित कर रहा है। यह सोचना लेखक का काम नहीं है। लेखक का काम है लिखना। उसे अपनी पक्षधरता, प्रतिबद्धता और लेखिकीय ईमानदारी पर भरोसा होना चाहिए। हाँ, बाज़ार से अगर सबसे ज़्यादा कोई आक्रान्त और उसके दबाव में है तो वह है प्रकाशक। लेखक की तरह उसे भी अपनी पक्षधरता और प्रतिबद्धता पर क़ायम रहना होगा। बाज़ार या पुरस्कार तो लोकप्रियता के निमित्त मात्र हैं। असल चीज़ तो रचना है।

(*वागार्थ*, कोलकाता; सितम्बर 2018)

हमारी मर्दवादी व्यवस्था आदिकाल से ही स्त्री के ख़िलाफ़ धर्म का इस्तेमाल करती आ रही है

डॉ. एम. फ़ीरोज़ अहमद की बातचीत

डॉ. एम. फ़ीरोज़ अहमद : आप अपने जन्म-स्थान, घर-परिवार और पारिवारिक पृष्ठभूमि के बारे में विस्तार से बताइए।

भगवानदास मोरवाल : मेरा जन्म हरियाणा के काला पानी कहे जानेवाले मेवात क्षेत्र के छोटे-से क़स्बे नगीना के एक अति पिछड़े मज़दूर और इस धरती के आदि कलाकार कुम्हार जाति के बेहद निम्न परिवार में हुआ। आपने मेरे घर-परिवार और पारिवारिक पृष्ठभूमि के बारे में पूछा है, तो अभी हाल में मैं अपने क़स्बे में गया हुआ था, तभी संयोग से कुम्हार जाति की वंशावली का लेखा-जोखा रखनेवाले हमारे जागा अर्थात जग्गा आ पहुँचे। मैंने जब इनसे अपनी पारिवारिक पृष्ठभूमि के बारे में पूछा, तब इन्होंने कुछ ऐसी जानकारी दी जो मेरे लिए लगभग अविश्वसनीय थी। इन्होंने बताया कि हमारे, यानी मोरवाल गोत्र के पूर्वज उत्तर प्रदेश के काशी के मूल निवासी थे। काशी से पलायन कर वे बनारस आए। इसके बाद बनारस से पलायन कर सैकड़ों मील दूर दक्षिण हरियाणा के बावल क़स्बे, जो रेवाड़ी के पास है, आए। बावल से चलकर ये दक्षिण दिल्ली के महरौली, महरौली से पलायन कर सोहना (गुड़गाँव) के समीप इंडरी गाँव और अन्त में वहाँ से चलकर दक्षिण हरियाणा के ही मेवात के इस क़स्बे में जाकर पनाह ली। अपने-आप को ऋषि भरद्वाज के वंशज कहलवानेवाले इन जागाओं की बेताल नागरी में लिखी इन पोथियों में यह भी दर्ज है कि मेरे सड़दादा गंगाराम के पाँच बेटे थे। इनमें से तीसरे नंबर के पल्टू राम के बेटे सुग्गन राम और सुग्गन राम के चार बेटों में से दूसरे नम्बर के बेटे मंगतू राम के तीन बेटों में से दूसरे नम्बर का बेटा भगवानदास। मुझ समेत हम तीन भाई और दो बहनें हैं। मैं यहाँ एक बात बता दूँ कि हमारा पुश्तैनी काम मिट्टी के बर्तन बनाना था, जो 1985 तक रहा।

मेव (मुसलमान) बाहुल्य क्षेत्र होने के कारण मेरे क़स्बे और मेरे क़स्बे का वह चौधरी मोहल्ला भी मेव बाहुल्य मोहल्ला है। यहाँ एक रोचक जानकारी दे दूँ कि मेरे

इस चौधरी मोहल्ले का नामकरण हिन्दुओं के चौधरियों के नाम पर नहीं है बल्कि मेव चौधरियों के नाम पर है। मेरे घर के सामने अगर ऐसा ही मेव चौधरी का घर है, तो बाएँ तरफ़ भी ऐसा ही घर है। जबकि हमारे घर का पिछवाड़ा मुसलमान लुहारों से आबाद है। अपने परिवार में उस समय के हिसाब से मैं एकमात्र शिक्षित व्यक्ति था। हालाँकि अपनी क्षमता के अनुसार मैंने अपने दोनों बच्चों को, बेटा प्रवेश पुष्प जिसकी शिक्षा एम.सी.ए. है, और बेटी नैया ने जवाहरलाल नेहरू विश्वविद्यालय से हिन्दी में पी-एच.डी. किया हुआ है, पढ़ाया। वैसे मैंने अपनी पारिवारिक पृष्ठभूमि के बारे में अपनी स्मृति-कथा 'पकी जेठ का गुलमोहर' में विस्तार से लिखा है।

एम. फ़ी. अ. : आपकी प्रिय विधा कौन सी है और क्यों?

भ. मो. : जहाँ तक मेरी प्रिय विधा का प्रश्न है तो इस समय निस्सन्देह मेरी प्रिय विधा उपन्यास है। इसका एक कारण यह है कि एक लेखक द्वारा जिस तरह एक विधा सधनी चाहिए, शायद वह मुझसे सध गई है। इसका प्रमाण पिछले कुछ सालों में एक के बाद एक आनेवाले उपन्यासों के रूप में देखा जा सकता है। जबकि आगामी उपन्यास पर धीरे-धीरे काम हो रहा है। मुझे लगता है कि एक लेखक के रूप में मैं जितना सहज अपने-आप को उपन्यास में पाता हूँ उतना शायद दूसरी विधा में नहीं। इसकी एक वजह यह भी हो सकती है कि जीवन-जगत् को प्रस्तुत करने के लिए जिस आख्यान की ज़रूरत होती है, उपन्यास उसे बख़ूबी विस्तार प्रदान करता है। दूसरे शब्दों में कहूँ तो मेरी जैसी सामाजिक पृष्ठभूमि है उसके दुखों, सन्तापों और आक्रोश को मैं उपन्यास के माध्यम से ही व्यक्त कर सकता हूँ। इसीलिए, मैं जितना अपने व्यक्तिगत जीवन में निर्मम हूँ, उतना ही अपनी रचनाओं में भी हूँ। प्रपंच या नक़लीपन न मेरे असली जीवन में है, न मेरी रचनाओं में आपको नज़र आएगा। सच कहूँ अब मैं उपन्यास को नहीं जीता हूँ बल्कि उपन्यास मुझे जीता है। मेरी रचनाओं और उनके पात्रों में आपको वह दुविधा या दुचित्तापन दिखाई नहीं देगा जो एक लेखक को कमज़ोर बनाता है।

एम. फ़ी. अ. : 'हलाला' उपन्यास लिखने का उद्देश्य क्या था?

भ. मो. : आपने 'हलाला' लिखने के उद्देश्य के बारे में पूछा है। मेरा मानना है कि किसी भी लेखक से उसके लिखने के उद्देश्य के बारे में नहीं पूछना चाहिए। लेखक या रचनाकार किसी उद्देश्य को ध्यान में रखकर नहीं लिखता है। क्या प्रेमचन्द ने 'गोदान', रेणु ने 'मैला आँचल', राही मासूम रज़ा ने 'आधा गाँव', अब्दुल बिस्मिल्लाह ने 'झीनी-झीनी बीनी चदरिया', भीष्म साहनी ने 'तमस', श्रीलाल शुक्ल ने 'राग दरबारी', अज्ञेय ने 'नदी के द्वीप' किसी उद्देश्य के तहत लिखे होंगे—नहीं। दरअसल, रचना किसी उद्देश्य का प्रतिपाद्य नहीं, बल्कि एक लेखक के अन्दर अपने

समाज में देखी और भोगी गई विसंगतियों से पनपे द्वंद्वों का सत्य होता है। यह वह सत्य होता है जिसे एक व्यक्ति महसूस तो करता है मगर उसे व्यक्त नहीं कर पाता है। एक लेखक वास्तव में उस व्यक्ति का प्रतिनिधि या कहिए ऐसा प्रतिरूप होता है, जो एक पाठक को अलग-अलग पात्रों के रूप में नज़र आता है। उसके लिए धर्म-सम्प्रदाय या स्त्री-पुरुष मायने नहीं रखते हैं बल्कि उसके लिए उनके दुख-दर्द और सरोकार कहीं ज़्यादा मायने रखते हैं। एक बेहतर कल्पना उसके लिए कहीं ज़्यादा महत्त्वपूर्ण है। इसलिए यह कहना कि 'हलाला' लिखने का मेरा क्या उद्देश्य रहा होगा, इसे आपने उसे पढ़कर जान और समझ लिया होगा।

एम. फ़्री. अ. : क्या यह सब लिखने के लिए आपने किसी मुस्लिम महिला से मुलाक़ात की थी?

भ. मो. : आपने पूछा कि इसे लिखने के लिए मैंने किसी मुस्लिम महिला से मुलाक़ात की थी? 'हलाला' की पृष्ठभूमि मेवात की होने के कारण पाठक को ऐसा लगता है मानो हलाला की रस्म मेवात में प्रचलित है। सच तो यह है कि मेवात में यह रस्म बिलकुल भी चलन में नहीं है। मैंने आज तक हलाला से सम्बन्धित एक भी मामला न देखा, न ही सुना। अब आप पूछेंगे कि फिर आपने इसे मेवात की कहानी क्यों बनाया? इस पर मैं पलटकर आप से जानना चाहता हूँ कि क्या ऐसी समस्याएँ सिर्फ़ मेवात की हो सकती हैं? क्या मेवात से बाहर का मुस्लिम समाज ऐसी समस्याओं से नहीं जूझ रहा होगा? इस उपन्यास की पृष्ठभूमि मेवात देने का कारण मात्र इतना ही है कि मैं उस समाज को गहरे तक जानता हूँ। अपने लेखकीय कौशल का इस्तेमाल कर मैं अपनी बात को अपने चिर-परिचित पात्रों के माध्यम से कहीं ज़्यादा बेहतर तरीक़े से कह सकता हूँ। सच तो यह कि तलाक़ या हलाला जैसी समस्याएँ सामाजिक समस्याएँ हैं, जिन्हें हमने धार्मिकता का बाना ओढ़ाकर और विकराल बना दिया है। इस विकरालता को और भयानक हमारे उन मर्दों ने बना दिया है, जो औरत को महज़ एक उपभोग की वस्तु और अपनी जागीर मान बैठे हैं।

लेखक का अपने को पात्रों में ढालना या कहिए परकाया में प्रवेश करना ही उसकी सबसे बड़ी सफलता है। अगर यह उपन्यास काल्पनिक होते हुए भी कुछ सवाल उठाता है, तो लेखक के साथ-साथ यह इसकी भी सफलता है।

एम. फ़्री. अ. : 'हलाला' उपन्यास लिखने के लिए क्या आपने क़ुरान या हदीस को पढ़ा था?

भ. मो. : आप अच्छी तरह जानते हैं कि किसी भी रचना या उपन्यास पर काम करने से पहले मैं एक शोधार्थी की तरह अपनी क्षमता और समझ के मुताबिक़ पूरी मेहनत करता हूँ। विषय से सम्बन्धित उपलब्ध हर तरह के साहित्य और सामग्री

का अध्ययन करता हूँ। उपन्यास 'हलाला' पर काम शुरू करने से पहले इस रस्म से सम्बन्धित क़ुरान की आयतों को खोजा, तो क़ुरान में इससे सम्बन्धित सूरा अल-बक़रा की मुझे सिर्फ़ 230वीं एक आयत मिली। बाक़ी हलाला के बारे में मुझे कोई दूसरी आयत नहीं मिली। इस आयत को मैं हू-ब-हू यहाँ प्रस्तुत कर रहा हूँ—"तो यदि उसे 'तलाक़' दे दे, तो फिर उसके लिए यह स्त्री जायज़ नहीं है जब तक कि किसी दूसरे पति से निकाह न कर ले। फिर यदि वह उसे तलाक़ दे दे, तो फिर इन दोनों के लिए एक-दूसरे की ओर पलट आने में कोई दोष न होगा।"

इसे और स्पष्ट करने के लिए क़ुरान में लिखा गया है—"यह दूसरा पति यदि उसे छोड़ दे या उसकी मृत्यु हो जाए, तो यह स्त्री अपने पहले पति के साथ फिर से विवाह कर सकती है।" इस आयत का अलग-अलग कोणों से अध्ययन करने के बाद मेरे मन में एक प्रश्न यह उठा कि अगर क़ुरान में ऐसा कहा गया है, तो फिर दूसरे पति से निकाह के बाद उससे सहवास की बात कहाँ से आई? हालाँकि क़ुरान से इतर दूसरे धार्मिक ग्रंथ जैसे हदीस में इसे क्यों और कहाँ जोड़ा गया कि औरत पहले शौहर के लिए उस वक़्त तक हलाल नहीं हो सकती, जब तक कि दूसरा शौहर उसके साथ सहवास न कर ले। अगर मैं एक आम मुस्लिम के नज़रिए से सोचूँ तो मेरे भीतर इस सवाल का उठना स्वाभाविक है कि जब क़ुरान में ऐसा कहीं है ही नहीं, तो दूसरे पति से सहवास का क्या मतलब है? जहाँ तक हदीस की बात है और जितना मुझे पता है हदीस का आधार भी क़ुरान ही है। अब हम यदि क़ुरान को एक पवित्र आधार ग्रंथ मानते हैं तो जो बात उसमें है ही नहीं वह कहाँ से आई। इसके बरअक्स दूसरे ग्रंथों में सहवास का न केवल उल्लेख किया गया है बल्कि एक आम मुसलमान को जिस तरह समझाने की कोशिश की गई है, उसमें मर्दवादी सोच पूरी तरह निहित है। जैसे सैयद अबुल आला मौदूदी की एक पुस्तक में हलाला के बारे में कहा गया है—नबी सल्लाहेवालैहअस्ल्लम ने साफ़ कहा है कि हलाला के लिए केवल दूसरा निकाह ही काफ़ी नहीं है, बल्कि औरत उस वक़्त तक पहले शौहर के लिए हलाल नहीं हो सकती, जब तक कि दूसरा शौहर उससे सहवास का स्वाद न चख ले। इसी तरह मैंने एक पत्रिका 'इसलाहे समाज' में पढ़ा था कि...दूसरा शौहर उससे सहवास का मज़ा न चख ले।

अब आप देखिए कि क़ुरान की मूल आयत का अर्थ एक पुस्तक से होता हुआ एक रिसाले तक आते-आते कितना चटखारेदार और मसालेदार हो गया? मेरी नज़र में इस रस्म को घृणित और पूरी तरह स्त्री-विरोधी, उसके बाद के इन अर्थों और व्याख्याओं ने बना दिया है। चूँकि हमारा आम समाज और आम नागरिक अपने धार्मिक दानिशवरों पर बहुत भरोसा करता है इसलिए जब स्वाद और मज़ा जैसे शब्द उन तक सम्प्रेषित होते हैं, उनके मायने और सलीक़े भी बदल जाते हैं। एक लेखक होने के नाते मैंने अपनी बात बिना किसी उत्तेजना और उकसावे के स्त्री के हक़ में कही है।

एम. फ़ी. अ. : अधिकांश लेखक दूसरे धर्म की प्रथा पर लिखने से बचते हैं। आपको नहीं लगा कि कुछ ग़लत लिख दिया तो...?

भ. मो. : आपने सही कहा है कि कोई भी लेखक दूसरे धर्म की प्रथा, विशेषकर धार्मिक प्रथाओं पर लिखने से बचता है और बचना भी चाहिए। मगर यह इस पर निर्भर करता है कि ऐसा विषय चुनते हुए उसकी मंशा और नीयत क्या और कैसी है। ऐसा ही सवाल कई पाठकों ने मेरे दूसरे उपन्यास 'बाबल तेरा देस में' को पढ़ने के बाद उठाया था। इस उपन्यास में भी ऐसे ही मुद्दों को उठाया गया था। इस बारे में मेरा कहना यह है कि मुझे बचना या डरना तब चाहिए, जब मैं दूसरे मज़हब या धर्म को आहत कर रहा हूँ। आप 'हलाला' को पढ़कर थोड़ी देर के लिए सहमत या असहमत तो हो सकते हैं लेकिन मेरी नीयत पर सवाल नहीं उठा सकते। हाँ, अगर मुझे सिर्फ़ विवादास्पद होना होता, या मुझे कुछ हासिल करना होता तो शायद यह बात लागू होती। ऐसी कोई मंशा मेरी न तो 'बाबल तेरा देस में' लिखने के दौरान थी, न 'हलाला' लिखने के दौरान रही। सनसनी पैदा करने की नीयत से लिखी गई किसी भी कृति या रचना की उम्र बहुत छोटी होती है। अच्छी रचना वही है जो पाठक को भीतर से बेचैन करे, न कि मज़े लेने के लिए लिखी जाए। हाँ, कभी-कभी तब डर-सा लगता है जब कुछ लोग इसे अपनी निजता और धार्मिक मामलों में दख़ल समझकर लेखक पर सवाल उठाते हैं कि लेखक को इस्लाम की क्या समझ है। मैं मानता हूँ कि समझ नहीं होगी मगर कोई धर्म या धार्मिकता मनुष्यता से तो ऊपर नहीं है। लेखक का एक दायित्व यह भी होता है कि वह निरपेक्ष होकर अपने विवेकानुसार ग़लत और सही में फ़र्क़ करे। किसी एक का पक्षकार होना भी कभी-कभी उसके लिए घातक सिद्ध हो सकता है। ग़लत और सही का आकलन ख़ुद लेखक से बेहतर और कौन कर सकता है।

एम. फ़ी. अ. : क्या आपको पता है कि हज और जमात में बहुत अन्तर है?

भ. मो. : आपने पूछा है कि क्या आपको पता है कि हज और जमात में बहुत अन्तर है। आपका सोचना एक हद तक बहुत सही है और ईमानदारी से कहूँ, तो सचमुच मुझे हज और जमात में क्या अन्तर है, नहीं पता। मुझे सिर्फ़ इतना पता है कि 'हज' मुसलमानों का एक ज़ियारत अर्थात तीर्थ-स्थल है, मक्का-मदीना स्थित अल्लाह का वह काबा (घर) है जिसके दर्शन का हर मुसलमान इरादा रखता है। वैसे 'हज' का मतलब ही इरादा करना होता है। 'हज' यानी इरादा करना। वास्तव में, आदमी की ओर से इस बात का ऐलान करना है कि उसका प्रेम और श्रद्धा, उसकी इबादत और बन्दगी सब कुछ अल्लाह के लिए ही है। 'हज' का मूल उद्देश्य यह है कि इनसान अल्लाह की चाह में उन्मत्त होकर अपना सब कुछ उसकी राह में लगा दे। वास्तव में, यह मूल उद्देश्य केवल हज का ही नहीं है बल्कि सभी धर्मों के

तीर्थ-स्थलों का है। इस 'मूल' की अवधारणाएँ इतनी व्यापक हैं कि अगर मनुष्य इन्हें सच्चे मन से धारण कर ले, तो आज हमारे समाज में जिस तरह की धार्मिक असहिष्णुता घर कर गई है, वह शायद हमें देखने को न मिले। दरअसल, यह धारण करना ही धर्म कहलाता है।

अब आता हूँ 'तबलीग़ी जमात' पर। अरबी में तबलीग़ शब्द का अर्थ होता है 'किसी के पास कुछ पहुँचाना', 'धर्म का प्रचार करना' या 'दूसरों को अपने धर्म में मिलाना'। यहाँ एक बड़ा प्रश्न यह है कि तबलीग़ आन्दोलन मुस्लिम मिशनरी है या मुस्लिम धर्म का पुनरुज्जीवन आन्दोलन? इसी पर अपनी समझ और जानकारी के मुताबिक़ कुछ रोशनी डाल सकता हूँ। शायद आपको यक़ीन न हो, या आपको इसमें कुछ अतिशयोक्ति लगे, मगर आपको सुनकर हैरानी होगी कि तबलीग़ी जमात की शुरुआत मेरे मेवात से ही हुई और इसके प्रवर्तक और प्रेरक थे मौलाना मोहम्मद इलियास कांधलवी (1885-1944)। वही तबलीग़ी जमात जो आज हर मुसलमान के लिए मानो उसकी धार्मिक अनिवार्यता और जीवन का अनिवार्य हिस्सा बन चुकी है। मौलाना इलियास ने एक नारा दिया था—ऐ मुसलमानो, मुसलमान बनो! हालाँकि तबलीग़ की स्थापना मौलाना इलियास द्वारा 1920 में की गई थी। मगर इसकी जड़ें 19वीं शताब्दी के उत्तरार्द्ध में इनके वालिद मोहम्मद इस्माइल ने बँगलेवाली मस्जिद, हज़रत निज़ामुद्दीन, नई दिल्ली में जमा दी थीं। मौलाना इलियास ने 1923 में मेवात के नूँह में मदरसा मोइनुल इस्लाम की स्थापना की। 1926 में तबलीग़ी जमात का पहला जत्था सहारनपुर के मौलाना ख़लील अहमद के नेतृत्व में आया। इस जत्थे ने स्थानीय लोगों की मदद से नूँह क़स्बे में एक सम्मेलन का आयोजन किया था। हज़ारों की तादाद वाले इस सम्मलेन में लोगों से हिन्दू रीति-रिवाज़ों को त्यागने और मुस्लिम क्रियाकलापों को अपनाने तथा पूरे मेवात में तबलीग़ी आन्दोलन को फैलाने की अपील की गई थी। मेवात के मेव मुसलमानों से यह अपील इसलिए की गई थी कि यहाँ के मेव मुसलमानों की धार्मिकता आधी हिन्दू रीति-रिवाज़ों पर आधारित थी, तो आधी मुस्लिम रीति-रिवाज़ों पर। यहाँ तक कि उस समय के पुरुषों के नाम भी हिन्दू नामों से प्रेरित थे, जैसे हरिसिंह, धनसिंह, चाँदसिंह, लालसिंह आदि। इस तरह, तबलीग़ी जमात के मेवात से शुरुआत का एक कारण यह भी हो सकता है।

एम. फ़ी. अ. : आपने जिन-जिन पात्रों का उपन्यास में उल्लेख किया है क्या वे काल्पनिक हैं या वास्तविक?

भ. मो. : किसी भी रचना के चरित्र या पात्र वास्तविक और काल्पनिक दोनों होते हैं। बल्कि कहना होगा कि कोई भी पात्र न तो अपने-आप में पूरी तरह काल्पनिक होता है, न पूरी तरह वास्तविक। ये वास्तविक जीवन से लिये गए होते हैं, जिन्हें लेखक अपनी कल्पना और लेखकीय कौशल से इतना विश्वसनीय और

प्रामाणिक बना देता है कि एक पाठक के लिए यह तय करना मुश्किल हो जाता है वह कितना काल्पनिक है और कितना वास्तविक। यही बात उन काल्पनिक पात्रों पर लागू होती है। एक लेखक निजी और पात्रों के मिश्रित अनुभवों और अपनी कल्पना-शक्ति से अपने इन काल्पनिक पात्रों को इतना जीवन्त और प्रामाणिक बना देता है कि पाठक को लगता है मानो ये पात्र यहीं कहीं उसके आसपास खड़े हैं। यह एक लेखक की कल्पनाशीलता और लेखकीय कौशल पर निर्भर करता है कि वह अपने इन पात्रों को कितना और किस तरह जीता है, या कहिए उनको किस हद तक आत्मसात करता है। यह आत्मसात करने की चुनौती तब और बढ़ जाती है, जब उसने अपने किसी पात्र से ज़िन्दगी में कभी मुलाक़ात ही न की हो। बल्कि दूसरे धर्म व स्त्री-पात्र और पुरुष-पात्रों के मनोविज्ञान को व्यक्त करना अपने-आप में एक बड़ी चुनौती है। यह चुनौती स्त्री व पुरुष, दोनों लेखकों के लिए समान होती है। मेरी यह बात सिर्फ़ 'हलाला' के सन्दर्भ में नहीं, बल्कि मेरी सभी रचनाओं के पात्रों पर लागू होती है। आप कल्पना कर सकते हैं कि एक लेखक अपने पूरे जीवन-काल की अपनी कितनी रचनाओं के कितने काल्पनिक और वास्तविक पात्रों को एकसाथ जीता होगा। इसलिए यह कहना अनुचित नहीं होगा कि एक लेखक के असंख्य पात्रों से गुज़रते हुए हम पात्रों के नहीं, बल्कि एक लेखक के अनेक रूपों और व्यक्तित्वों से भी गुज़रते हैं। यह आशा-निराशा, ख़ुशी-ग़म, नैराश्य-कुंठा, चतुराई-चालाकियाँ, घात-प्रतिघात पात्रों की नहीं स्वयं लेखक की होती है। यदि एक लेखक अपने पाठकों को अपने लेखकीय कौशल से उलझाता या भ्रमित करता है, तो यह उसकी सबसे बड़ी सफलता है।

एम. फ़ी. अ. : क्या आपने सूरा अल-बक़रा आयत 228 को पढ़ा है उसमें भी शायद इसी तरह का कोई ज़िक्र हुआ है? उस पर आपकी टिप्पणी।

भ. मो. : सूरा अल-बक़रा की आयतें पारम्परिक तलाक़ यानी उन सूरतों की आयतें हैं जिनमें क़ुरान के मुताबिक़ तलाक़ के पूरे विधि-विधान की बात कही गई है। जबकि भारतीय समाज के ज़्यादातर तलाक़ के मामले क़ुरान के मुताबिक़ होते ही नहीं हैं। अधिकतर मामलों में पति की अराजक मनमर्ज़ी चलती है। उसका एक कारण है कि क़ुरान में पुरुष को औरत से क़व्वाम यानी एक दर्ज़ा अधिक बताया गया है। तलाक़ के मामलों में प्राय: यह देखने में आया है कि विधि-विधान की शर्तें केवल औरत पर ही थोपी जाती हैं, जबकि पुरुष इनसे पूरी छूट ले लेता है। वैसे भी सूरा अल-बक़रा की यह आयत बीवी के गर्भवती होने की स्थिति को लेकर है। जिन तीन माहवारियों का इसमें ज़िक्र किया गया है, वह इसीलिए किया गया है ताकि यह पता चल सके कि वह गर्भवती है या नहीं। या कहना चाहिए कि इस बहाने तीन महीने तक औरत के चरित्र की परीक्षा ली जाती है।

एम. फ़ी. अ. : बिना इद्दत की अवधि पूरी किये व निकाह किये स्त्री अपने पूर्व पति के घर नहीं जा सकती है। लेकिन आपने ग़लत उल्लेख कर दिया, जिससे लोगों में भ्रामकता पैदा होती है।

भ. मो. : आपने अपने सवाल में इद्दत का मुद्दा उठाया है तो मैं इसके बारे में यह कहना चाहता हूँ कि उपन्यास 'हलाला' में यह कहीं नहीं कहा गया है कि बिना इद्दत पूरी किये नज़राना का डमरू से निकाह हुआ या वह अपने पहले पति के पास लौट आई होगी? तलाक़ के मामले में इद्दत एक सामान्य प्रक्रिया है, और इसके बारे में हम सब लगभग जानते हैं। चूँकि इस उपन्यास की विषय-वस्तु हलाला को आधार बनाकर तैयार की गई है, न कि तलाक़ को आधार बनाकर, इसलिए पाठक को ऐसा लगता है मानो इद्दत को छोड़ दिया गया है। इद्दत का मामला शिक्षित परिवारों के उन तलाक़ के मामलों में बारीक़ी के साथ देखा जाता है, जहाँ पति-पत्नी के बीच अचानक नहीं बल्कि काफ़ी सोच-विचार के बाद तलाक़ लिया जाता है। वैसे भी यह उपन्यास एक ग्रामीण और लगभग अशिक्षित समाज को केन्द्र में रखकर लिखा गया है, एक ऐसे भारतीय आम परिवार को केन्द्र बनाकर जिसमें धर्म की जगह उनके जीवन-जगत् में सिर्फ़ उतनी रहती है, जिससे उनकी धार्मिक पहचान सुरक्षित रह सके। और यह बात सभी धर्मों के समाजों पर लागू होती है। अधिकतर धर्मों में बहुत-सी रस्मों का पता भी नहीं होता है, बस परम्परा के नाम पर एक-दूसरे की देखादेखी उन्हें लगभग निभाया-भर जाता है। हिन्दुओं में भी धर्म का असली पालन कितना होता है, हम सब जानते हैं। इसका बड़ा उदाहरण है करवा चौथ। छलनी से चन्द्रमा देखने से यह व्रत पूरा थोड़े ही हो जाता है। मगर एक भेड़चाल जिसने शिक्षित-अशिक्षित सभी तरह की महिलाओं को अपनी चपेट में ले लिया है। दरअसल, ऐसी शर्तों के पीछे स्त्री को बन्धक बनाए रखने की हम मर्दों की एक चाल है। इसलिए तलाक़ ही नहीं बाक़ी के मामलों में भी मेरा यह मानना है कि एक 'सच्चा' मुसलमान अगर पूरी ईमानदारी से क़ुरान का पालन करे, तो मैं पूरे दावे के साथ कह सकता हूँ कि मुस्लिम समाज में न एक तलाक़ हो, न एक हलाला। सच तो यह है कि अपने स्वार्थों के चलते हमने अपनी कुछ सामाजिक समस्याओं को धार्मिक बनाकर रख दिया। धर्म या मज़हब को पूरी तरह आत्मसात करना हरेक के बूते की बात है ही नहीं। दरअसल, धर्म का मामला इतना आसान नहीं है जितना हम समझते हैं।

एम. फ़ी. अ. : आपने अपने 'हलाला' उपन्यास को पाँच अध्यायों में विभक्त किया है जिनके नाम पाँच वक़्त की नमाज़ों पर हैं। इससे आपका क्या अभिप्राय है?

भ. मो. : उपन्यास को पाँच अध्यायों में न तो किसी सोचे-समझे अभिप्राय के तहत बाँटा गया है, न किसी योजना के तहत। अगर इसमें से इन पाँचों नमाज़ों, क़ुरान की आयतों और रेखांकनों को हटा भी दें, तो मूल कथा पर कोई असर पड़नेवाला नहीं

है। अन्तिम प्रूफ़ तक यह उपन्यास सिर्फ़ दस अध्यायों में बाँटा गया था। लेकिन जब इसको सरसरी तौर पर अवलोकन के लिए मेरे पास भेजा गया, तो मुझे लगा यह एक पाठक के साथ अन्याय होगा कि वह दस अध्याय बिना अपनी आँखों को आराम दिये पढ़ता जाए। इसलिए मैंने सोचा कि पाठक को पढ़ने के दौरान कुछ रिलीफ़ मिलना चाहिए। इसके लिए एक ही तरीक़ा था कि इसके अध्याय बनाए जाएँ। कैसे बनाए जाएँ अन्तिम समय में यह बड़ी चुनौती थी। एक बार सोचा कि इसे सुबह, दोपहर, शाम इन तीन शीर्षकों के अध्यायों में बाँटा जाए। लेकिन तभी लगा कि इस तरह के शीर्षक पहले भी प्रयोग में लाए जा चुके हैं। वैसे भी यह जिस तरह का उपन्यास है उसके लिए यह उपयुक्त नहीं था। ऐसा लगना चाहिए कि सचमुच अध्याय उपन्यास के कथानक का ही हिस्सा हैं। बहुत सोच-विचार के बाद मन में आया कि इसे नमाज़ों के नाम देकर शीर्षकों में विभाजित किया जाए, तथा इसे और प्रामाणिक व रोचक बनाने के लिए इसमें क़ुरान की आयतें दी जाएँ। यह प्रयोग पाठकों को भाया भी। हालाँकि कई पाठकों ने इस पर यह कहते हुए आपत्ति जताई कि क़ुरान की आयतों का ऐसे इस्तेमाल नहीं करना चाहिए। मेरा एक लेखक होने के नाते यह कहना है कि ऐसे प्रयोग उसी रचना-प्रक्रिया का हिस्सा हैं, जिसे जानने की एक पाठक में बड़ी जिज्ञासा होती है। मेरा मानना है कि ऐसे प्रयोगों से रचना की रेंज बढ़ती ही है, घटती नहीं है।

एम. फ़ी. अ. : नज़राना 'हलाला' उपन्यास की मुख्य पात्र है जो हलाला से पीड़ित है उसको उपन्यास में कम महत्त्व दिया गया है बल्कि वहीं दूसरी पात्र आमना को ज़्यादा स्पेस दिया गया है। ऐसा क्यों?

भ. मो. : आपने यह बड़ा रोचक सवाल पूछा है कि मुख्य पात्र नज़राना की अपेक्षा इसकी एक अन्य पात्र आमना को ज़्यादा स्पेस दिया गया है। दरअसल, कोई भी रचना विशेषकर उपन्यास लिखते समय लेखक कई तरह के प्रयोगों से जूझता रहता है, जिसमें एक यह भी है कि कोई पात्र दूसरे पात्र पर बेवजह ज़्यादा भारी न पड़ जाए। जिस स्पेस की आपने बात की है, वह स्पेस नहीं प्रवृत्तियाँ हैं। चाहे वह मनुष्य हो अथवा पशु-पक्षी, यहाँ तक कि पेड़-पौधे, सबकी कुछ-न-कुछ प्रवृत्तियाँ होती हैं। यही प्रवृत्तियाँ पात्रों की विशेषताएँ होती हैं, जो एक को दूसरे से अलग करती हैं। ये प्रवृत्तियाँ अगर साहित्यिक शब्दावली का इस्तेमाल करूँ तो पात्रों की विशेषताएँ होती हैं। मैं आपसे ही पूछना चाहता हूँ कि आमना के बिना क्या यह उपन्यास आपको कुछ अधूरा नहीं लगता? क्या हमारे समाज में नसीबन जैसी भाभियाँ नहीं होती हैं? डमरू जैसे युवा नहीं होते हैं? नियाज़ जैसे लोग नहीं होते हैं? लपरलैंडी जैसे किरदार नहीं होते हैं? कहने का मेरा आशय यह है कि रचना में किसी पात्र को कोई स्पेस नहीं दिया जाता। यह तो रचना की माँग पर निर्भर करता है कि उसका कौन सा पात्र कितना स्पेस लेता है।

एम. फ़ी. अ. : स्त्री किस तरह के पुरुषवाद का शिकार है कि वह एक दूसरी स्त्री को ख़ुद गालियाँ देती है?

भ. मो. : आपके इस प्रश्न से ऐसा लगता है जैसे एक स्त्री, पुरुष के इशारों पर दूसरी स्त्री की जान की दुश्मन बनी हुई है। पता नहीं हमारा तथाकथित सभ्य समाज अपनी गालियों के प्रति इतना दुराग्रही क्यों है? ऐसा लगता है जैसे वह अपने लोक को विस्मृत करता जा रहा है। पता नहीं हिन्दी में ऐसा कोई शोध हुआ है या नहीं, मगर बांग्ला में अपने समाज की गालियों और उनके मनोविज्ञान को लेकर कुछ शोध हो चुके हैं। गाली या कहिए अश्लीलता की आड़ में हम अपनी उस शुचिता को ढाँपने का प्रयास करते हैं, जो हमारे लोक-जीवन और उसके हास-परिहास का बड़ा हिस्सा रहा है। अगर आप ब्रज समेत उत्तर भारत में शादी की कुछ रस्मों को देखेंगे, तो आपको लगेगा जैसे बिना गालियों के शादी-विवाह का कोई अर्थ ही नहीं है। लड़की की शादी से ठीक एक दिन पहले महिलाएँ जो रतजगा करती हैं और उसमें जिस तरह अपने देवी-देवताओं के सामने गालियाँ, वह भी स्त्रियों द्वारा इस्तेमाल की जाती हैं, उसकी आप कल्पना नहीं कर सकते। ऐसी ही एक रस्म है खोड़िया। इस रस्म में लड़के की बारात जाने के बाद, घर-मोहल्ले में रह गई महिलाओं द्वारा खेले जानेवाले खेलों को एक पुरुष देख-सुन नहीं सकता। इसलिए इसमें पुरुषों की उपस्थिति पूरी तरह से प्रतिबन्धित होती है। ऐसे अनेक उदाहरण हैं। मुझे ऐसा लगता है कि पुरुषों द्वारा सदियों से स्त्री का जो दमन होता रहा है, ऐसी रस्मों में गाली उसकी परिणति है। इन रस्मों का किसी धर्म से कोई लेना-देना है, ये समाज में पनपे उन्हीं रीति-रिवाज़ों का अतिक्रमण है, जिन्हें स्त्रियों पर जबरन थोपा गया है। यहाँ एक बात कह दूँ कि अश्लीलता वास्तव में हमारी समझ और नज़र का फ़र्क़ है।

चूँकि यहाँ बात सिर्फ़ 'हलाला' उपन्यास को लेकर हो रही है और इस उपन्यास की पृष्ठभूमि मेवाती है इसलिए आपके मन में यह सवाल उठ रहा है। इसमें ही नहीं मेरे इससे पहले के दोनों उपन्यास 'काला पहाड़' और 'बाबल तेरा देस में' जिनकी पृष्ठभूमि भी मेवात है उनमें स्त्रियों द्वारा 'रंडी' शब्द का बहुत इस्तेमाल हुआ है। कहने और सुनने में यह शब्द किसी गाली से कम नहीं है, बल्कि गाली ही है। मगर इस शब्द के अर्थ इसके कहन के लहजे के चलते बदल जाते हैं। सच कहूँ इस तरह के शब्द जिन्हें हम गाली मानते हैं मेवाती संस्कृति के अभिन्न अंग हैं। उसकी अपनी एक पहचान है।

एम. फ़ी. अ. : 'हलाला' उपन्यास में गालियों का भी प्रयोग है। क्या उसके बिना हलाला की समस्या को स्पष्ट नहीं किया जा सकता था?

भ. मो. : आपने 'हलाला' में गालियों के प्रयोग को हलाला की समस्या से जोड़कर देखा है, जबकि इनका इस समस्या से कोई सम्बन्ध नहीं है। वैसे इस उपन्यास में कुल

कितनी गालियों (जिन्हें मैं गालियाँ नहीं मानता) का इस्तेमाल हुआ होगा? मुश्किल से तीन-चार। तो क्या लेखन या सृजन महज़ हमारी शुचिताओं को सुरक्षित रखने का औज़ार मात्र है? हाँ, उपन्यास में मेवात की जगह लखनऊ या किसी ऐसे ही सभ्य मुस्लिम परिवेश का चित्रण होता, तो वहाँ इनका इस्तेमाल नहीं होता। दरअसल, पात्रों के संवाद इस पर निर्भर करते हैं कि रचना की पृष्ठभूमि और परिवेश क्या है। किसी भी रचना को उसकी पृष्ठभूमि और परिवेश ही मौलिक बनाता है। मैं दावे के साथ कह सकता हूँ कि जितनी बात इस उपन्यास पर इसकी मेवाती पृष्ठभूमि के चलते हो रही है, उतनी शायद किसी दूसरी पृष्ठभूमि के लते नहीं होती। मैं इस उपन्यास की एक बड़ी सफलता की वजह इसके विषय के साथ-साथ इसकी पृष्ठभूमि को भी मानता हूँ।

एम. फ़ी. अ. : डमरू को छेड़ने के पीछे स्त्रियों का कौन सा मनोविज्ञान काम कर रहा है, जबकि वह एक सीधा-सा पुरुष है?

भ. मो. : हमारे समाज में आदमी के भोलेपन और उसके सीधेपन को अक्सर उसकी मूर्खता का पर्याय माना जाता है। डमरू वास्तव में हमारे समाज के इसी भोलेपन और सीधेपन का प्रतीक है। आपने सही कहा कि डमरू सीधा-सा पुरुष है और वह लगता भी है। मगर सीधा होने का अर्थ नासमझ या अज्ञानी होना नहीं होता। ठीक वैसे ही जैसे शराफ़त को आजकल किसी की भीरुता से जोड़ दिया जाता है। देवर को छेड़ने-कोंचने या कहिए चुहल की परम्परा कोई नई नहीं है। सच तो यह है जीवन के सारे उल्लास हमारे सम्बन्धों में छिपे हुए हैं। वैसे भी डमरू तीनों भाइयों में सबसे छोटा तो है ही, साथ में कुँआरा भी है। कुरूपता और बढ़ती उम्र का यह कुँआरापन ही उसके लिए सबसे बड़ा अभिशाप है। मगर समाज और परिवार की मर्यादाओं का उसने कभी अतिक्रमण नहीं किया। इसलिए डमरू के प्रति पाठक के मन में सम्मान धीरे-धीरे बढ़ता चला जाता है। नज़राना की आसक्ति भी उसके प्रति उसके इसी व्यवहार और मन की निर्मलता के चलते मज़बूत होती जाती है, जिसकी परिणति नज़राना के उस सार्वजनिक फ़ैसले के रूप में होती है, कि वह इसी ईमानवाले आदमी के साथ रहेगी। वास्तव में डमरू किसी दुचित्तेपन या द्वंद्व का शिकार नहीं है।

एम. फ़ी. अ. : क्या हलाला प्रथा मर्द के अधिकारों का ग़लत इस्तेमाल है?

भ. मो. : सिर्फ़ हलाला ही नहीं, बल्कि ज़्यादातर धर्मों की प्रथाओं का ग़लत इस्तेमाल हो रहा है। हलाला को मैं इसलिए ज़्यादा अमानवीय मानता हूँ कि जो शर्त क़ुरान में ही नहीं है उसकी स्त्री के ख़िलाफ़ ग़लत व्याख्या क्यों की जा रही है। हालाँकि इसकी मूल भावना तलाक़ को रोकने की है। मगर उसके बजाय धर्म की आड़ में

इस प्रथा को दुष्कर्म का रूप दे दिया गया है। जहाँ इसका उद्देश्य स्त्री और पुरुष को बराबर रूप से सबक सिखाना रहा है, वहाँ यह स्त्री-शोषण का एक हथियार बन गया है। दरअसल, यह एक मर्दवादी साज़िश है। एक और बात मुझे समझ में नहीं आती कि ऐसा कौन सा मर्द होगा, जो दूसरे शौहर के साथ सहवास की बात जानते हुए अपनी पहली पत्नी को आसानी से स्वीकार कर लेगा? मर्दवादी मानसिकता इसे आसानी से स्वीकार ही नहीं करेगी और ऐसा अगर कुछ मर्दों ने किया भी है, तो सच कहूँ वे कम-से-कम इनसान तो नहीं फ़रिश्ते ही होंगे। सोचिए कि ऐसे फ़रिश्तों और पति-पत्नी को उन्हीं का समाज किस नज़र से देखता होगा?

एम. फ़ी. अ. : वैसे आपने इस्लाम के भीतर की एक वैवाहिक प्रथा हलाला को केन्द्र में रखकर काम किया है लेकिन बीच-बीच में हिन्दू कथाओं के मिथकों और दोहों का भी उल्लेख किया है। क्या और भी किसी धर्म में ऐसा होता है?

भ. मो. : अगर आप समाजशास्त्रीय नज़रिये से अपनी प्रथाओं, रस्मों अर्थात रीति-रिवाज़ों का गहराई से अध्ययन करें, तो इनका अस्तित्व में आना मनुष्य की ज़रूरतों और उसके सामाजिक अनुशासन की मुख्य वजह रही हैं। चूँकि मनुष्य का स्वभाव थोड़ा बग़ावती रहा है इसलिए इन्हें लागू करने के लिए धर्म का सहारा लिया गया। धर्म का सहारा इसलिए ताकि मनुष्य को अधर्म के रास्ते से भटकने से रोका जा सके। इसके लिए हमारे सन्त-फ़क़ीरों ने जीवन-दर्शन को मनुष्य का आईना बना उसके कर्मों पर आधारित लोक-साहित्य रचा। इसका सबसे अच्छा उदाहरण है हमारा मध्यकाल अर्थात भक्तिकाल। इस काल को अगर सामाजिक नवजागरण काल कहा जाता है तो इसीलिए कि इसमें सामाजिक बुराइयों और कुप्रथाओं पर सबसे ज़्यादा चोट की गई है। यह चोट मिथकों और मौखिक साहित्य के द्वारा की गई है। आप देखेंगे कि लोकोक्तियों, मुहावरों और दोहों की मारक क्षमता इतनी गहरी और असरदार होती है कि जिस अनैतिकता का इलाज क़ानून की किसी किताब में नहीं मिलता उसे ये बख़ूबी कर जाते हैं। लोक-साहित्य व्यक्ति के निजी और उसके सामाजिक अनुभवों से सींचा हुआ होता है। इसीलिए कहा गया है कि अपने लोक से कटे लेखक का चिन्तन कभी मौलिक नहीं हो सकता। रही बात लोकोक्तियों, मुहावरों और दोहों के किसी धर्म-विशेष से जुड़े होने की, तो मैं आपसे पूछता हूँ कि मनुष्य के दुख-दर्द, उसकी पीड़ा, सन्ताप और उसकी अभिव्यक्ति को क्या हम धर्म के खानों में बाँटकर देख सकते हैं? क्या हम इसे व्याख्यायित कर सकते हैं कि हिन्दू का दुख ऐसा होता है, और मुसलमान का दुख वैसा है। चूँकि हमारा समाज आस्था, मिथकों और परम्पराओं पर जीनेवाला समाज है, इनका हस्तक्षेप हमारे निजी जीवन में ज़रूरत से ज़्यादा रहा है इसलिए हमारी बहुत-सी मुश्किलों का निदान भी इनमें छिपा हुआ है।

एम. फ़ी. अ. : क्या धर्म और मर्दवादी व्यवस्था ने स्त्री को आगे नहीं बढ़ने दिया है? आपकी राय...?

भ. मो. : धर्म और मर्दवादी व्यवस्था का गठजोड़ इतना मज़बूत है कि उसे बींधना बहुत मुश्किल है। यहाँ यह उल्लेखनीय है कि सभी धर्मों के धर्म-ग्रंथों के रचयिता हम मर्द ही रहे हैं इसलिए हमने अपने बचने के तो सारे रास्ते खोज लिये, मगर अपने से निरीह और कमज़ोर तबक़ों के रास्ते या तो बेहद सँकरे छोड़ दिये, या उन्हें बन्द ही कर दिया। पूरी दुनिया में धर्मों का जितना इस्तेमाल स्त्री-सत्ता के ख़िलाफ़ हुआ है उसके बारे में हम सब जानते हैं। कई बार तो ऐसा लगता है मानो सब धर्मों के धार्मिक ग्रंथों के रचयिताओं ने आपस में मिलकर स्त्री-सम्बन्धी संहिताओं को बुना है। इसका मैं एक उदाहरण देता हूँ। अथर्ववेद (2:36:4) का एक श्लोक है जिसका अर्थ है—

जिस तरह वन्य-जीवों तक को शान्त वातावरण प्रिय होता है, उसी तरह परिवार को सुखमय बनाने के लिए स्त्री को चाहिए कि वह पति से विरोध या कलह न करे, अपितु उसके अनुकूल रहकर प्रियता प्राप्त कर अपने ऐश्वर्य की वृद्धि करे।

अब आप क़ुरान की चौथी सूरा अन-निसा की इस 34वीं आयत को देखिए, जिसका अर्थ है—

मर्द औरतों के स्वामी हैं। जो नेक औरतें होती हैं, वे आज्ञाकारी और अपने रहस्यों की रक्षा करनेवाली होती हैं। जिन स्त्रियों से विद्रोही होने का भय हो—उन्हें समझाओ, उन्हें अपने बिस्तरों से दूर रखो और उन्हें कुछ सज़ा दो।

इन दोनों, यानी अथर्ववेद के श्लोक और क़ुरान की इस आयत में समानता देखिए कि सारी हिदायतें, सारी सलाह औरत को ही दी गई हैं। इतना ही नहीं अगर वह आज्ञाकारी नहीं है तो उसे सज़ा भी दी जाए। सच तो यह है कि हमारे संविधान के स्त्री-सम्बन्धी क़ानून भी इन्हीं धर्म-ग्रंथों को ध्यान में रखकर बनाए गए हैं। मेरे अपने हरियाणा के पुराने गुड़गाँव ज़िले के मेवात में रिवाज़-ए-आम को ध्यान में रखकर ऐसा ही क़ानून बना हुआ है। इस क़ानून के मुताबिक़ अगर किसी बहन के सगे भाई नहीं हैं, तो पिता की सम्पत्ति पर उसका नहीं, उसके चचेरे या ताऊ के लड़कों का हक़ होगा।

मुझे इस्लाम के धर्म-ग्रंथों का तो पता नहीं लेकिन मैं हिन्दू धर्म की कह सकता हूँ कि मर्दवादी मानसिकता के चलते धर्म का जितना इस्तेमाल हमारे यहाँ स्त्रियों के विरुद्ध किया गया है, उतना शायद ही दूसरे धर्मों में किया गया है। मनुस्मृति ही नहीं दूसरे ब्राह्मणों द्वारा रचित धर्म-ग्रंथों में भी स्त्री और दलितों के विरुद्ध जिस तरह ज़हर उगला गया है, आप उसकी कल्पना नहीं कर सकते। अम्बेडकर ने तो मनुस्मृति का सार्वजनिक दहन ही इसलिए किया था कि इसमें

दलितों और स्त्रियों को आगे बढ़ने न देने के स्पष्ट निर्देश दिये गए हैं। कहने का मेरा आशय यह है कि आदिकाल से ही धर्म का इस्तेमाल हमारी मर्दवादी व्यवस्था करती आ रही है।

एम. फ़्री. अ. : आपको लगता है कि शरीअत और हदीस का भय दिखाकर औरतों का शोषण होता है?

भ. मो. : आपका कहना सही है कि शरीअत या हदीस का भय दिखाकर पुरुषों द्वारा स्त्रियों का शोषण होता रहा है। मैं आपकी बात को थोड़ा विस्तार देना चाहता हूँ और यह कि अगर स्त्रियों का सबसे ज़्यादा शोषण हुआ है तो वह धर्म की आड़ में हुआ है। 'स्त्री-धर्म' के नाम पर पुरुषों द्वारा उसके चारों तरफ़ जिस तरह वर्जनाओं के कँटीले तारों की बाड़ खड़ी कर दी गई है, उसे वह चाहकर भी नहीं लाँघ पाती है। कहीं वह इस मर्दवादी व्यवस्था के ख़िलाफ़ बग़ावत न कर बैठे, इसलिए धर्म का हवाला दे उसके आगे बढ़ने के रास्तों को रोकने की कोशिश होती रही है। यह रास्ता स्त्रियों में भी दलित स्त्री, विधवा व अशिक्षित के लिए और भी मुश्किल है। मैं कई बार कहता हूँ स्त्री का सबसे पहले आर्थिक और शैक्षिक रूप से सशक्त होना बहुत ज़रूरी है। जैसे-जैसे स्त्री आर्थिक और शैक्षिक रूप से सशक्त होती जा रही है, वैसे-वैसे वह पुरुष और सामाजिक रूढ़ियों के लिए चुनौती बनती जा रही है। वह अपनी आवाज़ उठाने लगी है। इसका जीता-जागता उदाहरण है इसी हलाला और तीन तलाक़ के मामले में सुप्रीम कोर्ट का ऐतिहासिक निर्णय। मगर मेरा सवाल यहाँ दूसरा है और यह क़ुरान के ही सन्दर्भ में है कि जब क़ुरान के मुताबिक़ एकसाथ तीन तलाक़ मान्य है ही नहीं तब यह प्रचलन में क्यों है? क्या ऐसा करना क़ुरान की तौहीन नहीं है। कहने का आशय यह है कि धर्म में दिये गए निर्देशों की व्याख्या पुरुष अपनी सुविधा और मर्ज़ी से करता रहा है। सच तो यह है कि स्त्रियाँ अपनी मर्ज़ी से नहीं, पुरुषों के तय किये गए निर्देशों के अनुसार जी रही हैं। धर्म की आड़ में स्त्रियों की नकेल पुरुष अपने हाथ में रखना चाहता है।

एम. फ़्री. अ. : आपने 'हलाला' उपन्यास में महिलाओं की नकारात्मक छवि दिखाई है। ऐसा क्यों?

भ. मो. : आपने एक बड़ा ही असहज करनेवाला सवाल किया है कि उपन्यास 'हलाला' में मैंने महिलाओं की नकारात्मक छवि दिखाई है। जहाँ तक मैं आपके इस प्रश्न की गहराई को समझ पाया हूँ उसके अनुसार आपका कहना यह है कि कहीं-न-कहीं मैं इस अवधारणा को और पुख़्ता करना चाहता हूँ कि स्त्री ही स्त्री की दुश्मन होती है? या फिर आपके कहने का मतलब यह है कि एक स्त्री को अपने विवेकसम्मत कोई निर्णय नहीं लेना चाहिए, या मर्दों द्वारा स्त्री-धर्म के नाम

पर उसके चारों तरफ़ खींच दी गई लक्ष्मण-रेखा को उसे नहीं लाँघना चाहिए? क्या नज़राना चुपचाप शरिया क़ानून के मुताबिक़ ज़िना के नाम पर हलाला जैसी क्रूर रस्म का पालन कर एक 'नेक' और 'भली' स्त्री की तरह अपने पहले पति के पास आ जाती? आमना को अपने देवर डमरू की शादी नहीं होने देनी चाहिए थी? कैसे महिलाओं की नकारात्मक छवि दिखाई है, और कौन सी वह नकारात्मकता है जो आपको नज़र आती है? जहाँ तक इस उपन्यास में आपके मुताबिक़ कुछ गालियों का सवाल है, मैं इसे नकारात्मकता के रूप में नहीं देखता। यह तो लोक से उपजी एक क्षेत्र-विशेष की सांस्कृतिक पहचान है। असल बात यह है कि स्त्री के मनोभावों को एक पुरुष जानने का दम तो भरता है, मगर सच्चाई यह है कि यह पुरुष का कोरा भ्रम है। आपसे मैं एकदम सहमत नहीं हूँ कि उपन्यास 'हलाला' में मैंने महिलाओं की किसी तरह की नकारात्मक छवि पेश की है।

एम. फ़ी. अ. : उपन्यास में जो आपने पंचायत को दिखाया है, क्या उसको हलाला के बारे में जानकारी है?

भ. मो. : दरअसल, आम आदमी अपनी धार्मिक रिवायतों और रस्मो-रिवाज़ों के बारे में मोटा-मोटा जानता है, लेकिन उनकी पेचीदगियों से परिचित नहीं होता। दूसरी बात, आपने निजी मामलों में वह धर्म का एक हद तक दख़ल सहन करता है। ऐसा सभी धर्मों और समुदायों में होता है। अगर नज़राना का मामला मौलवी और एक अन्य के हाथ नहीं लगता तो बात वहीं निपट जाती।

(*धर्म के आईने में मुस्लिम, स्त्री,* सम्पादक डॉ. शगुफ़्ता नियाज़; 2017)

यह बेज़ुबानों का दौर है

अनन्त विजय की बातचीत

अनन्त विजय : अभी आपका नया उपन्यास 'सुर बंजारन' प्रकाशित हुआ है। आप उपन्यास लेखन में इतनी निरन्तरता कैसे बरक़रार रख पाते हैं?

भगवानदास मोरवाल : इस निरन्तरता के लिए जहाँ एक लेखक के लिए कुछ अनुशासनों का पालन ज़रूरी होता है, तो वहीं कुछ मोह और प्रलोभनों का त्याग भी ज़रूरी है। हालाँकि हमारा बौद्धिक जगत् ऐसी निरन्तरताओं को अच्छी नज़र से नहीं देखता है। मेरा मानना है कि निरन्तरता के लिए सबसे पहली शर्त है अपने-आप को प्रतिस्पर्धा, ईर्ष्या और कुछ कुंठाओं से मुक्त रखना। एक लेखक का सबसे बड़ा मुक़ाबला अपने किसी पूर्ववर्ती या समकालीन से नहीं बल्कि ख़ुद से होता है। उसने पूर्व में अपने लेखन की जो लकीर खींच दी है, उसी के समान्तर उसे उससे बड़ी लकीर खींचनी होती है। अपनी पहली लकीरों के समान्तर दूसरी लकीर खींचने की चुनौती, बल्कि कहना होगा मेरे भीतर का डर शायद इस निरन्तरता का बड़ा कारण है। यही डर मुझे मेरे आगामी उपन्यास की विषय-वस्तु और कथा-वस्तु दोनों के चयन में मदद करता है।

अ. वि. : पहले आपने मेवाती जीवन पर लिखा, फिर आपने एनजीओ की संस्कृति पर सवाल उठाते हुए लिखा, फिर आपने अपने उपन्यास 'रेत' में एक ऐसी जाति को उठाया जिसको लेकर आपको परेशानी हुई। विषयों की विविधता दिखती है, पर जड़ में मेवात ही रहता है। क्यों?

भ. मो. : इसका कारण मुझे यह लगता है कि हम जिस यथार्थ से अपने अनुभवों को सींचकर अपने विषय का वितान तैयार करते हैं, अपने पात्रों व चरित्रों का चयन करते हैं, वे अधिकतर आपके भोगे हुए यथार्थ से ही निकले होते हैं। मेरे पहले दो उपन्यासों की पृष्ठभूमि जहाँ मेवात है, वहीं तीसरे उपन्यास 'रेत' (2008) और चौथे उपन्यास 'नरक मसीहा' (2014) में वह बदल जाती है।

मगर पाँचवें उपन्यास 'हलाला' की पृष्ठभूमि एक बार फिर मेवात हो जाती है। यहाँ मैं आपकी बात को और पुख़्ता करते हुए कहना चाहूँगा कि 'नरक मसीहा' में भी लेखक अपने अतीत-मोह यानी नास्टेल्जिया से मुक्त नहीं है। आपके इस सवाल का जवाब मेरे पाँचवें उपन्यास 'हलाला' से आसानी से समझा जा सकता है। इस उपन्यास को पढ़कर ऐसा लगता है मानो हलाला जैसी प्रथा केवल मेवात में ही पाई जाती है और यह केवल मेवात की समस्या है। ऐसा लगना स्वाभाविक भी है, वह इसलिए कि इसकी पृष्ठभूमि मेवात की जो है। जबकि सच्चाई यह है कि यह रस्म मेवात में बिलकुल भी प्रचलन में नहीं है। यह सामाजिक समस्या पूरे मुस्लिम समुदाय की है। मैंने इसकी पृष्ठभूमि मेवात की इसलिए चुनी क्योंकि मैं अपने मेवात की सामाजिकता, धार्मिकता और उसकी स्थानीयता से अच्छी तरह परिचित हूँ। मैं अपनी बात को अपने स्थानीय पात्रों और यहाँ की लोकोक्तियों व मुहावरों से भली-भाँति सम्प्रेषित कर सकता हूँ। अपनी जड़ों के कुछ छींटें आपको 'सुर बंजारन' में भी नज़र आ जाएँगे।

अ. वि. : आपका पहला उपन्यास 'काला पहाड़' और दूसरा उपन्यास 'बाबल तेरा देस में' काफ़ी वृहद हैं। बाद के उपन्यासों का आकार आपने छोटा कर दिया, क्या ऐसा बाज़ार के किसी दबाव के चलते हुआ?

भ. मो. : मुझे लगता है कि किसी भी कृति या रचना की इतिवृत्तात्मकता लेखक के अनुभवों पर निर्भर करती है। चूँकि मेरे पहले दोनों उपन्यास के केन्द्र में वह मेवात रहा है जो मेरी ज़मीन रही है, तो उनका वृहद होना स्वाभाविक है। मगर जैसे ही एक लेखक अपनी पृष्ठभूमि और आरम्भिक अनुभवों का अतिक्रमण कर, दूसरे प्रदेश में प्रवेश करता है यह इतिवृत्तात्मकता सिमटती चली जाती है जिसके कारण रचना का आकार छोटा होता चला जाता है। आपको इस संक्षिप्तीकरण का कारण 'बाज़ार' का दबाव लगता है, लेकिन ऐसा नहीं है। किसी भी रचना का आकार उसकी अपनी माँग पर निर्भर करता है। यह माँग उस बहते हुए पानी की तरह है कि जब तक उसे ढलान मिलता रहेगा, वह बहता रहेगा। जहाँ यह ढलान ख़त्म हो जाएगा पानी अपने-आप रुक जाएगा। जहाँ तक बाज़ार के दख़ल और उसके प्रभाव का प्रश्न है वह आज से नहीं, आदिकाल से रहा है। एक लेखक को इनसे विचलित नहीं होना चाहिए। विचलित इससे होना चाहिए कि उनसे किस तरह हमारे जीवन-मूल्यों का क्षरण हो रहा है। अगर एक लेखक इन मूल्यों को बचाने में विफल रहता है, तब यह माना जाना चाहिए कि उस पर बाज़ार का दबाव है। एक लेखक की असली लड़ाई बाज़ारीकरण या किसी तरह के भौतिकवाद से नहीं, उन मूल्यों और सरोकारों को बचाने की होनी चाहिए, जो हमें अपने समाज में साँस लेना सिखाते हैं।

अ. वि. : क्या वजह है कि अब मोटे उपन्यास नहीं लिखे जा रहे हैं?

भ. मो. : आपके इस सवाल से ऐसा लगता है जैसे आप यह कुरेदना चाहते हैं कि कहीं मोटे उपन्यास न लिखने के पीछे बाज़ार का किसी तरह का दबाव तो नहीं है? यह सही है कि पिछले एक दशक से हिन्दी का एक भी ऐसा उपन्यास देखने में नहीं आया है, जैसे 1999 से लेकर 2005-06 के बीच देखने में आए थे। मैं इसमें बाज़ार का कोई दबाव नहीं देखता, बल्कि मुझे लगता है कि हमने, विशेषकर हमारे हिन्दी विभागों से जुड़े अध्यापकों-आलोचकों की काहिली ने, अपने छात्रों व पाठकों में एक सोची-समझी रणनीति के तहत वृहद उपन्यासों के प्रति एक अनजाना डर पैदा कर दिया है। सच तो यह है कि इस डर के पीछे इनका ख़ुद का डर और एक लेखक बनने की उत्कंठा ज़्यादा है। आज हिन्दी के छात्र-छात्राओं या पाठकों में जिस तरह साहित्य के प्रति अरुचि का भाव भर दिया गया है, उसने संवेदनशील पाठक की जगह एक भीड़ का रूप ले लिया है। इस भाव ने लेखक के भीतर भी एक डर पैदा कर दिया है। इस डर के चलते अब उपन्यास शब्दों की सीमाओं को ध्यान में रखकर लिखे जाने लगे हैं।

अ. वि. : हिन्दी में इस वक़्त युवा पीढ़ी के लेखकों के जो उपन्यास प्रकाशित हो रहे हैं, उन पर आपकी क्या राय है?

भ. मो. : यह बड़ा मुश्किल में डालनेवाला सवाल है। युवा पीढ़ी पर किसी भी तरह की नकारात्मक टिप्पणी या राय का मतलब है एक पीढ़ी को अपने ख़िलाफ़ करना। फिर भी आपने जो जिज्ञासा व्यक्त की है मैं उसी पर अपनी बात कहूँगा। सबसे पहली बात यह कि इस युवा की आपकी नज़र में परिभाषा क्या है? अगर हम उम्र के लिहाज़ से देखें तो यह पीढ़ी तेईस-चौबीस साल के युवाओं से लेकर चालीस साल तक जाती है। अब ध्यान देनेवाली बात यह है कि पिछले छह-सात वर्षों में अचानक ऐसा क्या हुआ कि एकाएक युवा पीढ़ी उपन्यास लिखने लगी है? इसकी मुझे सबसे बड़ी वजह प्रकाशन की सुविधा और उपलब्धता लगती है। दूसरी वजह अंग्रेज़ी की तरह वह लोकप्रियता की चाह लगती है, जो रातोंरात उसे समाज के एक विशिष्ट वर्ग में तब्दील कर देती है। यह भी सही है कि लोकप्रियता की चाह कहीं-न-कहीं आदमी में हड़बड़ाहट पैदा करती है, जिसके चलते लेखन की बुनियादी शर्तें और माँग पीछे छूट जाती हैं, और लोकप्रियता उसकी प्राथमिकता बन जाती है। यहाँ एक बात ग़ौर करनेवाली है और वह यह कि हमें इस पीढ़ी के उपन्यासों के आकार, कहन की शैली और भाषा पर ध्यान देना होगा। विषय-वस्तु पर फ़िलहाल मैं कुछ नहीं कहूँगा। अब आप कहेंगे कि जब हमारा युवा पाठक ही ऐसा चाहता है, तब इसमें दिक़्क़त क्या है? इसके

जवाब में मैं पलटकर यह पूछना चाहता हूँ कि युवाओं में यह अभिरुचि और मानसिकता किसने तैयार की है? सच तो यह है कि साहित्य लोकप्रियता और चमत्कृत करने का औज़ार नहीं है। आज यह कहना मुश्किल है कि जिस तरह आकार, भाषा और कथ्य को लेकर हमारी युवा पीढ़ी लिख रही है, उसका भविष्य क्या होगा कोई नहीं जानता।

अ. वि. : दैनिक जागरण संवादी के एक सत्र में 'दलित-साहित्य का ब्राह्मणवाद' विषय पर आपने बेबाक़ी से बोला। इसको आप लम्बे समय से उठाते रहे हैं, क्या कभी आपका विरोध हुआ?

भ. मो. : मैं हमेशा इस बात का हामी रहा हूँ कि अगर आप लेखक हैं, तो अपनी बात आपको पूरी साफ़गोई से कहनी चाहिए। इस समय परेशानी सबसे बड़ी यह है कि जिस तरह का सवर्णवाद और ब्राह्मणवाद हमें हिन्दी के कथित मुख्यधारा के साहित्य में नज़र आता है, वही अब दलित-साहित्य में भी दिखाई दे रहा है। हमारे यहाँ विमर्शों को कुछ ही चश्मों से देखने की लत पड़ गई है। विषयों की गम्भीरता को जान-बूझकर अनदेखा कर, उन्हें दलित बनाम ब्राह्मण और स्त्री बनाम पुरुष के खाँचों में धकेल दिया जाता है। ऐसा अक्सर ऐसे लेखक करते हैं जो ग़लती से लेखन में आ गए हैं। लेखन कोई सनसनी पैदा करने या कॅरियर बनाने का माध्यम नहीं है बल्कि एक ज़िम्मेदारी-भरा कर्म है। जहाँ तक विरोध का प्रश्न है यह विरोध सुविधा पर निर्भर करता है।

अ. वि. : दलित-साहित्य के नाम पर हिन्दी में जो साहित्य रचा जा रहा है उसके बारे में आपकी क्या राय है?

भ. मो. : साहित्य, साहित्य होता है चाहे वह दलित-साहित्य हो या आदिवासी। चूँकि यह अस्मिताओं का दौर है तो हर वह तबक़ा जो सदियों से दमित है या जिसका दलन होता रहा है, आज अपनी बात खुलकर कह रहा है। यह बात अलग है कि साहित्य की कसौटियों के जो औज़ार दूसरे साहित्य पर लागू होते हैं, ज़रूरी नहीं वे दलित या आदिवासी साहित्य पर भी लागू हों। क़ायदे से यह दौर बे-ज़ुबानों का दौर है।

अ. वि. : हिन्दी में आलोचना की स्थिति को लेकर आप क्या कहना चाहते हैं?

भ. मो. : वर्तमान हिन्दी में आलोचना की स्थिति किसी से छिपी हुई नहीं है। अगर आज हिन्दी साहित्य की जिस विधा की साख दाँव पर लगी हुई है, वह आलोचना ही है। एक-डेढ़ दशक पहले जिन आलोचकों से बड़ी उम्मीद थी, वे आज प्रचारक

की भूमिका में आ गए हैं। दुराग्रह और पूर्वग्रह उनके आलोचकीय हथियार बन गए हैं। विशुद्ध आलोचक आज आपको कहीं नज़र नहीं आता। अब तो हालत यह है कि ज़्यादातर सिद्ध आलोचक एकाएक या तो उपन्यासकार हो गए हैं या कहानीकार। ऐसे आलोचकों से आप क्या उम्मीद करेंगे।

अ. वि. : आप सोशल मीडिया पर बहुत सक्रिय हैं, साहित्य के लिए सोशल मीडिया कितना उपयोगी है?

भ. मो. : सोशल मीडिया को मैं सूचना का एक माध्यम-भर मानता हूँ। इसकी भूमिका और उपयोगिता मेरी नज़र में इतनी है कि हमें चीज़ों की बराबर जानकारी मिलती रहे। मगर दुर्भाग्य से इस माध्यम का जितना दुरुपयोग हो रहा है, उतना शायद ही किसी दूसरे माध्यम का हुआ हो, विशेषकर असहिष्णुता फैलाने में इसके अवदान को नकारा नहीं जा सकता। यहाँ असहमति के लिए कोई जगह नहीं है। मैं तो कहता हूँ कि सोशल मीडिया ने मेरे इतने दोस्त नहीं बनाए हैं, जितने दुश्मन पैदा कर दिये। हाँ, इस माध्यम का उपयोग मैं अपनी चीज़ों को मित्रों तक पहुँचाने के लिए करता हूँ। मगर इसे भी लोग आत्म-प्रचार कहते हैं। अब सवाल यह है कि मैं अगर अपना प्रचार नहीं करूँगा तो क्या किसी और का करूँगा?

अ. वि. : साहित्य, बाज़ार और बाज़ारवाद को लेकर आपने कभी चिन्ता प्रकट नहीं की, क्या आपको लगता है कि साहित्य और बाज़ारवाद दोनों साथ चल सकते हैं?

भ. मो. : मेरी चिन्ता बाज़ार या बाज़ारवाद को लेकर नहीं है बल्कि उस दुचित्तेपन को लेकर है जिसके चलते एक तरफ़ हम साहित्य में बाज़ार और बाज़ारवाद की आलोचना करते हैं, लेकिन दूसरी तरफ़ वास्तविक जीवन में हम इसका लाभ भी उठाते हैं। क्या रीतिकाल या भक्तिकाल में बाज़ार नहीं था? बाज़ार या बाज़ारवाद कब नहीं था? अगर हमें इनसे इतनी परेशानी है तो हम क्यों अपनी पुस्तक छपवाने के लिए प्रकाशक के पास जाते हैं? बाज़ारवाद दरअसल एक मनोवृत्ति है हमें इसका विरोध करना चाहिए। मेरा तो यह मानना है कि जिस तरह की स्थितियाँ हमारे समाज में बनती जा रही हैं, हमें बीच का कोई ऐसा रास्ता खोजना होगा जो साहित्य और बाज़ारवाद के बीच सामंजस्य बिठा सके। आख़िर इनसानी फ़ितरत को हम कब तक अनदेखा कर सकते हैं। मुझे लगता है कि बाज़ार और बाज़ारवाद के बुनियादी फ़र्क़ को हम सलीक़े से नहीं समझ पा रहे हैं। मेरे लिए इनसे ज़्यादा महत्त्वपूर्ण मेरे सरोकार हैं।

अ. वि. : हिन्दी में पुरस्कारों को लेकर जो स्थिति है उसके बारे में भी आपकी राय जानना दिलचस्प होगा।

भ. मो. : पुरस्कार या सम्मानों का खेल सीधे-सीधे नसीब, अगर वह है तो, का खेल है। मिल जाए तो बहुत अच्छा। न मिले तो कोई गिला-शिकवा नहीं। हालाँकि मुझे एकाध पुरस्कार को छोड़कर ज़्यादातर बहुत पहले मिल चुके हैं।

अ. वि. : आज के युवा लेखकों को आपकी क्या सलाह है?

भ. मो. : साहित्य में अभी मेरी ऐसी कोई हैसियत नहीं बनी है कि मैं किसी को सलाह दे सकूँ। अभी तो मैं ख़ुद ही सलाह लेने की स्थिति में हूँ।

(*दैनिक जागरण;* 17 दिसम्बर, 2017)

मेरी सामाजिक पृष्ठभूमि मेरे लेखन की सबसे बड़ी ताक़त है

मृणाल वल्लरी की बातचीत

मृणाल वल्लरी : हर तरह का दौर होता है। अभी के माहौल में एक बेचैनी है। एक रचनाकार के रूप में आज के समाज की कौन सी चीज़ आपको सबसे ज़्यादा बेचैन करती है?

भगवानदास मोरवाल : आपने सही कहा कि आज के माहौल में एक बेचैनी व्याप्त है। यह बेचैनी एकरेखीय नहीं बल्कि एक साथ कई मोर्चों पर देखी जा सकती है। एक तरफ़ यह बेचैनी आर्थिक मोर्चे पर रोज़-ब-रोज़ घटते रोज़गारों के रूप में देखी जा सकती है, तो दूसरी तरफ़ समाज में निरन्तर बढ़ती असहिष्णुता के रूप में देखी जा सकती है। समाज का कोई ऐसा क्षेत्र नहीं है जहाँ किसी-न-किसी तरह की बेचैनी नहीं है। एक अनदेखा डर हर समय जैसे हमारे आसपास मँडराता रहता है। मेरा मानना है कि इस बेचैनी को धार्मिक उन्माद सबसे ज़्यादा पोषित कर रहा है। इस उन्माद के चलते हमारी सामाजिक समरसता, सौहार्द और अखंडता को सबसे अधिक चोट पहुँची है जिसके चलते हमारा उपेक्षित और वंचित समाज सबसे अधिक प्रभावित हो रहा है। एक रचनाकार के रूप में मुझे जो चीज़ सबसे अधिक बेचैन और परेशान करती है वह आर्थिक मोर्चे पर घटते रोज़गार के अवसर और दिन-ब-दिन समाज में बढ़ती भाईचारे की खाई है।

मृ. व. : उग्र राष्ट्रवाद के इस दौर में साहित्य की ऊर्जा को कैसे देखते हैं?

भ. मो. : राष्ट्रवाद की आम अवधारणा के मुताबिक़ राष्ट्र सर्वोपरि होता है। यह एक ऐसी अवधारणा है जो किसी भी देश के नागरिकों की साझा पहचान को बढ़ावा देती है। किसी भी राष्ट्र की उन्नति एवं सम्पन्नता के लिए यह अवधारणा नागरिकों में सांस्कृतिक, धार्मिक और भाषायी विविधता से ऊपर उठकर राष्ट्र के प्रति अनुराग की भावना को मज़बूती प्रदान करती है। दुर्भाग्य से धार्मिक पहचान और विचार को जिस तरह राष्ट्रवाद का पर्याय बना दिया गया है, वह अतिरंजित

तो है ही ख़तरनाक भी है। मौजूदा उग्र राष्ट्रवाद एक ऐसी काजल की कोठरी है जिसकी कालिख से बचकर निकलना न केवल एक लेखक के लिए दुष्कर चुनौती है, बल्कि सच-को-सच कहना भी किसी ख़तरे से ख़ाली नहीं है। अब तो आपकी धार्मिक पहचान ही आपके लिए सबसे बड़ा ख़तरा है। ईमानदारी से कहूँ तो मैं इसे अपने साहित्य की बहुत बड़ी ऊर्जा मानता हूँ।

मृ. व. : सोशल मीडिया ने लिखनेवालों का एक नया वर्ग पैदा किया है। क्या आपको लगता है कि इसने साहित्य को किसी तरह की संस्कृति दी है?

भ. मो. : सोशल मीडिया को मैं तकनीक के विस्तार के रूप में ही ज़्यादा देखता हूँ। जहाँ तक सवाल इसके द्वारा पैदा किये गए एक नये लेखक-वर्ग का है, ऐसा हमें लगता है। क्योंकि इसने बहुत-सी सत्ताओं और चौहद्दियों को नेस्तनाबूद किया है। मगर इसके साथ हमें यह भी नहीं भूलना चाहिए कि लेखन या साहित्य कोई प्रचार या नाम कमाने का माध्यम या औज़ार नहीं है। न ही लेखन ज़िन्दगी में सफल-असफल होने का कोई गुरुमन्तर है। लेखन तो एक निरन्तर चलनेवाली और लम्बी साहित्य साधना है। मुझे नहीं पता कि आपको सोशल मीडिया पर आज जो लेखक या साहित्यकार नज़र आ रहे हैं, या लग रहे हैं वे कल साहित्य की किस कसौटी पर कितना खरा उतरेंगे और उनका मूल्यांकन किस रूप में होगा? हाँ, इसने साहित्य को एक नई संस्कृति तो दी है और वह यह कि यह माध्यम आपमें बिना ज़्यादा मेहनत और गम्भीर हुए एक लेखक होने का भ्रम तो पैदा कर ही देता है।

मृ. व. : दलित, आदिवासी और स्त्री। हिन्दी साहित्य में इनकी मौजूदगी को कैसे देखते हैं?

भ. मो. : हिन्दी साहित्य में इनकी मौजूदगी आज अलग-अलग विमर्शों के रूप में जानी जाती है। साहित्य में इनकी अलग पहचान है। इन वर्गों की मौजूदगी से न केवल हिन्दी साहित्य का रक़बा बढ़ा है बल्कि वह और अधिक समृद्ध हुआ है। कुछ ऐसे समुदाय जिन्हें हमारा कुलीन सवर्णवादी लेखक समुदाय कभी स्वीकार भी नहीं करता था, आज उनके (दलित और आदिवासी साहित्य) बिना हिन्दी साहित्य की परिकल्पना ही असम्भव है। स्त्री-लेखन भी पहले से हो रहा है पर अपनी जो पहचान और ज़मीन आज स्त्री-लेखन ने तैयार कर ली है, वह इसी विमर्श का परिणाम है। यह बात दूसरी है कि जो व्याधियाँ पहले कुलीन सवर्णवादी लेखक समुदाय में व्याप्त थीं, वैसी ही व्याधियाँ आज अन्य दलित और आदिवासी लेखन में आ गई हैं। सीधे-सीधे कहूँ तो एक कुलीन समुदाय इन वर्गों में भी पैदा हो गया है। जो विमर्श एक समय सामूहिक विमर्श हुआ करता था, आज वह जातिगत विमर्श में तब्दील हो गया है। उदाहरण के लिए, जहाँ पुस्तकों के शीर्षक 'दलित

की चाय' या 'पपोले दलित' होने चाहिए, वे अब एक ऐसी दलित जाति-विशेष के नाम पर होने लगे हैं जिनका दलितों में वर्चस्व है।

मृ. व. : आज के समाज के लिए साहित्य की उपयोगिता कैसे साबित करेंगे आप?

भ. मो. : यह प्रश्न या आशंका अपने-आप में बेमानी है कि समाज में साहित्य की कोई भी उपयोगिता है? अगर समाज में साहित्य की कोई उपयोगिता नहीं होती, तो आए दिन नये-नये लेखक और प्रकाशक पैदा नहीं होते। यह साहित्य की उपयोगिता का ही परिणाम है कि पुस्तकों के कई-कई संस्करण देखते-ही-देखते आ जाते हैं। मुझ जैसे अज्ञात कुलशील लेखक के पहले उपन्यास 'काला पहाड़' (1999) का हाल में हार्ड बाउंड का पाँचवाँ और पेपरबैक का तीसरा संस्करण आ चुका है। यह बात अलग है कि बढ़ती उत्पादन लागत के चलते जहाँ 465 पृष्ठोंवाले उपन्यास के पहले संस्करण की कीमत मात्र तीन सौ रुपए थी, पाँचवें संस्करण तक आते-आते वह लगभग नौ सौ रुपए हो गई है। इस उदाहरण से मैं कहना यह चाहता हूँ कि किसी भी समाज के लिए कभी भी साहित्य को अपनी उपयोगिता साबित करने की ज़रूरत नहीं है। अगर साहित्य की कोई उपयोगिता नहीं होती, तो इसे समाज का दर्पण यूँ ही नहीं कहा जाता। दरअसल, एक लेखक की ज़िम्मेदारी और भूमिका समाज की प्रबल जिजीविषा और अदम्यता को रेखांकित करना होता है। एक लेखक के रूप में उसकी कुछ देखी-अनदेखी ज़िम्मेदारियाँ तय होती हैं। अगर एक लेखक अपनी इन ज़िम्मेदारियों को रेखांकित करने में सफल हो जाता है तो यह सफलता ही साहित्य की उपयोगिता होती है।

मृ. व. : एक लिखनेवाला क्या पढ़ता है यह भी अहम है। आप क्या और क्यूँ पढ़ते हैं?

भ. मो. : यह सही है कि एक लेखक के लिए पढ़ना बहुत ज़रूरी है। अब निर्भर इस पर करता है कि वह पढ़ता क्या है। एक लेखक के लिए मैं पहली शर्त मानता हूँ उसकी दृष्टि, जो उसे साहित्य की अपेक्षा साहित्येतर लेखन से प्राप्त होती है। साहित्येतर लेखन उसकी धारणाओं को पुष्ट करता है। इसलिए मेरी कोशिश ज़्यादा-से-ज़्यादा साहित्येतर पुस्तकों को पढ़ने की होती है।

मृ. व. : आप अपने लेखन की सबसे बड़ी ताक़त किसे मानते हैं?

भ. मो. : मेरे लेखन की सबसे बड़ी ताक़त है मेरी सामाजिक पृष्ठभूमि। मेरी वह पृष्ठभूमि जो कभी-कभी मेरे आत्मविश्वास को डगमगाती है, पर वहीं यह मुझे बल भी प्रदान भी करती है। शायद यह इसी पृष्ठभूमि के डर का नतीजा है कि मैं अपनी हर रचना को पहले से अधिक चुनौती के रूप में लेता हूँ। यही डर और चुनौती मुझे और ज़्यादा मेहनत करने को प्रेरित करती है।

मृ. व. : एक लेखक के लिए वैचारिक प्रतिबद्धता कितनी ज़रूरी है?

भ. मो. : बिना वैचारिक प्रतिबद्धता के कोई भी व्यक्ति लेखक नहीं हो सकता। वैचारिक प्रतिबद्धता जहाँ लेखक की समझ और उसके लेखन की धार को पैना बनाती है, वहीं वह उसे स्याह और सफ़ेद, अच्छे और बुरे, झूठ और सच में फ़र्क़ करना भी बताती है। यह प्रतिबद्धता किसी विचारधारा विशेष की राजनीतिक पार्टी या सांस्कृतिक मंच में शामिल होने से नहीं बनती है बल्कि लेखक के समाज में व्याप्त असमानता, शोषण, भेदभाव, उसके लोक की विद्रूपताओं और विडम्बनाओं से पैदा होती है। हाँ, विचारधारा विशेष की राजनीतिक पार्टी या सांस्कृतिक मंच से जुड़े लेखक में वह आत्मविश्वास ज़रूर पैदा करती है, लेकिन कभी-कभी इनसे जुड़ने से उसमें 'जड़ता' का भाव भी पैदा होता है। सच तो यह है कि एक लेखक की प्रतिबद्धता और उसके सरोकारों की असली परख तो उसके लेखन से होती है।

(*जनसत्ता,* नई दिल्ली; 4 अगस्त, 2017)

हमारा समाज सबसे ज़्यादा भरोसा अपने लेखक पर ही करता है

मुकेश वर्मा एवं अरुणेश शुक्ल की बातचीत

मुकेश वर्मा : जब आप लिखते हैं तब आपकी दृष्टि क्या होती है? वह किसी विचारधारा से प्रेरित या किसी विमर्श से प्रभावित या विशुद्ध साहित्यिक या इस तरह का प्रस्थान बिन्दु होता है, जहाँ से आपकी रचनात्मकता प्रारम्भ होती है।

भगवानदास मोरवाल : देखिए, व्यक्ति के रूप में या लेखक के रूप में जो व्यक्ति होता है, उसका एक समाज होता है। मैं बुनियादी शर्त यह मानता हूँ कि किसी भी लेखक की वैचारिक प्रतिबद्धता जिसको हम 'विमर्श' कहते हैं, उसका निर्माण कैसे होता है? मेरा मानना है कि उसका निर्माण होता है उसके समाज से, उसके जीवन-संघर्ष से। उसका जीवन-संघर्ष उसके लेखन में बराबर परिलक्षित होता है। विमर्श और दूसरी वैचारिक प्रतिबद्धता जैसी चीज़ बाद की चीज़ें हैं।

मंगलेश डबराल जी ने एक बहुत अच्छी बात कही थी कि 'स्मृति विहीन व्यक्ति कल्पना नहीं कर सकता।' मैं उनके इस कथन से पूरी तरह सहमत हूँ कि किसी भी लेखक के लिए स्मृतियों का होना बहुत ज़रूरी है। क्योंकि आप कल्पना तभी कर सकते हैं, जब आपके पास आपकी स्मृतियों में कुछ चीजें हों और हर व्यक्ति के पास उसकी कुछ यादें होती हैं, उसकी कुछ स्मृतियाँ होती हैं और जैसाकि हम मानते भी हैं, और यह कहा भी जाता है कि इतिहास दरअसल स्मृतियों का ही एक तरह से लेखा-जोखा होता है।

मैं शुरुआत अगर 'काला पहाड़' से करूँ, तो यह बात अच्छी तरह स्पष्ट हो जाएगी। यह मेरा पहला उपन्यास था, जो 1999 में आया था और जिसको कहना चाहिए कि मेरी जो स्मृतियाँ थीं, एक तरह से यह उसी की अभिव्यक्ति है। मैं जिस समाज में रहता हूँ, जिस समाज से मेरी एक तरह से मानसिक बनावट बनी है, यह उसी का प्रतिपादन है। इसलिए कई बार एक लेखक के लिए यह कहना बहुत मुश्किल होता है कि उसे प्रेरणा कहाँ से मिलती है? यह थोड़ा-सा बड़बोलापन होगा कि मैं किसी से यह कहूँ कि मुझे प्रेरणा प्रेमचन्द से मिली। सच यह है कि प्रेरणा हमें

किसी से नहीं मिलती। जो हमारा जीवन-जगत् है, ख़ुद का जो जीवन है, जो हमारी जातिगत व्यवस्था है, जिस समाज में हम रहते हैं, जिस वर्ण-जाति व्यवस्थाओं से हम टक्कर लेते रहते हैं, दरअसल वही हमारा सबसे बड़ा प्रेरणा का स्रोत होता है।

अरुणेश शुक्ल : मैं जानना चाहता हूँ कि जैसे आपने पाँच उपन्यास लिखे, जो अलग-अलग विषयों पर हैं। आपका विषय-चयन किस तरह से होता है?

भ. मो. : मैं यही बताने की कोशिश कर रहा था, यानी मैंने अपनी जिन स्मृतियों के आधार पर 'काला पहाड़' उपन्यास लिखा, तो इसके पहले संस्करण में आपको दो चीज़ें नज़र नहीं आएँगी लेखक के परिचय में—एक, मैं क्या करता हूँ, यानी उस वक़्त क्या करता था और कहाँ रहता था, यानी मैंने उसमें अपना पता नहीं दिया था। इसका कारण यह था कि उससे पहले एक लेखक के रूप में मेरी कोई पहचान नहीं थी। एक सामान्य से कहानीकार के रूप में थोड़ी-बहुत पहचान थी।

जब यह उपन्यास मैंने लिखा तो इन दो चीज़ों के न देने के पीछे वजह यह रही कि अगर उपन्यास की पाठकीय प्रतिक्रिया कुछ सकारात्मक मिलती है या उसको कुछ स्वीकृति मिलती है, तो आगे लिखना-पढ़ना जारी रखूँ; वरना काहे को अपना समय नष्ट करूँ? एक लेखक वैसे भी समाज के साथ-साथ सबसे ज़्यादा परेशानी का सबब अपने परिवार के लिए बनता है, क्योंकि लेखन के बल पर वह अपने परिवार के लिए कुछ नहीं कर पाता है। लेकिन संयोग से उसकी चर्चा ख़ूब हुई। उसका बाद में मुझे नुक़सान यह हुआ कि जो लोग उपन्यास को पढ़ने के बाद मुझसे सम्पर्क करना चाहते थे वो सम्पर्क नहीं कर पाए।

मुझे याद है, श्रीलाल शुक्ल जी के 75 वर्ष पूरे होने पर दिल्ली में एक आयोजन हुआ था। वहाँ मैं नामवर सिंह जी के साथ बैठा हुआ था। श्रीलाल जी ने मुझे देखकर कहा, "मोरवाल, सीधे मेवात से आ रहे हो क्या?" यह बात दिल्ली आने के लगभग बीस साल बाद की है। इस पर नामवर जी ने कहा, "नहीं, ये रहते ही दिल्ली में हैं।" इसको बताने का मेरा मक़सद यह है कि उसका एक फ़ायदा यह हुआ कि अपने लेखन को लेकर थोड़ा विश्वास भी मुझमें पैदा हुआ।

इस उपन्यास पर सबसे पहली प्रतिक्रिया जो आई, वह आपके भोपाल से ही आई और किसकी आई—जानते हैं, हमारे कमला प्रसाद जी की। आप इसे अतिशयोक्ति मानेंगे कि उन्होंने फ़ोन करके यह कहा था, "भाई, मैं कमला प्रसाद बोल रहा हूँ।" ईमानदारी से कहूँ मैं उनको इतना नहीं जानता था। मैंने कहा, "आप एक पत्रिका निकालते हैं 'वसुधा'।" कहने लगे, "हाँ। आपको बहुत-बहुत बधाई।" मैंने कहा, "सर, किसलिए?" बोले, "भाई, आपका उपन्यास बहुत अच्छा है।"

मैंने कहा, "सर, आपको कहाँ से मिला?" कहने लगे, "आपको इससे क्या मतलब?" फिर कहा, "मोरवाल, तुम्हारा उपन्यास बहुत अच्छा है।" उन्होंने एक

वाक्य कहा था जिसको मैं सूक्त वाक्य की तरह, हालाँकि वह कभी-कभी अतिशयोक्ति भी लगती है, लेकिन उन्होंने कहा, "मोरवाल, मैं ज़िन्दगी में दो उपन्यासों को पढ़कर रोया हूँ। एक 'काला पहाड़' और दूसरा 'गोदान'। उसका जो सलेमी पात्र है, आख़िर में जिस तरह से टूटता है वह रुला देनेवाला है।" अगर किसी की पहली रचना ठीक-ठाक हो और उसको पाठकों की इतनी व्यापक स्वीकार्यता मिले, तो लेखक के लिए यह बहुत बड़ी चुनौती है।

मु. व. : 'काला पहाड़' आपने केवल स्मृतियों के भरोसे लिखा या कुछ नोट्स वग़ैरह भी आप लेते रहे? क्योंकि 'काला पहाड़' में बहुत बारीक विवरण हैं—एक-एक रीति-रिवाज़ के, परम्परा के और घर-आँगन के पूरे वातावरण के इतने हैं कि ऐसा लगता है जैसे आप कोई फ़िल्म देख रहे हैं। आपने बहुत ध्यान देकर, बहुत तफ़सील के साथ इनको दिया है। तो क्या है ये सब? एक-एक दिन का उसमें ब्यौरा है...

भ. मो. : उसमें स्मृतियों के साथ-साथ पात्रों के माध्यम से मेवात का ऐतिहासिक वर्णन मिलता है। मुझे मेवात के बारे में पहली जानकारी तब मिली जब मैं बी.ए. में पढ़ता था। अपने यासीन डिग्री कॉलेज की लाइब्रेरी में ऐसे ही एक दिन मुझे छोटी-सी एक पुस्तक हाथ लगी, डॉ. महावीर प्रसाद शर्मा की 'मेवाती का उद्भव एवं विकास'। 'मेवाती' यानी 'मेवाती बोली' के बारे में। उसका जो पहला अध्याय था, उसमें मेवात का इतिहास था। वहाँ से पहली बार मुझे मेवात के बारे में जानने का मौक़ा मिला। धीरे-धीरे चीज़ें चलती रहीं। उसके बाद मैंने मेवात के लोकगीतों का संकलन करना शुरू कर दिया। हमारे यहाँ मेवात में मेव समुदाय में 'पंडून कौ कड़ा' यानी पांडु अर्थात महाभारत का क़िस्सा आज भी शादी-ब्याह और दूसरे मौक़ों पर गाया-बजाया जाता है।

जब लेखक इन सबको काग़ज़ पर उतारता है, तो उसमें इन चीज़ों का बहुत बड़ा योगदान होता है—स्मृति, कल्पना, प्रामाणिकता, विश्वसनीयता, पठनीयता। ये तीन-चार तत्त्व हैं। हो सकता है कुछ और भी तत्त्व हों। अब उसको आप प्रामाणिक बनाने के लिए क्या करेंगे? स्मृतियाँ तो हैं आपके पास। आपको थोड़ा-सा डॉक्युमेंटेशन का सहारा लेना पड़ेगा विश्वसनीय बनाने के लिए, और उसमें पठनीयता क़ायम करने के लिए आपको उसमें क़िस्सागोई डालनी पड़ेगी। पाठक आपकी रचनाओं को क्यों पढ़ें? मैं किसी भी रचना की सबसे पहली ख़ासियत यह मानता हूँ कि अगर वह रचना आपको पढ़ने पर मजबूर करती है, तो यह एक लेखक की सबसे बड़ी कामयाबी है। सहमति-असहमति बाद की बात है।

अ. शु. : मेरी एक जिज्ञासा है कि आप उपन्यास लिखते हैं, आपके पाँच-पाँच उपन्यास हैं। सब चर्चित हैं। अलग-अलग विषयों पर हैं। मैं यह जानना चाह रहा

हूँ कि बहुत कम समय में आपने पाँच उपन्यास लिखे हैं। वैसे अमूमन यह धारणा है कि जब कोई लेखक अपनी कोई बड़ी कृति देता है, तो वह कुछ समय तक हैंगओवर में रहता है। कुछ समय तक उसके दिमाग़ पर वही चीज़ छाई रहती है। उससे बाहर निकलने के लिए वह नई रचना लिखता है, उसे तोड़ता है। जो एक मूड होता है एक रचना का, वो आपके साथ काफ़ी समय तक रहता है। आपके उपन्यास जल्दी-जल्दी आ रहे हैं और एक विषय से दूसरे विषय में, बिलकुल अलग विषय में आप प्रवेश कर जाते हैं। मान लीजिए, जैसे 'हलाला' आपने लिखा, उसके पहले 'नरक मसीहा' है, 'काला पहाड़' अलग था। अलग-अलग विषयों पर हैं सभी, एक रिसर्च वर्क भी आपको करना पड़ता है। ये सब कैसे इतना जल्दी आप कर पाते हैं? कैसे आप उस मूड से बाहर आ जाते हैं? कैसे इतनी जल्दी तैयारी कर लेते हैं?

भ. मो. : मेरा दूसरा उपन्यास आया था 'बाबल तेरा देस में'। यह 2004 में आया था, पाँच साल के बाद। उसके बाद 2008 में आया 'रेत', यह भी चार साल के बाद। उसके बाद 'नरक मसीहा' आया लगभग छह साल के बाद। अब थोड़ी-सी गति पकड़ी है। 'बाबल तेरा देस में' लिखने के पीछे जो मेरी सोच थी, वो यह थी कि 'काला पहाड़' में स्त्री-पात्र बहुत कम हैं। यह अनजाने में हुआ था। ऐसा नहीं कि मैंने जान-बूझकर किया था। क्योंकि मैं जब लिख रहा था तो इन चीज़ों पर मेरा ध्यान नहीं था। मुझे जब किसी ने कहा कि इसमें स्त्री-पात्र नहीं हैं, तो मैंने एक तरह से उसकी पूर्ति के लिए 'बाबल तेरा देस में' लिखा। पृष्ठभूमि वही ली, मेवात की एक आम देहाती औरत की। चाहे हिन्दू हो या मुस्लिम हो। मैंने यह दिखाने की कोशिश की कि अपने धर्म को लेकर एक देहाती औरत का क्या नज़रिया होता है। इसलिए मैंने क़ुरान को कई बार पढ़ा। 'बहिश्ती ज़ेवर' से लेकर शरीअत और बहुत सारी धार्मिक पुस्तकें पढ़ीं। मैं पुरानी दिल्ली के जामा मस्जिद स्थित उर्दू बाज़ार जाता था। वहाँ से इन्हें लाया था।

आपने विषय की बात की कि आपने अलग-अलग विषय उठाए। उसके बाद मुझे कुछ पाठकों ने, आलोचकों ने बड़े प्यार से समझाया कि आपने मेवात पर दो काम कर दिये, अब आप इससे बाहर निकलिए। यह सचमुच किसी भी लेखक के लिए टाइप्ड होने जैसा है, जैसे हम फ़िल्मों में कहते हैं 'टाइप्ड' अर्थात किसी अभिनेता द्वारा बार-बार किसी एक भूमिका को निभाने पर वो टाइप्ड हो जाता है और उसकी पहचान वैसी हो जाती है। उसको ज़्यादा गम्भीरता से नहीं लेते हैं। कहते हैं कि इसके पास कला नहीं है। यही लेखक के साथ भी है कि इसके पास वेरिएशन नहीं है, विविधता नहीं है।

'रेत' में दरअसल हुआ क्या? हालाँकि उसमें उस जगह का नाम नहीं है कि यह उपन्यास कहाँ के कंजरों पर है। वास्तव में, रेत जगह को लेकर नहीं है। लेखक को एक लोकल लेना पड़ता है, जहाँ वह रिसर्च वर्क करेगा, वो तो चाहिए ही।

मु. व. : वो मेवात ही रहा होगा।

भ. मो. : वो मेवात नहीं है, उसमें मेवात कहीं आता भी नहीं है। कहीं कोई जगह का नाम नहीं है। दरअसल, हुआ यह कि नब्बे के दशक में मैं प्राय: अलवर जाता था। वहाँ से एक अख़बार निकलता था 'अरुण प्रभा'। आज भी निकलता है जो 1981-82 में शुरू हुआ था। उन दिनों यह 'राजस्थान पत्रिका' से ज़्यादा बिकता था वहाँ। उसमें कुछ ख़बरें छपती थीं गाजूकी की। गाजूकी में पुलिस ने छापा मारा और वहाँ की कुछ कंजर औरतों को पकड़ा, जो प्रोस्टीट्यूशन में संलिप्त थीं। मुझे 'गाजूकी' नाम ने बहुत आकर्षित किया। आप यक़ीन नहीं करेंगे कि मेरा यह उपन्यास 2008 में आया जबकि जुलाई, 1987 में उसी पृष्ठभूमि पर मेरी एक कहानी 'साप्ताहिक हिन्दुस्तान' में छपी 'लिलहार' नाम से, जो उसी गाजूकी को लेकर थी।

जब यह सब चल रहा था और जब यह बात आई कि मेवात से बाहर निकलना है तो क्या किया जाए? संयोग से इसी दौरान एक पुस्तक मेरे हाथ लगी। दरअसल यह गोपीचन्द श्रीवास्तव की 1948 की एक रिपोर्ट थी, जो अपराधी जनजातियों को लेकर थी। इस पुस्तक ने मेरी यह मदद की कि इसमें लगभग ढाई दर्ज़न जरायम पेशा अपराधी जनजातियों का इतिहास था। मेरी कोशिश यह रही कि पहले थोड़ा-सा रिसर्च वर्क भी होना चाहिए। मुझे एक साल कंजर समुदाय में जाने में लगा। अलवर में सुरेश पंडित जी थे, उनके छोटे भाई की पुत्रवधू एक एनजीओ से जुड़ी हुई थीं, और इस समुदाय के बीच काम करती थीं। उनसे मेरा परिचय हुआ। फिर वो मुझे उन कंजरों के बीच लेकर जाती थीं। उन्होंने मुझसे साफ़ कहा कि तुम यहाँ चल तो रहे हो, मगर तुम चुप रहोगे, तुम कुछ नहीं बोलोगे। मैंने पूछा क्यों? वो बोली अपरिचित लोगों से ये मिलते नहीं हैं। मैंने कहा कि आप मेरे बारे में क्या बताएँगी? कहने लगीं कि मैं बता दूँगी। इस तरह से मैं उनके साथ कंजरों की बस्ती में गया।

'रेत' में एक मज़ेदार चीज़ है, भाभी और बुआ का कॉन्सेप्ट। जो महिला प्रोस्टीट्यूशन का काम नहीं करेगी और उसकी शादी हो जाए तो उसको 'भाभी' कहते हैं और जो लड़की आगे जाकर 'प्रोस्टीट्यूशन' में आएगी, उसको 'बुआ' कहते हैं। अब यह बुआ और भाभी का फ़र्क़ कैसे पता चले? एक दिन हुआ क्या कि मैं उनके साथ जब वहाँ गया, तो वहाँ हवेलीनुमा बहुत बड़ा मकान। आप देखकर दंग रह जाएँगे कि यह इन लोगों का मकान है।

वहाँ एक महिला थी जो चूल्हे पर रोटी बना रही थी। मैं जिनके साथ गया था, वह पूछती हैं, "सन्तो, ये सब लोग कहाँ गए हैं?" उसने कहा कि "दीदी, हरिद्वार गए हैं। फलाँ-फलाँ की अस्थियाँ लेकर, वो गुज़र गए थे।" उन्होंने पूछा, "तुम नहीं गईं?" उसने एक वाक्य कहा था, "दीदी, हमें कौन ले जाता है?" भाभी की यह दुर्दशा मैंने पहली बार जब वहाँ देखी तब मुझे बुआ व भाभी का फ़र्क़ नज़र

आया। जिसकी शादी हो जाए उसका काम है सिर्फ़ घर के काम सँभालना और बच्चे पैदा करना।

इस समुदाय में जैसे ही लड़की आठ-दस साल की होती है, उससे यह पूछा जाता है कि तुम बुआ बनोगी कि भाभी? इनमें से नब्बे फ़ीसदी लड़कियाँ कहती हैं कि हम तो बुआ बनेंगी। क्योंकि वे देखती हैं कि बुआ किस हिसाब से आर्थिक रूप से सक्षम होती है।

अ. शु. : स्त्रियाँ आपके यहाँ आती हैं, बाद के उपन्यासों में उनकी समस्याएँ भी आपके यहाँ हैं। लेकिन एक चीज़ मैंने देखी है जो कि ट्रेंड के उलट आपने किया है। अमूमन महिलाओं से जुड़ी जो चीज़ें आती हैं हिन्दी साहित्य में, ख़ासकर नारीवादी लेखन के बारे में, तमाम लोगों पर यह आरोप लगता है कि महिलाओं की समस्याओं पर बात करते हुए वे सेक्सुअलिटी पर बात करते हैं, जो कि बहुत ज्वलन्त मुद्दा है। जिस पर बहुत बात होती है, हो रही है। सेक्स का चित्रण लोग करते हैं। एज ए डिवाइस भी उसका इस्तेमाल करते हैं, कुछ प्रोडक्शन के दबाव के चलते भी। जो भी है, लेकिन आप इससे बचते हैं। आपके यहाँ वो बजबजाहट नहीं है जो अमूमन इस तरह के विषय को आधार बनाकर कथा-लेखन में होती है?

मु. व. : (हँसते हुए) ऐसे प्रसंगों में ये आनन्द नहीं लेते हैं!

भ. मो. : आपने बहुत अच्छा सवाल किया। अक्सर इसको लेकर मुझसे सवाल किये जाते थे, जब 'रेत' उपन्यास आया था, लोगों ने समीक्षाएँ लिखीं। जिन लोगों ने उपन्यास पढ़ा, उन्होंने बाक़ायदा ऐसी आठ से लेकर दस तक सम्भावनाएँ तलाशीं जहाँ सेक्स का चित्रण बिलकुल आसानी से हो सकता था। राजेन्द्र यादव जी तो कहते हैं कि साला जैसे ही लगता कि कुछ होगा, चुपचाप तुम पतली गली से निकल जाते हो। लेकिन ऐसा नहीं है कि मुझे पता नहीं था इस बात का। लेकिन ऐसे दृश्यों का अगर मैं चित्रण करता तो यह उपन्यास एक पोर्नोग्राफ़िक उपन्यास बनकर रह जाता, एन्थ्रोपॉलीजिकल नहीं रहता। इतनी गम्भीरता से इस पर चर्चा नहीं होती।

मु. व. : लेकिन नारी-विमर्श की तो यह माँग है।

अ. शु. : नहीं-नहीं, यह माँग नहीं है। नारी-विमर्श की माँग यह है कि आप इश्यू रेज़ कीजिए, उस पर बात कीजिए!

भ. मो. : नारी-विमर्श यह थोड़े ही कहता है कि आप पोर्नोग्राफ़ी लिखिए। मान लीजिए मैं ऐसा कर भी देता और इस उपन्यास की और चर्चा भी हो जाती, लेकिन गम्भीरता के साथ नहीं होती।

मु. व. : यह मेरी भी चिन्ता है। ऐसा हो रहा है। इससे आप बचे हैं। वही हम कह रहे थे कि आप बचे हुए हैं।

अ. शु. : एक और बात है कि इस तरह का विषय जब उठाते हैं, जैसे 'हलाला', जिस पर मुस्लिम इंटलेक्चुअल्स भी बहुत कम बात करते हैं। यह बहुत ही बारीक और तलवार की धार पर चलने जैसा है कि आप इस तरह के मुद्दों पर बात करें। आप पर यह आरोप भी लग सकता है कि इसके बारे में आप बहुत नहीं जानते, या अमूमन कह दिया जाता है कि आपको क्या पता हमारे रिचुअल्स के बारे में। हमारी ऐसी किताब के बारे में जिसको क्रिटिसाइज़ नहीं किया जा सकता। क्या इस तरह की कोई बात दिमाग़ में थी कि आप एक ऐसी चीज़ पर लिखने जा रहे हैं जो बहुत संवेदनशील है?

भ. मो. : आप यह बात कह सकते हैं, लेकिन 'बाबल तेरा देस में' में तलाक़, इन्नीन और अगर पति घर छोड़कर चला जाए जैसे मुद्दों पर बहुत बहस होती है औरतों के बीच। जन्नत को लेकर उसकी एक पात्र है मुमताज, वह अपनी परदादी को कहती है कि दादी, आओ मैं तुम्हें जन्नत के बारे में बताती हूँ।

अब जन्नत या स्वर्ग किसको बुरा लगता है? जो आदमी लगभग अपनी अन्तिम अवस्था में है वह तो चाहेगा ही। कहती है हाँ, सुना! अब वह सुनाती है कि दादी जन्नत में कबाब मिलेंगे। दादी जन्नत में शहद जैसी नदियाँ हैं, दूध जैसा पानी है। तो दादी बड़ी ख़ुश होती है कि हाँ भई, यह तो अच्छी जन्नत है। फिर वह कहती है कि दादी, जब जन्नत में जाते हैं तो वहाँ हूरें हैं, लाइन में लगकर खड़ी, उनकी तबाक़ थालियों में बड़े-बड़े मिष्टान्न होते हैं। जब आप जन्नत में जाते हैं तो वहाँ हूरें आपको हवा करेंगी। जब मुमताज बार-बार 'हूरें' कहती है तो दादी कहती है कि मुमताज, तू ई बता कि तू मर्दन की जन्नत के बारे में बात कर रही है कि औरतन के बारे में कर रही है? मैं तो अपने यहीं ठीक हूँ। अब देखिए, लेखक की यह कल्पना है।

दूसरी बात जो आपने कही मुद्दों को लेकर। ये संवेदनशील मुद्दे हैं ज़रूर लेकिन यह इस पर निर्भर करता है कि लेखक की मंशा और नीयत क्या है? यह बहुत महत्त्वपूर्ण है। इससे प्रचार-प्रसार मुझे भी मिल सकता था, ठीक है न। मगर मैंने ऐसा किया नहीं।

मु. व. : वैसे इसकी बहुत गुंजाइश थी।

भ. मो. : 'हलाला' को लेकर ऐसे आरोप भी लगे। फेसबुक पर लोगों ने यह तक कहा कि यह आदमी हमें बताएगा कि मुस्लिमों के लिए क्या ठीक है। देखिए, यह उपन्यास है। अभी इसका उर्दू में अनुवाद हुआ है। इसके अनुवादक हैं डॉ.

फारुख अंसारी, जो एन.सी.ई.आर.टी. में प्रोफ़ेसर हैं, जिन्होंने 'रेत' का भी उर्दू में अनुवाद किया है। उनको भी जब लोगों ने कहा तो उन्होंने कहा कि भाई, आप इसको धार्मिक पुस्तक की तरह क्यों देखते हो? इसको उपन्यास की तरह ही देखो। लेखक ने एक मुद्दा उठाया है, वह किस तरह से सोचता है उस मुद्दे को लेकर, आप उस पर बात करिए न, उस पर बहस करिए!

हमारे यहाँ दरअसल धार्मिक मसले इतने संवेदनशील होते हैं कि हर आदमी इनसे बचता है। आपने बहुत महत्त्वपूर्ण बात कही कि ऐसे मुद्दों पर हमारे मुस्लिम, जो हिन्दी के लेखक हैं, वो अक्सर बचते हैं।

मु. व. : उदारवादी मुसलमान भी?

भ. मो. : उदारवादी ही नहीं, जो अपने-आप को बहुत प्रगतिशील कहते हैं, जनवादी कहते हैं वे भी। मुकेश जी, मेरा तो यह मानना है कि सलमान रुश्दी या तसलीमा नसरीन बनना हर एक के वश की बात नहीं है। उसके लिए बहुत हिम्मत चाहिए। हिन्दी के जितने भी मुस्लिम लेखक हैं, आप उनका पूरा साहित्य देखिए अपने अतीत को बहुत ग्लोरीफ़ाई करते हैं।

मु. व. : ट्रेजडी के रूप में बताते हैं...

भ. मो. : मुझे एक चीज़ बताइएगा, हमारे हिन्दू समाज में जो सामाजिक व्याधियाँ हैं, या कुरीतियाँ हैं, क्या वो मुस्लिम समाज में नहीं हैं? वो कहाँ से आई हैं? वो आपके यहीं से आई हैं, लेकिन आप उन पर बात नहीं करते। अब तो तलाक़ या हलाला जैसे मुद्दे को लेकर सुप्रीम कोर्ट में पी.आई.एल. तक डाली हुई है मुस्लिम महिला संगठनों ने। मुस्लिम महिला संगठनों में तलाक़ को लेकर आजकल रोज़ाना बहस होती है। लेकिन यहाँ दुर्भाग्य से है क्या कि ऐसे मुद्दों पर हमारे समाचार चैनलों की मानसिकता यह है कि किसी भी धार्मिक मुद्दे पर चार हिन्दू धार्मिक गुरु बुला लेंगे, चार मुस्लिम। अब वहाँ जो बहस होती है, जिस फूहड़ता तक जाती है, वह कोई कंस्ट्रक्टिव बहस नहीं होती है, जैसी होनी चाहिए इन मुद्दों को लेकर।

अ. शु. : एक और बात है, आपने जो नाम रखे हैं कैरेक्टर्स के, ठीक वैसे हैं जैसे अनुराग कश्यप की फ़िल्म 'गैंग्स ऑफ़ वासेपुर' में हैं। जैसा उसमें परपेंडीकुलर है, डिफ़िनेट है। इस तरह के नाम आपके यहाँ भी मिलते हैं। इसमें एक शब्द बहुत इस्तेमाल हुआ है।

भ. मो. : 'टिसलफिस'। उसमें एक और नाम है 'लपरलेंडी'। नाम देखिए, बड़े विचित्र हैं। दरअसल क्या है, मैंने अपनी स्मृति-कथा में भी लिखा कि आपके यहाँ

बहुत सारे ऐसे नाम होते हैं। हमारे यहाँ भी जैसे बोसा, बंडू, टुंडा बड़े कॉमन नाम हैं। कई बार तो यह होता है कि आपको यही नहीं पता होता है कि इनका असली नाम क्या है। वही उनकी पहचान हो जाती है, उनके गुण-दोषों के आधार पर; जैसे 'लपरलेंडी' है। यह नाम कैसे आया? एक लड़का बहुत शैतानी करता था। हम घर के बाहर कुछ बात कर रहे थे। मेरे भाई ने अचानक उसको डाँटते हुए कि चुपकर लपरलेंडी कहीं के, इधर से उधर भागता फिर रहा है। तो देखिए, रचना को जो कुछ तत्त्व ताक़त प्रदान करते हैं, उनमें शीर्षक, पात्रों का चयन, उनके ट्रीटमेंट की महत्त्वपूर्ण भूमिका होती है।

मु. व. : आंचलिकता का भी आरोप लगा है कि आपके उपन्यास आंचलिक हैं। हालाँकि यह बात ज़्यादा चली नहीं?

भ. मो. : इसको मैं ऐसे कहता हूँ कि हमारे यहाँ शहरी क़िस्म का जो साहित्यिक-बोध है, ये उसकी दिक़्क़तें हैं। रही बात अंचल की तो मुकेश जी, आप किसी-न-किसी पृष्ठभूमि का तो चयन करेंगे ही?

मु. व. : पूरा हिन्दुस्तान आंचलिक है।

भ. मो. : एकदम सही। अलग-अलग अंचलों में पसरा हुआ है।

मु. व. : बुन्देलखंड पर लिखूँगा, वो आंचलिक है।

भ. मो. : सवाल इस बात का है कि जितनी भी मनुष्य से जुड़ी हुई समस्याएँ हैं, समाज से जुड़ी हुई समस्याएँ हैं, वो किसी अंचल विशेष की नहीं होती हैं, बल्कि हमारे पूरे समाज की होती हैं। मैं 'हलाला' की ही बात करूँ, तो क्या हलाला मेवात के मेव मुसलमानों की समस्या है। असल बात यह है कि मेवात में तो यह समस्या है ही नहीं। कोई जानता भी नहीं है इसको।

मु. व. : मेवात में कैसे नहीं है?

भ. मो. : नहीं है। देखिए, हलाला की जो रस्म है, वो ज़्यादातर मुस्लिम समुदाय में नहीं है। बहुत थोड़ी जगह है। इसीलिए उस पर इस तरह की बात उठाई जा रही है। मैं यह कह रहा हूँ कि अगर इसी उपन्यास की पृष्ठभूमि लखनऊ या भोपाल का मुस्लिम समाज होता, तब तो यह पूरे मुस्लिम समाज का उपन्यास बन जाता। मुझे लगता है कि किसी भी रचना के बारे में यह कह देना कि आंचलिक उपन्यास है, उसकी रेंज को ख़त्म करना है। रेणु के 'मैला आँचल' के बारे में ऐसा ही कहा गया। हालाँकि उन्होंने ख़ुद फ़्लैप पर लिखा कि यह आंचलिक है। मेरी नज़र में यह दरअसल किसी रचना का जनरलाइज़ेशन है।

मु. व. : मैं तो आपका नज़रिया जानना चाहता था, क्योंकि मेरे हिसाब से पूरा हिन्दुस्तान ही आंचलिक है। आप मथुरा पर लिखेंगे तो मथुरा की ज़मीन के बारे में लिखेंगे, तो वहाँ की बोली आएगी?

भ. मो. : हाँ, रचना को प्रामाणिक बनाने के लिए आप एक पृष्ठभूमि चुनते हैं, एक समाज चुनते हैं। मैं बार-बार मेवात का चयन क्यों करता हूँ। 'नरक मसीहा' में भी इस तरह के कुछ अध्याय हैं। जो एनजीओ मेवात में जाते हैं, तो यहाँ के पात्रों के संवाद मेवाती में ही होंगे न?

लिखित रचना और सिनेमा में फ़र्क़ है। रचना पूरी तरह वन मैन शो होती है। उपन्यास है, कहानी है, कविता है—उनमें जो भी आपको चित्रण करना है, संवाद बुलवाने हैं वो सब शब्दों का खेल होता है, जबकि सिनेमा में आप सब कुछ पर्दे पर देख रहे होते हैं। उसमें बहुत लोगों की भूमिका होती है।

मु. व. : मीडियम ही अलग है।

भ. मो. : बिलकुल। लेकिन बावजूद इसके सिनेमा के बाद अगर जिसको सबसे बड़ा लोकतांत्रिक माध्यम माना जाता है वह उपन्यास ही है। उपन्यास के बारे में तो यह भी कहा जाता है कि उपन्यास का उदय ही सामन्तवाद, शोषण और धार्मिक उन्माद के ख़िलाफ़ हुआ है।

मु. व. : इसी कड़ी में मैं यह पूछना चाहता हूँ कि आप जहाँ पर बहुत सालों से रह रहे हैं, मेरा मतलब है दिल्ली में रह रहे हैं, तो दिल्ली की पृष्ठभूमि को लेकर आपने कोई उपन्यास क्यों नहीं लिखा? जबकि दिल्ली इस मामले में बहुत सारी चीज़ों और नये समय को लेकर बहुत ही आन्दोलित है। बार-बार आप मेवात जाते हैं। दिल्ली की तरफ़ आपका ध्यान कब जाएगा?

भ. मो. : देखिए, दिल्ली में अकेला भगवानदास मोरवाल तो रहता नहीं है, मेवात का तो एक ही लेखक है भगवानदास मोरवाल। दूसरी बात, जो आप कह रहे हैं, कुछ चीज़ें ऐसी होती हैं जो रहने से भी लेखक के वश में नहीं होती हैं। जब तक व्यावहारिक रूप से, वो चीज़ें आपके व्यवहार में नहीं आएँ, केवल देखने-भर से काम नहीं चलता। मुकेश जी, मान लीजिए, इसी स्टूडियो पर अगर मुझे कुछ लिखना है तो मैं नहीं लिख पाऊँगा। मेरे सामने रखे इस माइक के अलावा, मुझे यह नहीं पता कि पैनल कंट्रोल किसको कहते हैं। जानकारी आपके लिए बहुत ज़रूरी है क्योंकि किसी भी रचना को विश्वसनीय और प्रामाणिक यही जानकारी बनाती है। जो विषय है, उस विषय की छोटी-छोटी बारीकियाँ। बीच-बीच में आप जैसे मित्रों का भी कहना होता है कि नहीं यार, तुम मेवात को मत छोड़ो, क्योंकि मेवात में आप ज़्यादा रमते हो।

मु. व. : मेवात के प्रति आपका प्रेम बहुत झलकता है। वो आपकी जन्मभूमि होगी?

भ. मो. : हाँ, मेरी जन्मभूमि है और मेरा तो यह मानना है कि हर लेखक के साथ ऐसा ही होता है।

मु. व. : लेकिन अधिकतर लेखक अपनी मातृभूमि से थोड़े विमुख हो जाते हैं। नई जगह, नई संस्कृति के मोह में कितने मध्यवर्गीय लेखकों ने अपने मूल स्थान को छोड़ दिया तथा दिल्ली और दुनिया-भर के बारे में ज़्यादा लिखते रहे। मेवात आपको क्यों आकर्षित करता है?

भ. मो. : उसकी एक बड़ी वजह है। एक तो मेवात मुस्लिम बाहुल्य क्षेत्र है। हिन्दू बाहुल्य क्षेत्र नहीं है। अगर वो हिन्दू बाहुल्य क्षेत्र होता तो मैं शायद उस पर नहीं लिख पाता। चूँकि मेवात का जो सांस्कृतिक गौरव है, मैं उसे थोड़ा इस तरह स्पष्ट करना चाहता हूँ कि सन्तोष चौबे जी के उपन्यास में एक सूक्त वाक्य के रूप में मुझे एक बहुत अच्छी बात लगी कि 'हमारे यहाँ ज़्यादातर ज़ोर राजनीतिक इतिहास पर रहा है। सांस्कृतिक इतिहास पर हमने ज़ोर ही नहीं दिया। जबकि किसी भी समाज की, किसी भी देश की, राष्ट्र की जो सबसे मज़बूत बुनियाद होती है वह उसका सांस्कृतिक पक्ष होता है।' मेरा भी ऐसा ही मानना है कि सांस्कृतिक पक्ष में ही समाज की जीवन-गाथाएँ, उसके लोक-संघर्ष, उसके आचार-व्यवहार होते हैं। दरअसल, समाज इन्हीं सबसे मिलकर बनता है न!

तो उस मेवात के बारे में, जिस मेवात के बारे में गांधी जी ने 1947 में चम्पारन में कहा था, जब पार्टीशन की बात चल रही थी कि—"मेव क़ौम जैसी बहादुरी, निडरता अगर पूरे मुल्क के मुसलमानों में पैदा हो जाए, तो मैं चौबीस घंटे में इस मुल्क को आज़ाद करा सकता हूँ।" यह वही मेवात है, जिस मेवात के अन्तिम शासक हसन खाँ मेवाती ने बाबर के कहने के बावजूद, राणा सांगा के साथ मिलकर बाबर के ख़िलाफ़ लड़ाई लड़ी थी। उसने कहा था कि—"मैं एक बाहर से आनेवाले आततायी का साथ नहीं दूँगा।" और उसी खानवा की जंग में वह शहीद भी हुआ था। यह वही मेवात है, जहाँ आज भी रीति-रिवाज़ काफ़ी हद तक हिन्दुओं से मिलते-जुलते हैं।

एक लेखक की सबसे बड़ी भूमिका क्या होती है, मुकेश जी? यही कि हम जिस समाज में रहते हैं, एक लेखक होने के नाते उसकी कुछ ज़िम्मेदारियाँ तय होती हैं। क्योंकि मेरा अपना यह मानना है कि आज भी हमारा समाज सबसे ज़्यादा अगर भरोसा करता है तो अपने लेखक पर ही करता है। लेखक से उसकी बहुत सी रचनात्मक उम्मीदें होती हैं। आप जो कह रहे हैं कि आप मेवात को क्यों लेते हैं? मैं जानता हूँ कि मेवात पर इससे पहले इस तरह का काम नहीं हुआ, जो होना चाहिए था। एक तरह से कहना चाहिए कि मेरे ऊपर अपने मेवात का जो क़र्ज़ है, उससे मुक्त होने की यह छोटी-सी कोशिश है।

कितने लोगों को पता है कि ब्रज के कवि अब्दुर्रहीम ख़ानख़ाना की माँ इसी हसन खाँ मेवाती की भतीजी थीं? इसलिए मैं तो उसको ब्रज का कवि नहीं, मेवाती का कवि कहता हूँ। ब्रज और मेवाती में कोई बहुत फ़र्क़ नहीं। ऐसे सैकड़ों उदाहरण हैं। मेवात के बारे में तो यह तक कहा जाता है कि मेवों के डर से दिल्ली के दरवाज़े शाम को बन्द हो जाया करते थे।

वर्तमान में जहाँ इस देश के एक समुदाय विशेष पर आप यह आरोप लगाते हैं कि इनकी वजह से एक दूसरा समुदाय पलायन कर रहा है और उसको आप दूसरा रंग देने की कोशिश कर रहे हैं—कहना चाहिए कि एक झूठ फैला रहे हैं। जबकि लेखक का काम अपने शब्दों से, अपनी रचनाओं से इस झूठ के गर्भ में जो सच्चाइयाँ हैं, उनको उद्घाटित करना है। हालाँकि मैं जानता हूँ कि बावजूद इसके आज अगर कोई मुझसे 'काला पहाड़' लिखने के लिए कहे, तो मैं 'काला पहाड़' उस तरह से आज लिख ही नहीं सकता क्योंकि वो मेवात अब है भी नहीं।

दरअसल दिक़्क़त क्या है? शहरों में जो लेखक बस गए, मान लीजिए मैं अगर 1981 में गाँव से निकलकर दिल्ली आया अपनी विवशता के चलते, तो मेरे मन में जो मेरा गाँव-देहात है वह 1981 वाला है। ज़्यादातर हम लेखकों के साथ यही दिक़्क़त है। हम जानने की कोशिश ही नहीं करते कि अब गाँव-देहातों की स्थितियाँ क्या हैं।

हालत यह है कि आप शहर में अपने पड़ोसी से बग़ैर दोस्ती या दुश्मनी के रह सकते हैं, लेकिन गाँव-देहातों में आपको अपने पड़ोसी से या तो दोस्ती रखनी पड़ेगी या दुश्मनी। सामन्तवाद, जातिवाद, शोषण, करप्शन आप वहाँ जाकर देखिए। शहर में तो आपके पास फिर भी विकल्प हैं, मगर वहाँ कोई विकल्प नहीं है। मैं एक और बात कहता हूँ कि पूँजीवाद-बाज़ारवाद भी एक ज़रूरत है एक मनुष्य की, एक समाज की ज़रूरत है, क्योंकि कई बार ख़ाली नैतिकता से भी काम नहीं चलता। आप यह बताइए कि इनफ़ॉर्मेशन टेक्नोलॉजी का अगर विस्तार नहीं होता, तो आज जो पलायन करके गाँव-देहात से शहर में आया है, वह रोज़ाना अपने बच्चों से बात कर पाता?

एक बात—'विस्थापन' और 'पलायन' ये दो शब्द हैं। हमारे यहाँ दरअसल विस्थापन को ही पलायन और पलायन को विस्थापन समझ लेते हैं; जबकि दोनों अलग-अलग बातें हैं। आदमी अपनी ज़रूरत के हिसाब से अपनी ज़मीन को छोड़ता है, अपनी जड़ों को छोड़ता है तो वह पलायन है; और विस्थापन, जब किसी को आप ज़बर्दस्ती वहाँ से धकेलते हैं। तो यह कहना कि विस्थापन बहुत बड़ी समस्या है तो पलायन भी एक समस्या है, पर पलायन के कारण दूसरे हैं। इन दोनों में यह फ़र्क़ है कि पलायन आदमी अपनी मर्ज़ी और अपनी ज़रूरतों के हिसाब से करता है।

ऐसा क्या हुआ कि अस्सी के दशक में जो भगदड़ मची थी पलायन के नाम पर, वो ख़ाली मध्य प्रदेश, हरियाणा या राजस्थान में नहीं मची थी, यह लगभग

पूरे देश में हुआ था। पिछले लगभग डेढ़ दशक तक रोज़गार पैदा नहीं हो रहे थे। जो मानसून था, वो लगभग 1981 के बाद समाप्त हो गया था। फ़सल पैदा नहीं हो रही थी, रोज़गार नहीं था, लोगों के सर्वाइवल के लाले पड़ रहे थे। शहर में तो आपको आसानी से सब कुछ मिल जाता है, आप गाँव में जाएँगे आपको दूध भी नहीं मिलेगा। मैं मेवात को, ख़ाली 'मेवात' के रूप में नहीं देखता हूँ, मैं मेवात को एक प्रतीक के रूप में भी देखता हूँ। हमारे गाँव-देहातों में तेज़ी से स्थितियाँ बदल रही हैं। सबसे भयानक हैं राजनीतिक स्थितियाँ। आप जाकर देखिए पंचायतों के चुनावों में। मैं तो इसीलिए कहता हूँ कि राजनीति की जो पहली नर्सरी है वह पंचायत चुनाव है। सामन्तवाद देखिए जाकर! जातिवाद देखिए जाकर वहाँ!

मु. व. : अब आपसे अगर हाल-फ़िलहाल की चर्चा करें। आपने हाल में कुछ उपन्यास पढ़े होंगे इन दो-चार साल के दौरान। आपको कौन से उपन्यास बहुत अच्छे लगे?

भ. मो. : मैं ईमानदारी से कहूँ कि मैं कुछ नौकरी के चलते या दूसरे कारणों के चलते इतना पढ़ता नहीं, यानी इतना समय नहीं होता। हाल-फ़िलहाल की बात अगर हम करें और पिछले पाँच-छह साल की बात करें, तो मुझे यह लगता है कि पिछले लगभग दो-ढाई दशकों में जो सबसे अच्छा उर्वर समय रहा है उपन्यासों के लिए, वो 1999 से लेकर 2005 तक के आसपास का रहा है। छह साल का यह छोटा-सा वक़्फ़ा ऐसा रहा है कि हिन्दी के सारे महत्त्वपूर्ण उपन्यास और अच्छे व पृथुल उपन्यास इसी दौर में आए हैं। उसके बाद अचानक आए छोटे-छोटे उपन्यास, जो कि अभी तक चला आ रहा है। इसलिए यह कहना कि 'महत्त्वपूर्ण उपन्यास' कौन से हैं यह उपन्यास की कथावस्तु पर ज़्यादा निर्भर करता है कि आपने विषय क्या लिया है।

मैं तो सबसे ज़्यादा किसी भी उपन्यास या रचना की सार्थकता उसको मानता हूँ जो एक पाठक को समृद्ध करे। उसके मानस में कुछ ऐसी चीज़ें लाए जो उसको उत्तेजित करे, उद्वेलित करे, बेचैन करे। दरअसल, हमारे यहाँ हिन्दी में बार-बार कुछ आरोप लगते हैं, हालाँकि आरोप लगाना बहुत आसान है। अगर कोई लेखक शास्त्रीय संगीत पर उपन्यास लिख रहा है तो वही लिखेगा, जिसे इसकी समझ होगी। ऐसा नहीं है कि कोई भी शास्त्रीय संगीत पर उपन्यास लिख दे। शास्त्रीय संगीत पर सन्तोष चौबे जी ही उपन्यास लिख सकते हैं। दरअसल यह स्मृतियों का भी मामला है।

मु. व. : क्या बात है! बिलकुल ठीक जोड़ा आपने!

भ. मो. : किसी की स्मृतियाँ किसी विधा विशेष को लेकर होंगी तो उसमें विविधताएँ होंगी, तो यही विविधताएँ अलग-अलग रूपों में, रचनाओं के रूप में भी आती हैं। हर लेखक से हर विषय पर अपेक्षा करना बेमानी होगा। मैं कई बार देखता हूँ एक

लेखक के रूप में, ख़ासतौर से उपन्यास लेखक के रूप में, मैं इसको आपको बयान नहीं कर सकता कि एक उपन्यासकार अपने शोध में कितनी मेहनत करता है।

मु. व. : आपकी मेहनत 'काला पहाड़' और 'रेत' में तो दिखती है। लगभग वो डाक्युमेंटेशन हैं।

भ. मो. : 'नरक मसीहा' में भी आपको क्या लग रहा है? कई बार दिक़्क़त क्या होती है कि कुछ ऐसे विषय होते हैं, कुछ ऐसे मसले होते हैं जिनको हम रोज़ाना देखते हैं, जब वो उपन्यास या रचना के रूप में हमारे सामने आते हैं, तो वो आपको ज़्यादा आकर्षित नहीं करते। आपको आकर्षित वह करता है जिसके बारे में आप नहीं जानते हैं। हमारा बहुत बड़ा पाठक-वर्ग है, इसलिए एक रचना जो आपको पसन्द आती है ज़रूरी नहीं है कि वही रचना दूसरे को भी पसन्द आए।

हमारे यहाँ एक चीज़ बहुत विचित्र है, जैसे अक्सर मुझसे एक सवाल किया जाता है कि आप एक उपन्यास लिखते हैं और दूसरे की तैयारी कर देते हैं। देखिए, हमारे यहाँ एक शब्द चलता है साहित्य में 'रचना-प्रक्रिया' और अक्सर उसको सवाल के रूप में पूछा भी जाता है। कोई मुझसे जब यह कहता है कि आपकी रचना-प्रक्रिया क्या है, तो यह सवाल मुझे बड़ा असहज करता है। रचना-प्रक्रिया ख़ाली काग़ज़ और कलम ही का खेल नहीं है। रचना-प्रक्रिया वो भी है कि अगर मैं आज आपसे बात कर रहा हूँ तो जो मैं उपन्यास लिख रहा हूँ 'नौटंकी' पर, मेरे दिमाग़ में उसके पात्र इस समय भी संवाद कर रहे हैं। वो कहीं-न-कहीं कुलबुला रहे हैं अब भी।

मु. व. : कुछ बड़ा चल रहा है, कुछ घट रहा है?

भ. मो. : बिलकुल, यह भी रचना-प्रक्रिया है। तो जिस रचना पर आप काम कर रहे हैं उसके पात्रों को सँभालना पड़ता है। यानी किसी भी उपन्यासकार के लिए सबसे मुश्किल काम होता है अपने पात्रों को सँभालना।

मु. व. : अब आपसे एक प्रश्न पूछूँ, क्योंकि मैं कथाकार भी हूँ तो यह मेरी चिन्ता का विषय भी होना चाहिए। आपने कहानियाँ लिखना क्यों छोड़ा? उसी के साथ-साथ यह भी कि आपकी स्मृति-कथा जो आ रही है 'पकी जेठ का गुलमोहर', यह कोई लम्बी कथा होगी, संस्मरण होगा या उपन्यास ही होगा? किस शेप में आएगा?

भ. मो. : मैं पहले कहानियों पर बात करूँ। कई बार होता है कि जब एक लेखक लिखता है तो वह अपने लेखन की कविताओं से शुरुआत करता है। शुरू में हर लेखक को यह लगता है कि कविता बहुत आसान विधा है। जबकि मेरा मानना है कि कविता सबसे मुश्किल विधा है। इसीलिए कविता को 'फ़ाइन आर्ट्स' कहा

जाता है। मैंने भी कविताएँ लिखी हैं। मेरा भी 'दोपहरी चुप है' शीर्षक से कविता-संग्रह आया है। फिर धीरे-धीरे कहानियाँ लिखनी शुरू हुईं। फिर जब मैंने उपन्यास लिखना शुरू किया तो पता चला कि उपन्यास-लेखन पूरा वक़्त माँगता है। दूसरी बात, मैं होल टाइम लेखक नहीं हूँ, मैं एक पार्ट टाइम लेखक हूँ।

मु. व. : फिर आप किस तरह मैनेज करते हैं?

भ. मो. : मैनेज करना पड़ता है। लेखन में कोई एक्सक्यूज़ नहीं चलता। कहानी लिखना इसलिए भी बन्द हो गया कि उपन्यास से फ़ुर्सत नहीं मिलती।

मु. व. : आप चर्चित उपन्यासकार हो गए इसलिए?

भ. मो. : नहीं। आप जैसे कुछ मित्रों ने ही कहा कि कहानी लिखना छोड़ दीजिए, आप उपन्यास में ही ज़्यादा रमते हैं।

मु. व. : हाँ, यह प्रवृत्ति भी है। एक व्यापक फ़लक है।

भ. मो. : दरअसल, उपन्यास लेखन की जो कुछ बुनियादी शर्तें होती हैं, आपको अगर वे समझ में आ जाएँ तो आपको थोड़ी आसानी हो जाती है। लगभग पाँच उपन्यास के बाद मुझे अब यह समझ आ गया है कि पाठक क्या चाहता है। पाठक की ज़रूरत क्या है। कैसी सामग्री इकट्ठी करनी चाहिए, कैसे उसको लिखना चाहिए, कैसे शुरू करना चाहिए क्योंकि यह बहुत वक़्त लेनेवाला काम है। दूसरा, आपने स्मृति-कथा के बारे में पूछा। देखिए, हमारे यहाँ दो-तीन विधाएँ हैं जैसे जीवनी और आत्मकथा। हर लेखक चाहता है कि वह अपनी आत्मकथा लिखे। लेकिन आत्मकथा लिखना बहुत साहस का काम है। उसमें बहुत ईमानदारी की ज़रूरत है।

एक बार किसी ने अज्ञेय से पूछा कि आप अपनी आत्मकथा क्यों नहीं लिखते और भी लेखक लिखते हैं। इस पर उन्होंने जवाब दिया कि "अगर मुझे झूठ लिखना होगा तो मैं आत्मकथा लिखूँगा और अगर मुझे सच लिखना होगा, तो फिर मैं कहानियाँ-उपन्यास ही लिखूँगा।" क्योंकि कहानी-उपन्यास में जो कल्पनाशीलता लेखक की होती है, उससे उस रचना को वह और धारदार बना देता है।

एक और बात, हमारे जीवन में बचपन से लेकर घर-परिवार, पास-पड़ोस, स्कूल-कॉलेज या जहाँ आप काम करते हैं, ऐसे बहुत सारे पात्र होते हैं, ऐसी बहुत सारी घटनाएँ होती हैं, जो कभी आपकी रचनाओं का हिस्सा नहीं बन पातीं; स्मृति-कथा को मैंने इसीलिए चुना। दूसरा क्या है कि आत्मकथा दरअसल आत्मश्लाघा और आत्म-प्रवंचना से भरी होती है। आपको छह साल पहले की घटना तो याद नहीं रहती, आपको वो याद रहता है जब पाँच साल के थे।

मु. व. : अब लोग भरोसा भी नहीं करते।

भ. मो. : स्मृति-कथा में एक सुविधा यह होती है कि आप पाठकों की ज़रूरत के हिसाब से अपने रोचक संस्मरणों को शब्दबद्ध कर सकते हैं। स्मृति-कथाओं को या ऐसी संस्मरणात्मक रचनाओं को पाठक बहुत शौक़ से पढ़ता है। इसलिए पढ़ता है कि आज जहाँ लेखक है, वह उस रचना को उसकी विकास-यात्रा के रूप में देखता है।

इस तरह से मैंने यह कोशिश की है। इसमें क़िस्सागोई को उसी तरह रचा गया है जैसे उपन्यास में रचता हूँ। जैसे मैंने बताया है कि मैं पाँचवीं-छठी क्लास में जब पढ़ता था, तो मैं अपने पड़ोस में एक लड़की की चिट्ठियाँ लिखता था। उसमें इस तरह की घटनाओं को मैंने कुछ फ़िल्मों से, कुछ और प्रसंगों से सामयिक बनाने की कोशिश की है। उसमें मैंने अपने नज़रिये को भी डालने की कोशिश की है।

मु. व. : सीधा-सीधा, सपाटबयानी?

भ. मो. : फिर पाठक क्यों पढ़ेगा उसको? क्योंकि रोचकता तो चाहे उपन्यास हो या संस्मरण, दोनों में होनी चाहिए।

मु. व. : आपके बारे में यह भी कहा जाता है कि आप अपने उपन्यासों की, अपनी रचनाओं की प्रॉडक्ट के तौर पर मार्केटिंग करते हैं।

भ. मो. : हाँ, बिलकुल करता हूँ। बल्कि मैं तो कहता हूँ, क्यों नहीं करना चाहिए! आप देखें कि लेखक रचना देता है प्रकाशक को। तो यह ज़िम्मेदारी होती है प्रकाशक की कि वह उसका प्रचार करे।

मु. व. : वो नहीं करता है?

भ. मो. : देखिए, हमारे यहाँ जो प्रकाशक नाम की जमात है, हम उसको दरअसल साहित्य-प्रेमी मानने का भ्रम पाल लेते हैं कई बार। जबकि वह साहित्य-प्रेमी नहीं होता है। वह तो विशुद्ध रूप से व्यवसायी है। वह किसका प्रचार करेगा? वह उसी का प्रचार करेगा जो लेखक किसी सत्ता के केन्द्र में या उसके इर्द-गिर्द बैठा हो या जिससे कहीं फ़ायदा होता हो। यहाँ आपका इशारा सोशल मीडिया की तरफ़ है। मैं तो कहता हूँ कि सोशल मीडिया ने कम-से-कम उस आलोचक, जिसके भरोसे हम रहते थे, उसका वर्चस्व ख़त्म किया है। उस पर निर्भरता को चुनौती दी है।

मु. व. : यह बात तो मानता हूँ मैं।

भ. मो. : आज अगर सबसे ज़्यादा सन्देह के घेरे में है, तो हमारी आलोचना है। जैसे मैं सन्तोष चौबे जी के बारे में बार-बार इस बात को कहता हूँ कि कोई भी आलोचक

शास्त्रीय संगीत की पृष्ठभूमि पर लिखे गए उस उपन्यास को पढ़ेगा तो उसे शास्त्रीय संगीत की समझ होनी चाहिए। जब उसे आलाप का ही अर्थ नहीं पता, द्रुत का ही नहीं पता, झाला का नहीं पता, विलम्बित का नहीं पता तो उसकी आलोचना क्या करेगा? वह घूम-फिरकर शिल्प, संवेदना और भाषा पर ही बात करेगा।

इसलिए मैं अगर अपने उपन्यासों का प्रचार प्रॉडक्ट की तरह करता हूँ तो इसलिए करता हूँ कि मैं अपनी रचना को जानता हूँ। जैसे जब मैं टाई लगाता हूँ सर्दियों में, लोग कई बार मज़ाक करते हैं कि क्यों गुरु टाई लगाई हुई है! मैं टाई तीन वजह से लगाता हूँ—पहली बात, मुझे लगाने का थोड़ा-सा शौक़ है। ग्रामीण परिवेश का आदमी हूँ। भले ही आदमी शक्ल-सूरत से चाहे कितना ही बदसूरत क्यों न हो, अपनी शक्ल पर उसे बड़ा गर्व होता है। वह सुन्दर दिखना चाहता है। इसलिए एक तो मुझे उसका शौक़ है, दूसरा वो सर्दी रोकती है, और तीसरी बात यह कि मुझे लगानी आती है।

यही तकनीक का मामला है। मैं सोशल मीडिया का प्रॉडक्ट के रूप में अपनी रचनाओं के प्रचार-प्रसार के लिए इस्तेमाल करता हूँ क्योंकि मुझे वह तकनीक आती है! फोटो को कहाँ से और कैसे क्रॉप करना है, मुझे आता है। कैसे एनलार्ज करना है, मुझे पता है। कंट्रास्ट कितना देना है, मुझे पता है। फोटोशॉप में जाकर किस तरह से उस फोटो को छोटा, बड़ा या काट-पीटा जाता है, वह मुझे आता है।

मु. व. : इसका परिणाम यह हुआ कि एक सामान्य पाठक भी आपको जानता है और वह सोचता है कि भगवानदास मोरवाल का यह उपन्यास कहाँ मिलेगा या किधर होगा?

भ. मो. : सोशल मीडिया का तो मैं शुक्रगुज़ार हूँ। मुझे सचमुच धन्यवाद करना चाहिए तकनीक का और सोशल मीडिया का। ख़ासतौर से तब से जब से 'नरक मसीहा' आया है, सबसे ज़्यादा मैंने इस मंच का इस्तेमाल किया है 'नरक मसीहा' के प्रचार में और वह आज तक चला आ रहा है। उसका नतीजा यह हुआ कि 'नरक मसीहा' की चार-पाँच समीक्षाएँ आ गई हैं। जबकि 'हलाला' को छह महीने होने जा रहे हैं, उसकी एक समीक्षा नहीं आई है। 'नरक मसीहा' का एक साल होते ही दूसरा एडीशन आ गया और चार महीने में 'हलाला' की 750 कॉपी बिक चुकी हैं। इसका श्रेय किसी समीक्षक को नहीं, फेसबुक को जाता है। मैं बार-बार चीज़ों को अपडेट करता रहता हूँ। और देखिए कि यह मेरी कल्पनाशीलता है कि मैं प्रचार के लिए कैसे अवसर तलाश लेता हूँ।

मु. व. : यह तो ख़ैर आपको शोभा भी देता है और आप उसको कर सकते हैं?

भ. मो. : बात शोभा की नहीं है। हमारे यहाँ कहते हैं कि लेखक को यह सब नहीं करना चाहिए। मैं पूछता हूँ कि क्यों नहीं करना चाहिए?

मु. व. : एक अच्छी रचना के लिए आप ऐसा करते हैं, यह तो ठीक बात है। अब जब दूसरे घटिया लेख़क इस शिल्प-शैली को अपना लेंगे, तब तो बड़ी मुसीबत हो जाएगी।

भ. मो. : इसमें दो तरह की बातें हैं—पहली, आप जो प्रचार कर रहे हैं, आप इसलिए नहीं कर रहे हैं कि आपको अपनी रचना का प्रचार करना है। आप इसलिए करते हैं कि प्रकाशक प्रचार पर इतना ध्यान नहीं दे पाता है। दूसरी मैं कहता हूँ कि अगर यही काम प्रकाशक करना शुरू कर दें तो लेखक को क्या ज़रूरत है। दरअसल, हिन्दी का लेखक बहुत ही सन्तोषी प्राणी होता है। उसकी इच्छाएँ बहुत बड़ी नहीं होती हैं।

मु. व. : आपके इन प्रयासों से आपके सहकर्मी लेखक ख़ासे नाराज़ होते होंगे?

भ. मो. : होते रहें। मैं इसमें क्या कर सकता हूँ। अगर मैं 'काला पहाड़' को छोड़ दूँ, तो मेरे जितने भी उपन्यास आए हैं, सबकी भूमिकाएँ या फ़्लैप मैंने ख़ुद ने लिखे हैं। मैंने किसी लेखक से नहीं लिखवाए। क्योंकि मेरा यह मानना है कि अपनी रचना के बारे में लेखक से ज़्यादा दूसरा नहीं जानता।

मु. व. : अच्छा यह बताएँ कि आप भोपाल तो आए होंगे, लेकिन इस बार आप एक अलग अन्दाज़ में आए हैं। आपको यहाँ का माहौल कैसा लगा? यहाँ के लोग कैसे लगे? हम लोगों के साथ जो आप रहे, मेरा छोड़ दीजिए और भी दूसरे लोग जो रहे। दूसरा, यहाँ का परिवेश आपको कैसा लगा और क्या आप फिर दुबारा हम लोगों के पास आना पसन्द करेंगे?

भ. मो. : मेरा यह मानना है बल्कि कई बार बड़ी ईर्ष्या भी होती थी या होती है कि भले ही हम दिल्ली में रहें, लेकिन साहित्य-कला-संस्कृति दिल्ली से ज़्यादा अगर बची हुई है तो वह दूसरे शहरों में बची हुई है। हालाँकि अब उस तरह की व्याधियाँ इनमें भी प्रवेश कर गई हैं। मेरा मानना है कि हिन्दी साहित्य को अगर बचाया हुआ है तो सिर्फ़ दो-तीन राज्यों ने बचाया हुआ है। पहला बिहार, दूसरा पूर्वी उत्तर प्रदेश और तीसरे नम्बर पर मैं मध्य प्रदेश को मानता हूँ। प्राकृतिक सौन्दर्य और साहित्यिक दृष्टि से यहाँ एक भरी-पूरी परम्परा रही है। वह बात दूसरी है कि इतनी समृद्ध परम्परा होने के बावजूद, माफ़ करना, मैं यह बात आज कह रहा हूँ खुल्लमखुल्ला कि हमारे यहाँ जो एक क्षेत्र विशेष का लेखक समुदाय है, वो इसको उस सहृदयता से स्वीकार नहीं करता है। कहना चाहिए कि हिन्दी साहित्य जिन चीज़ों के ख़िलाफ़ लड़ता रहा है, जैसे क्षेत्रीयता, जातिवाद वही सबसे ज़्यादा आज हिन्दी साहित्य में नज़र आ रहा है। इसलिए यह उसी का नतीजा है कि हमारे यहाँ जो पुरबिया कल्ट है, जिसमें ईस्टर्न यू.पी. और बिहार के लेखकों का जिस तरह

से तेज़ी से दबदबा होता जा रहा है, जिसको कहना चाहिए कि पूरी तरह भोजपुरी, जिसको अन्तरराष्ट्रीय 'भाषा' कहा जाने लगा है—जो दूसरी बोलियों की तरह ही महज़ एक बोली है—को एक रणनीति के तहत भाषा के रूप में स्थापित करने का प्रयास किया जा रहा है।

मु. व. : आपकी बात की मैं इसलिए पुष्टि करता हूँ कि मध्य प्रदेश में भोजपुरी अकादमी है, लेकिन यहाँ मालवी या बुन्देलखंडी अकादमी नहीं है।

भ. मो. : इसलिए कि आपके लोग उनकी तरह सत्ता में नहीं हैं।

मु. व. : मैं आपका बहुत-बहुत धन्यवाद करता हूँ। आपके साथ एक बहुत ही अच्छी, रोचक बातचीत हुई, बहुत आत्मीय क़िस्म की और आमतौर पर जिस तरह के साक्षात्कार या इंटरव्यूज़ होते हैं, उनसे हटकर हम लोगों ने बहुत खुले दिल से चर्चा की। मैं आपके सुखद भविष्य की बहुत-बहुत शुभकामनाएँ देता हूँ। इंशाअल्लाह आपसे मिलेंगे दुबारा। बहुत-बहुत धन्यवाद।

(6 जुलाई, 2016, आईसेक्ट स्टूडियो, भोपाल, मध्य प्रदेश)

साभार : *शब्द, ध्वनि और दृश्य;* सम्पादक सन्तोष चौबे

कुछ तथाकथित वामपन्थी रातोंरात हिन्दूवादी-राष्ट्रवादी बन गए

अटल तिवारी की बातचीत

अटल तिवारी : आपके हालिया प्रकाशित उपन्यास 'नरक मसीहा' की काफ़ी चर्चा हो रही है। उपन्यास एनजीओ की भीतरी दुनिया के जाल-फ़रेब, ज़मीन-मालिक से भूमिहीन होते किसानों और तमाशाई मीडिया की भी ख़बर लेता है। चर्चा केवल एनजीओ को केन्द्र में रखकर की जा रही है, क्या इससे आप सन्तुष्ट हैं?

भगवानदास मोरवाल : नहीं, एनजीओ संस्कृति तो केवल एक कथावस्तु है जिसको उसकी अनेक कथाएँ-उपकथाएँ एक बड़ी नदी का रूप प्रदान करती हैं। मेरी दृष्टि में इस उपन्यास को लेकर जो प्रतिक्रियाएँ आ रही हैं, वे तात्कालिक प्रतिक्रियाएँ हैं। असल मुद्दा यह है कि इस संस्कृति के पनपने से हमारे सांस्कृतिक, राजनीतिक और आर्थिक पक्षों पर क्या असर हो रहा है। हमें देखना यह है कि इस संस्कृति के हावी होने से हमारी वैचारिक प्रतिबद्धता का कितना क्षरण हुआ है। इसके पनपने से हमारे जनान्दोलनों को कितना नुक़सान हुआ है और सबसे बड़ी बात, नव साम्राज्यवादी मानसिकता को अन्दर-ही-अन्दर पोषित करनेवाले नरक मसीहाओं द्वारा किस तरह ग़रीबी का बाई-प्रॉडक्ट की तरह इस्तेमाल किया जा रहा है। हिन्दी पट्टी का सबसे बड़ा दुर्भाग्य यह है कि यहाँ हर विषय का सरलीकरण कर दिया जाता है। रचना की आन्तरिक परतों में घुसने का साहस और रिवाज़ लगभग समाप्त हो चुका है। जैसाकि आपने अपने सवाल में ख़ुद एनजीओ की भीतरी दुनिया के जाल-फ़रेब, ज़मीन-मालिक से भूमिहीन होते किसानों और तमाशाई मीडिया की ख़बर लेने की बात की है। तो क्या एनजीओ के बहाने ऐसे गम्भीर मुद्दों पर बात नहीं होनी चाहिए? मेरा मानना है कि लेखक से बड़ी ज़िम्मेदारी और तैयारी आलोचक की होनी चाहिए, मगर हिन्दी में अब ऐसा नहीं होता।

अ. ति. : 'नरक मसीहा' में आपने तथाकथित गांधीवादियों, वामपन्थियों, अम्बेडकरवादियों, नारीवादियों आदि को पतनशील कार्यों में लिप्त दिखाया है।

एक तरह से उपन्यास यह सन्देश देता है कि आचरण के स्तर पर युवाओं के लिए मूल्य, संस्कार और विचारधारा के ख़ास मायने नहीं रह गए हैं। इसके पीछे आप कौन से कारकों को ज़िम्मेदार मानते हैं?

भ. मो. : आप कह रहे हैं कि उपन्यास में गांधीवादियों, वामपन्थियों, अम्बेडकरवादियों, नारीवादियों आदि को पतनशील कार्यों में लिप्त दिखाया गया है। दरअसल, काम कोई भी पतनशील नहीं होता। पतनशीलता हमारी मानसिकता, नीयत और सोच में होती है वरना जिस कल्याण की भावना को गांधी जी एक मिशन कहा करते थे वह पिछले तीन दशकों में बड़ी तेज़ी से 'व्यवसाय' में कैसे तब्दील हो गया? मेरा मानना है कि इस कल्याणकारी भावना पर सबसे ज़्यादा चोट हमारी तथाकथित वैचारिक प्रतिबद्धता चाहे वे गांधीवादी रहे हों या वामपन्थी, अम्बेडकरवादी हों या नारीवादी, इन्होंने ही की है। वैचारिकता तो आज के समय में एक लिबास का काम करने लगी है जो सुविधा, समय और ज़रूरत के हिसाब से बदल जाती है। आपने उपन्यास के उस मूल स्वर को पकड़ लिया है कि आचरण के स्तर पर युवाओं के लिए मूल्य, संस्कार और विचारधारा के ख़ास मायने नहीं रह गए हैं। रही बात इसके पीछे के कारकों की तो मुझे लगता है कि प्रतिबद्धता का सीधा सम्बन्ध हमारे जीवन-मूल्यों और जीवन-संघर्षों से होता है। ज़्यादातर पात्र भारतीय उपमहाद्वीप ख़ासकर दक्षिण एशियाई निम्न-मध्यवर्गीय समाज से आते हैं। ऐसे निम्न-मध्यवर्गीय समाज से जहाँ बचपन से लेकर युवावस्था का समय अभावों में गुज़रा हुआ होता है। एक तरह से अपने अभावों को अभिशाप की तरह ढोते हैं। जैसे ही कुछ करने के नाम पर कहीं से आर्थिक मदद या धन उपलब्ध होने लगता है उनकी यह प्रतिबद्धता डगमगाने लगती है जिसकी परिणति पतन पर जाकर ठहरती है। सच तो यह है कि हमारे समाज से शुचितावादी राजनीतिक, सामाजिक और कल्याणकारी प्रशिक्षण की भावना समाप्त होती जा रही है, और यह पतनशीलता उसी का परिणाम है। हमारी इसी पतनशील कमज़ोरी का वे साम्राज्यवादी संस्थाएँ फ़ायदा उठा रही हैं जो हमारी ग़रीबी दूर करने के लिए विदेशी अनुदान प्रदान करती हैं। वास्तव में, इस अनुदान के पीछे एक समान्तर व्यवस्था चलाने की योजना काम करती है। इससे उन साम्राज्यवादी ताक़तों को अपने लिए एक तरह से सस्ते अनुयायी मिल जाते हैं, जो अपनी ग़रीबी दूर करने के नाम पर ऐसे-ऐसे आँकड़े उपलब्ध कराते हैं जो हमें ही नुक़सान पहुँचाते हैं।

अ. ति. : आपने अपनी फेसबुक वाल पर हाल में इंटेलीजेंस ब्यूरो (आईबी) की भारत में तेज़ी से पनपती एनजीओ संस्कृति और विदेशी फंड प्राप्त करने को लेकर आई एक रिपोर्ट का उल्लेख किया है। इस रिपोर्ट में एनजीओ के क्रियाकलापों को लेकर कई गम्भीर सवाल उठाए गए हैं, जबकि इन्हीं गम्भीर सवालों से

'नरक मसीहा' दो-चार होता है। मैं इस रिपोर्ट के तथ्यों और उपन्यास व उपन्यासकार के रचनात्मक कौशल तथा उसकी दृष्टि के सन्दर्भ में यह जानना चाहता हूँ कि तथ्यों और रचनात्मक कौशल को आप किस तरह साधते हैं?

भ. मो. : एक लेखक के रूप में मेरा मानना है कि किसी भी रचना की सामयिकता और उसके रचनात्मक मूल्य का आधार यथार्थ और कल्पना का वह सम्मिश्रण है जो उसे विश्वसनीय और प्रामाणिक बनाता है। दरअसल, रचनाकार यथार्थ से इतर अपने लोक के उन सूक्ष्म रन्ध्रों के भीतरी अवयवों को पहले ही जान लेता है जिसे आम व्यक्ति आसानी से नहीं जान पाता। 'नरक मसीहा' के कबीर, सानिया, बहन भाग्यवती, टीना डालमिया, डॉ. वन्दना राव, सुमन भारती, सरला बजाज, अमीना खान जैसों से एनजीओ की यह दुनिया अँटी पड़ी है। दरअसल, ये मात्र पात्र-भर नहीं हैं बल्कि एनजीओ जगत् की पहचान इन्हीं से है। इन नरक मसीहाओं के लिए बक़ौल मदर टेरेसा की उत्तराधिकारी सिस्टर निर्मला के 'ग़रीबी ईश्वर का वह उपहार है जो हमेशा बनी रहेगी। अगर दुनिया से ग़रीबी ख़त्म हो जाए तो ये बेरोज़गार हो जाएँगे।' 'नरक मसीहा' आज़ादी के बाद की वैचारिक-सामाजिक प्रतिबद्धताओं के सत्त्व के क्षरण की गाथा है। अब यह लेखक के कौशल पर निर्भर करता है कि वह इन दोनों तत्त्वों यानी यथार्थ और कल्पना को किस हद तक प्रामाणिक और विश्वसनीय बनाने में कामयाब होता है।

अ. ति. : लाभ और लूट की संस्कृतिवाले इस समय में व्यक्तिगत लाभ और हानि से ही सम्बन्ध तय हो रहे हैं। इसके साथ ही भाई-भतीजावाद, क्षेत्रवाद और जातिवाद भी बहुत कुछ तय कर रहा है, लेकिन आपने 'नरक मसीहा' में जातिवाद केवल दलितों में दिखाया है, जबकि यह तो बड़ी समस्या है और इससे शायद ही कोई जाति छूटी हो? क्या यह आपको न्यायसंगत लगता है?

भ. मो. : इससे इनकार नहीं किया जा सकता कि लाभ और लूट की संस्कृतिवाले इस समय में व्यक्तिगत लाभ और हानि से ही सम्बन्ध तय हो रहे हैं। इस सच्चाई से भी इनकार नहीं किया जा सकता कि भाई-भतीजावाद, क्षेत्रवाद और जातिवाद इन सम्बन्धों को और मज़बूती प्रदान करते हैं। आपने जैसा कहा है कि 'नरक मसीहा' में जातिवाद केवल दलितों में दिखाया गया है, ऐसा लगता है लेकिन अगर हम इसकी गहराई में जाएँ तो ऐसा नहीं है। यह बड़ा विचित्र है कि दलितों का भाई-भतीजावाद, क्षेत्रवाद या जातिवाद हमें तुरन्त नज़र आ जाता है लेकिन सदियों से वर्ण-व्यवस्था के पोषकों (विभिन्न विचारधाराओं के होने के बावजूद) का भाई-भतीजावाद, क्षेत्रवाद या जातिवाद हमें नज़र नहीं आता। मान लीजिए 'नरक मसीहा' के अनुसार जातिवाद केवल दलितों में ही है, तो इसमें बुराई क्या है? विचारणीय यह है कि ये व्याधियाँ आई किस समाज से हैं। स्वाभाविक है ये

वर्ण-व्यवस्था के पोषक उस समाज से आई हैं जो सदियों से दलितों-पिछड़ों का सामाजिक-आर्थिक शोषण करते आ रहे हैं। आपको क्या लगता है कि भाई-भतीजावाद, क्षेत्रवाद, जातिवाद या साम्प्रदायिकता आज ख़त्म हो गया है, नहीं। बल्कि आज समाज में ये विकार, ख़ासकर छोटे शहरों, क़स्बों और गाँव-देहातों में पहले की अपेक्षा ज़्यादा बढ़े हैं। यह भाई-भतीजावाद, क्षेत्रवाद और जातिवाद अकेले कुछ ही क्षेत्रों में है, ऐसा भी नहीं है बल्कि हिन्दी साहित्य में तो इनका रूप और भी विकराल है। यह विकरालता यदि देखनी है तो आप फेसबुक पर जाइए। आपको पता चल जाएगा कैसे एक राज्य, ज़िले और अपनी जाति के लेखकों को, जहाँ जिसे मौक़ा मिलता है, चाहे वह किसी प्रकाशन गृह में कार्यरत है या किसी पत्र-पत्रिका में, बढ़ावा दे रहा है। बल्कि हिन्दी साहित्य और विश्वविद्यालयों के हिन्दी विभागों में नियुक्ति के लिए तो यह एक तरह की अनिवार्य शर्त बन गई है कि अगर आप पूर्वी उत्तर प्रदेश और बिहार से नहीं हैं तो आप उसी उपेक्षा की नज़र से देखे जाएँगे, जैसे समाज में किसी दलित-आदिवासी या फिर किसी अति पिछड़ी जाति के लोगों को घृणा की दृष्टि से देखा जाता है। मैं इसी को साहित्य का 'नया सवर्णवाद' कहता हूँ। हमें इन कारणों का एक समाजशास्त्रीय अध्ययन करना चाहिए कि क्यों हिन्दी साहित्य से आज तक पूरा पश्चिमी भारत (पश्चिमी उत्तर प्रदेश, राजस्थान, हरियाणा, पूर्वी पंजाब और एक हद तक मध्य प्रदेश का बड़ा हिस्सा) बेदख़ल है? अगर बहन भाग्यवती, सुमन भारती, मिसेज़ मौर्य की जगह कोई सवर्ण पात्र होते तो भी इससे कोई फ़र्क़ नहीं पड़ता। वैसे भी घुटने तो पेट की तरफ़ ही मुड़ेंगे। अगर सदियों से शोषित समाज के लोग अवसर मिलने पर अपने लोगों को सत्ता के विभिन्न क्षेत्रों में उनको उनका हक़ दिला रहे हैं, तो मैं न इसे बुरा मानता हूँ न अनैतिक। यह तो महज़ एक संयोग है कि तीनों पात्र दलित हैं। चलो, थोड़ी देर के लिए हम इसे लेखक का पूर्वग्रह मान भी लें लेकिन है तो यह एक सत्य कि हम भले ही अपने-आप को कितने भी प्रगतिशील या कम्युनिस्ट कह लें, कितना भी अपने-आप को गांधीवादी मानने का भ्रम पाल लें, कितना भी अपने-आप को अम्बेडकरवादी घोषित कर लें मगर इस देश में 'जातिवाद' और 'वर्ण-व्यवस्था' जैसी सच्चाई को हम नहीं झुठला सकते। वरना क्या कारण हैं कि लाख कम्युनिस्ट, प्रगतिशील या गांधीवादी होने के बावजूद हमारी मानसिकता उन्हीं पूर्वग्रहों-दुराग्रहों की बन्धक बनी रहती है, जिससे हम मुक्त होने का प्रपंच रच रहे होते हैं। सच तो यह है कि हमारी रगों में जातिवाद, साम्प्रदायिकता, क्षेत्रवाद का ख़ून कहीं ज़्यादा गाढ़ा हुआ है। आचरण और विचारधारा का आपस में कोई मेल नहीं है। आपकी असली पहचान विचारधारा से नहीं, आचरण से होती है। विचारधारा आवरण है और आचरण हमारी पहचान। जैसे-जैसे कुछ जातियों की सत्ता में हिस्सेदारी बढ़ी है यह और ज़्यादा गाढ़ा होता गया है। मैं तो इस बात को बार-बार कहता हूँ कि आज़ादी के बाद के जो कुछ झूठ हैं

उनमें सामाजिक न्याय, बहुजन, समरसता, समाजवाद जैसे भ्रामक शब्द भी शामिल हैं। वास्तव में इनका सीधा सम्बन्ध सत्ता में भागीदारी से है। शायद यही वजह है कि 'बहुजन' समाज की जो परिकल्पना थी उसका क्या हुआ? इसकी ज़द में ज़्यादातर वही जातियाँ हैं जिनकी राजनीतिक हिस्सेदारी ज़्यादा मज़बूत हुई है। वे जातियाँ, विशेषकर ऐसी कुछ अति पिछड़ी जातियाँ (कुम्हार, तेली, नाई, माली आदि) जिनके अधिकारों और हिस्से को दूसरी दबंग 'तथाकथित' पिछड़ी जातियों ने लगभग हड़प लिया है, ऐसी जातियों का आज समाजवाद, सामाजिक न्याय और बहुजन जैसे शब्दों से लगभग भरोसा और मोह ख़त्म हो गया है। दरअसल, 'बहुजन' की परिभाषा भी अब सुविधा-असुविधा के अनुसार तय होने लगी है। ऐसे में कोई यह कहे कि मैंने जातिवाद केवल दलितों में ही दिखाया है, तो मुझे न यह तर्कसंगत लगता है न न्यायसंगत।

अ. ति. : मेरे प्रश्न का आशय था कि दलितों से अधिक जातिवाद तो सवर्णों में है। वहीं से यह बीमारी दलितों और पिछड़ों में आई है। ऐसे में केवल दलितों में जातिवाद दिखाना कहाँ तक जायज़ है?

भ. मो. : आपका आशय अपनी जगह बिलकुल सही है। दरअसल यह अवसर, मानसिकता और उस परम्परा से जुड़ा मामला है जो एक-दूसरे की देखा-देखी आपस में हस्तान्तरित होता है। 'दलित' तो यहाँ महज़ रूपक है जो इस मानसिकता को इंगित करता है कि अवसर आने पर व्यक्ति 'अपने' को ही उपकृत करने का प्रयास करता है, जो मनुष्य की एक स्वाभाविक और सहज प्रवृत्ति है। क्या हम इस सच्चाई से इनकार कर सकते हैं कि जब हम किसी अनजान व्यक्ति से मिलते हैं, तो हमारे मन में सबसे पहले जो स्वाभाविक जिज्ञासा पैदा होती है वह यह होती है कि सामने वाले की जाति क्या है। अगर वह सजातीय हुआ तो हम अपने-आप को कितना सहज और सुविधाजनक पाते हैं, बताने की ज़रूरत नहीं है। दरअसल, यह मानव-स्वभाव, जो आज एक व्याधि का रूप ले चुका है, हमें सभी समुदायों और समाजों में देखने को मिल जाएगा।

अ. ति. : 'नरक मसीहा' को जहाँ समीक्षकों ने सराहा है वहीं लखनऊ की एक लेखिका ने उसकी मुखर आलोचना की है। उनका कहना है कि लेखक ने अभी तक अपनी मेहनत पर जीनेवाली स्त्री नहीं देखी, तभी तो उन्हें सारी औरतें गड़बड़ नज़र आती हैं। क्या आप उनके तर्क से सहमत हैं?

भ. मो. : जैसाकि उस लेखिका (जिसने स्वयं कुछ उपन्यास लिखे हैं) का कहना है कि लेखक ने अपनी मेहनत पर जीनेवाली स्त्री नहीं देखी है। सवाल सबसे बड़ा यह है कि इस लेखिका की नज़र में आख़िर 'अपनी मेहनत

पर जीनेवाली स्त्री' से क्या अभिप्राय है, उसकी परिभाषा क्या है? धूल और धूप में दिन-भर खेत-खलिहानों, ईंट-भट्टों पर काम करनेवाली, सड़क किनारे मिट्टी ढोनेवाली मेहनतकश स्त्री या खाई-पी हुई और एक हद तक अघाई हुई लेखन जैसे कर्म को विमर्श के नाम पर कॅरियर के रूप में इस्तेमाल करनेवाली उस स्त्री से है, जो वातानुकूलित कमरों में बैठकर मेहनतकश स्त्रियों की झूठी मुक्ति का शोर मचाती है? दुर्भाग्य से हमें स्त्री के पक्ष में ऐसी ही विमर्शकार सबसे अधिक शोर मचाती नज़र आएँगी, जो उनकी मेहनत और ग़रीबी का सबसे अधिक अपने लेखन के लिए कच्चे माल के रूप में इस्तेमाल करती हैं। दरअसल, जिसे आप 'नरक मसीहा' के स्त्री-पात्रों को लेकर मुखर आलोचना कह रहे हैं वह आलोचना नहीं, एक अघाई कुंठा और ईर्ष्या है। दूसरा, यह कोई आलोचकीय दृष्टि और परम्परा नहीं है कि आप रचना की समग्रता में न जाकर उसकी ऐसी आलोचना करें, जो आलोचना न होकर आपकी कुंठा को ज़ाहिर करे। दुर्भाग्य से हिन्दी साहित्य में ऐसी कुंठाओं का तेज़ी से प्रवेश हुआ है। उनकी पीड़ा को आप भी समझ सकते हैं। वास्तव में, अपनी मेहनत पर जीनेवाली जिस स्त्री की ये बात कर रही हैं वे ऐसी ही स्त्रियाँ हैं जो सिविल सोसाइटी का हिस्सा बन, क्रान्ति की मोमबत्ती लिये आए दिन आपको जन्तर-मन्तर, इंडिया गेट और बापू की समाधि पर प्राय: नज़र आ जाएँगी। सिविल सोसाइटी का हिस्सा बनना और क्रान्ति की मोमबत्ती हाथ में लिये जन्तर-मन्तर, इंडिया गेट पर जाना इनके लिए पिकनिक और मौज-मस्ती से ज़्यादा कुछ नहीं है। ये मुट्ठी-भर क्रान्तिकारी स्त्रियाँ अपने-आप को पूरी स्त्री-जाति की भाग्य-विधाता मानने का भ्रम पाले हुए हैं। अगर इनकी नज़र में मेहनत पर जीनेवाली स्त्री यही है और अगर इन्हें इनकी आलोचना बर्दाश्त नहीं है, तो अपनी ऐसी 'गड़बड़' पर मुझे ख़ुशी है। विधायिका में महिलाओं के लिए 33 प्रतिशत आरक्षण का मामला सदन में अगर आज तक, बक़ौल इस लेखिका के मेहनत पर जीनेवाली सिविल सोसाइटी और आए दिन जन्तर-मन्तर या इंडिया गेट पर चिल्लाने के बावजूद, पास नहीं हो पाया है तो इसका कारण भी यही है। यानी इनका यह शोर दिन-भर खेत-खलिहानों, ईंट-भट्टों पर काम करनेवाली, सड़क किनारे मिट्टी ढोनेवाली मेहनतकश स्त्री के हिस्से पर क़ब्ज़ा करने को लेकर ही है। अगर इस तथाकथित सिविल सोसाइटी और बात-बात पर मोमबत्ती लेकर सड़कों पर उतरनेवाली क्रान्तिकारियों को अपनी मेहनत पर जीनेवाली 'स्त्री' की इतनी ही चिन्ता है, तो क्यों नहीं इस 33 प्रतिशत महिला आरक्षण में दलितों, पिछड़ों, आदिवासियों के लिए अलग से आरक्षण की माँग करतीं? दरअसल, 'नरक मसीहा' ऐसी ही तथाकथित वर्चस्ववादी मानसिकता को उद्घाटित करता है। दूसरी बात यह कि किसी भी रचना का पाठ पाठक के विवेक और आस्वाद पर निर्भर करता है। हरेक पाठक के लिए उसका अन्तर्पाठ अलग होता है।

अ. ति. : आप अपने उपन्यासों में ख़ुद उपदेश देने के बजाय पात्रों के ज़रिये गम्भीर बातें कहलाते हैं। मेवात जैसे अलक्षित क्षेत्र की सांस्कृतिक पृष्ठभूमि पर केन्द्रित 'काला पहाड़' उपन्यास के पात्र ठेठ हिन्दुस्तान की कहानी कहते हैं। क्या ये पात्र प्रक्रिया की जटिलताओं और विकृतियों को पूरी तरह से उघाड़ने में सफल हो पाते हैं?

भ. मो. : किसी भी लेखक की पहली और सबसे बड़ी कोशिश यही रहती है कि वह अपने पात्रों के माध्यम से सामाजिक जटिलताओं और विकृतियों को उघाड़ पाए। अब यह लेखक की क्षमता, उसके नज़रिये, उसकी राजनीतिक चेतना, जातीय स्मृतियों और उसके विवेक पर निर्भर करता है। बल्कि इस मामले में उसका सामाजिक परिवेश और उसका लोक-व्यवहार सबसे अधिक मायने रखता है। अगर देखा जाए तो भारतीय उपमहाद्वीप, विशेषकर भारत की सामाजिक संरचना ही वैविध्यपूर्ण है जिसे हम ठेठ हिन्दुस्तान कहते हैं उसका निर्माण हमारी जातीय स्मृतियों से हुआ है। जातीय स्मृतियों से मेरा तात्पर्य यह है कि हमारी नागरिक के रूप में पहचान अपने धर्म से अधिक समुदाय के रूप में है, हिन्दू या मुसलमान कम। हम हिन्दुस्तानी या 'काला पहाड़' के सन्दर्भ में देखें तो मेव या हिन्दू के बजाय एक मेवाती के रूप में पहले हैं। इसीलिए हमारी चिन्ताएँ, हमारे सुख-दुख, हमारे सरोकार, हमारी ज़रूरतें साझी ज़रूरतें हैं और इन सबके निर्माण में जो सबसे बड़ा तथ्य काम करता है वह है हमारी साझी विरासत। अब सवाल यह है कि आख़िर हमारी यह साझी विरासत है क्या? साझी विरासत का उत्स मूल रूप से हमारी सांस्कृतिक चेतना और उसके लोक में छिपा होता है। इसे अगर मैं उदाहरण देकर समझाऊँ तो महाभारत से अच्छा उदाहरण दूसरा नहीं हो सकता। मेरी राय में रामायण ग्रंथ तो एक बार केवल और केवल हिन्दुओं का हो सकता है, मगर ऐसा हम महाभारत के बारे में नहीं कह सकते। आख़िर ऐसा क्या है कि जो स्वीकार्यता महाभारत को प्राप्त है, रामायण को नहीं है। इस स्वीकार्यता से मेरा तात्पर्य धार्मिक नहीं बल्कि उस सामूहिक स्वीकार्यता से है जो हमारे लोक-व्यवहार को प्रभावित करती है। यही कारण है कि आज भी महाभारत देश के अलग-अलग अंचलों में भिन्न रूपों में गाया-बजाया जाता है। मेवात में भी हिन्दुओं से कहीं अधिक महाभारत पर आधारित 'पंडून कौ कड़ा' मेवों में गाया-बजाया जाता है। मेरा मानना है कि रामायण की अपेक्षा लोक-व्यवहार की जीवन्त प्रस्तुति महाभारत में अधिक है और यही जीवन्तता महाभारत को हिन्दू और मुस्लिम दोनों समुदायों में मान्य बनाती है। यह बात अलग है कि अन्य समाजों की तरह मेवाती समाज में पैदा हुई कुछ विशेष क़िस्म की जटिलताओं और विकृतियों के पनपने के कारण ऐसी सांस्कृतिक और साझी परम्पराएँ तेज़ी से दम तोड़ रही हैं। ख़ासकर पिछले लगभग ढाई दशकों और इधर पिछले एक दशक में इन विकृतियों ने हमारी जातीय स्मृतियों और चेतना पर बहुत गहरी चोट की है।

जिसका परिणाम यह हुआ कि मेवात की जिस सांस्कृतिक विरासत पर हम जैसे लोग इतराते फिरते थे, अब इसकी चिन्ता-सी होने लगी है।

अब रही बात ख़ुद उपदेश देने के बजाय पात्रों के ज़रिये गम्भीर बात कहलवाने की, तो एक लेखक के रूप में अपने अनुभव के आधार पर मेरा यह मानना है कि आख़िर लेखक ख़ुद क्यों उपदेश दे? जिस बात को रचना के पात्र या चरित्र कह दें, उसे लेखक को कहने की क्या ज़रूरत है। सबसे बड़ी बात यह है कि किसी भी रचना के पात्र जो बात कहते हैं वास्तव में पात्र के रूप में वह ख़ुद लेखक ही कह रहा होता है। अब यह लेखक के कौशल पर निर्भर करता है कि वह स्वयं के बजाय अपने पात्रों का इस्तेमाल कितनी कुशलता से करता है। चूँकि 'काला पहाड़' जो कि मेवात जैसे एक अलक्षित अंचल या क्षेत्र की सांस्कृतिक पृष्ठभूमि पर आधारित है, उसके चलते तो यह चुनौती और बड़ी व जटिल हो जाती है। मेरे लिए सन्तोष की बात यह है कि एक हद तक 'काला पहाड़' के ज़्यादातर पात्र सामाजिक प्रक्रिया की जटिलताओं और प्रवृत्तियों को पाठक के सामने पूरी ईमानदारी के साथ लाते हैं।

अ. ति. : 'काला पहाड़' में आपने एक ओर ऐतिहासिक पात्र और मेवात के नायक 'हसन खाँ मेवाती' की ओर पाठकों का ध्यान खींचा है, वहीं दूसरी ओर अयोध्या के स्याह पक्ष को केन्द्रित करते हुए उसकी आग में झुलसनेवाली बहुलतावादी संस्कृति को रचनात्मक अभिव्यक्ति दी है। इससे आप पाठकों को क्या सन्देश देना चाहते हैं?

भ. मो. : जैसाकि मैंने ऊपर कहा है कि साझी विरासत का उत्स मूल रूप से हमारी सांस्कृतिक चेतना, जातीय स्मृति और लोक में छिपा होता है। वास्तव में, हसन खाँ मेवाती ख़ालिस मेवों का नायक नहीं, अपितु यह पूरी साझी विरासत का नायक है। यह सर्वविदित है कि हसन खाँ मेवाती खानवा की लड़ाई में एक मुस्लिम धर्मावलम्बी होने के बावजूद बाबर के साथ मिलकर राणा सांगा के ख़िलाफ़ युद्ध नहीं करता है। बल्कि एक बाहरी हमलावर के ख़िलाफ़ राणा सांगा के साथ मिलकर युद्ध करता है और इसी युद्ध में खेत रहता है। दूसरी बात आपने यह कही कि 'काला पहाड़' में अयोध्या के स्याह पक्ष को केन्द्रित करते हुए उसकी आग में झुलसनेवाली बहुलतावादी संस्कृति को रचनात्मक अभिव्यक्ति दी है, इन दोनों सन्दर्भों से मैं क्या सन्देश देना चाहता हूँ? सन्देश इसका बहुत स्पष्ट है कि जिस मेवात की ऐतिहासिक और सांस्कृतिक परम्परा इतनी समृद्ध और समतावादी रही हो, उसी मेवात में राम जन्मभूमि-बाबरी मस्जिद विध्वंस की प्रतिक्रिया में उपजे प्रायोजित साम्प्रदायिक दंगों का शिकार सबसे पहले हसन खाँ मेवाती के वंशज होते हैं—ऐसा क्यों? असल बात यह है कि राम जन्मभूमि-बाबरी मस्जिद विध्वंस तो एक बहाना था, सच तो यह है कि जिस तरह हमारे समाज में साम्प्रदायिक असहिष्णुता बढ़ती जा रही है यह उसका रिफ़्लेक्शन था। राष्ट्रवाद की परिभाषा को

जिस तरह अतिरंजित किया जा रहा है यह उसकी एक परिणति थी। एक तरह से हमारी बहुलतावादी संस्कृति को खंडित करने के जिस तेज़ी के साथ प्रयास किये जा रहे हैं, उनके प्रति सचेत रहने का यह एक संकेत-भर है।

अ. ति. : आपके उपन्यासों में हाशिये के लोगों की उपस्थिति बहुत प्रभावी रूप में दिखाई पड़ती है। इसे आप किसी विचारधारा का प्रभाव मानते हैं या समाज के हाशिये के लोगों के प्रति संवेदनात्मक लगाव जो बाद में रचनात्मक अभिव्यक्ति में परिणत होता है?

भ. मो. : मेरा निजी मत है कि वंचितों, उपेक्षितों और हाशिये के लोगों के प्रति जो संवेदनात्मक लगाव पैदा होता है, वह किसी-न-किसी विचारधारा से अवश्य प्रभावित होता है। मनुवादियों से तो कम-से-कम ऐसे संवेदनात्मक लगाव की उम्मीद करना बेमानी होगा। यह संवेदनात्मक लगाव लेखक के सामाजिक परिवेश, उसके जीवन-संघर्ष और उसके लोक-व्यवहार से उसकी जो जीवन-दृष्टि बनती है, उससे प्रभावित रहता है। इससे इनकार नहीं किया जा सकता कि एक शूद्र और ब्राह्मण की संवेदना सर्वथा भिन्न होगी। कहीं-न-कहीं यह संवेदना संस्कारगत भी होती है। वंचितों, उपेक्षितों और हाशिये के लोगों के प्रति जो नज़रिया शूद्र का होगा, ज़रूरी नहीं कि वही नज़रिया एक ब्राह्मण का भी हो। कहीं-न-कहीं आपको स्पष्ट अन्तर नज़र आ जाएगा। थोपी हुई या बनाई गई संवेदना अपने-आप पाठक की पकड़ में आ जाती है।

अ. ति. : आपने 'हलाला' नामक एक लघु उपन्यास पूरा किया है जिसका एक अंश 'बहुवचन' पत्रिका में प्रकाशित हुआ है। उसमें मुस्लिम परिवार की जो संरचना दिखती है वह तो उत्तर भारत के गाँवों के अधिकांश घरों की कहानी है, इसे किस रूप में देखा जाए?

भ. मो. : हमारे बहुत से समाजों का यह दुर्भाग्य है कि ग़रीबी और अशिक्षा के चलते हमारी बहुत-सी धार्मिक संहिताएँ, फ़तवे, फ़रमान हमारे धर्मगुरुओं की कूढ़ मगजता, उनकी पुरुषवादी सोच और संकीर्णता के चलते बुराइयों में तब्दील हो चुके हैं बल्कि कुछ ने तो कुप्रथाओं का रूप ले लिया है। दरअसल, धार्मिक नासमझी ने, बल्कि कहना उचित होगा कि धार्मिक मामलों ने जिस तरह सामाजिक बुराइयों का रूप ले लिया है वह चिन्ताजनक है। हलाला वास्तव में सामाजिक समस्याओं से उपजी एक कुप्रथा है, जिसे सामाजिक सन्दर्भों और दायरों में निपटाने के बजाय हमने उसे धर्मगुरुओं के हवाले कर दिया है। उसके अर्थों का अनर्थ किया जा रहा है, और ऐसा नहीं है कि यह केवल एक धर्म में हो रहा है बल्कि सभी धर्मों की एक जैसी स्थिति है। मज़ेदार तो यह है कि कुछ मामलों में, विशेषकर स्त्री के मामले में सबकी मानसिकता

और सोच एक जैसी है। हिन्दू धर्म की स्थिति तो सबसे बदतर है जबकि मुस्लिम धर्म को हम दूसरे नम्बर पर रख सकते हैं। मनुस्मृति के तो कहने ही क्या। अगर आप हमारे धार्मिक ग्रंथों का बेहद बारीकी से अध्ययन करेंगे, तो आपको यह जानकर हैरानी होगी कि स्त्रियों के सम्बन्ध में रची गई कुछ आयतों और श्लोकों के अर्थों में कोई अन्तर नहीं है। मेरा मानना है कि बाद में इनके विकृत अर्थों को हमारे धार्मिक गुरुओं ने इतना प्रचलित कर दिया कि उन्हीं के अनर्थों को सच मान लिया गया। चूँकि ज़्यादातर धार्मिक फ़ैसले इन्हीं आयतों और श्लोकों के आधार पर किए गए हैं इसलिए उन पर आप सवाल भी नहीं खड़े कर सकते। यहाँ मैं 'हलाला' के सन्दर्भ में कुछ बात रखना चाहता हूँ। हलाला का अर्थ बिलकुल स्पष्ट है कि तलाक़ के बाद कोई भी औरत पहले शौहर के लिए तब तक हलाल नहीं हो सकती, जब तक वह किसी दूसरे व्यक्ति से निकाह न कर ले। हलाला के सन्दर्भ में ख़ाली निकाह ही काफ़ी नहीं है बल्कि निकाह का Consumate होना ज़रूरी है। मैंने दिल्ली के जामा मस्जिद के उर्दू बाज़ार से प्रकाशित होनेवाली एक पत्रिका 'इसलाहे समाज' में कई साल पहले इसके बारे में जो पढ़ा, वह यूँ था—"जब तक दूसरा मर्द निकाह के बाद उसका मज़ा न चख ले, तब तक वह उस औरत को तलाक़ नहीं दे सकता।" दरअसल, यह है अर्थ का अनर्थ यानी शब्दों का फूहड़ चयन। आम आदमी के मन पर इसका क्या असर होगा, आसानी से कल्पना की जा सकती है। मेरा मानना है कि किसी भी समाज में धर्म का सबसे ज़्यादा दख़ल या कहिए धार्मिक पाखंड या महिमामंडन ग़रीब और अशिक्षित समाज और परिवारों में ही होता है। मैं मनुष्य के धार्मिक होने या उसकी धर्मभीरुता का विरोधी नहीं हूँ बल्कि मैं आडम्बर और प्रपंच का विरोधी हूँ, जो हमारे मौलिक अधिकारों के साथ-साथ हमारी धार्मिक स्वतंत्रता पर चोट करता है। दरअसल, किसी भी धर्म को पूरी समग्रता में समझने के लिए आदमी का शिक्षित होना ज़रूरी है। शिक्षा हमारे अन्दर तर्क-वितर्क करने की ताक़त और धार्मिक उदारता पैदा करती है और यही ताक़त सही अर्थ को समझने में सहायक होती है। यह बात भी सही है कि यदि आप धार्मिक विषय, विशेषकर जिस धर्म से आपका सम्बन्ध नहीं है, के ताने-बाने को केन्द्र में रखकर कोई रचना लिखते हैं तो उसके ख़तरे कहीं ज़्यादा होते हैं। क्योंकि धर्म ऐसा नाज़ुक विषय है कि आपका छोटा-सा दुराग्रह या पूर्वग्रह आपको संकट में डाल सकता है। लेकिन मेरी कभी भी ऐसी मंशा नहीं रही और इसका उदाहरण है मेरा दूसरा उपन्यास 'बाबल तेरा देस में'। इस उपन्यास में मैंने क़ुरान से लेकर 'बहिश्ती ज़ेवर' का भरपूर इस्तेमाल किया है।

आपने 'हलाला' के सन्दर्भ में एक बात कही है कि मुस्लिम परिवार की जो संरचना दिखती है वह तो उत्तर भारत के गाँवों के अधिकांश घरों की कहानी है, इसे किस रूप में देखा जाए? दरअसल, स्थिति इतनी ख़राब नहीं हैं जैसा हमें लगता है।

समाज में सब तरह के अपवाद होते हैं लेकिन अपवाद कभी भी समाज का पूरा सच नहीं होता। एक लेखक जब किसी विषय को अपनी कहानी या उपन्यास की कथावस्तु बनाता है तो उसके आगामी और पहले के परिणामों, दुष्परिणामों को भी ध्यान में रखता है। यह सच है कि किसी रचना में यथार्थ आटे में नमक जितना होता है। मगर जब रचना पाठक के सामने आती है, तो होता इसके उलट है यानी कल्पना आटे का रूप ले लेती है। लेखक की कल्पना में पाठक को समाज का पूरा सच नज़र आने लगता है। मैं इसी 'सच' को लेखक की सफलता मानता हूँ।

अ. ति. : 'मुस्लिम समाज' के जिन पात्रों को आपने 'काला पहाड़', 'बाबल तेरा देस में' और 'हलाला' के केन्द्र में रखा है, क्या इसे हिन्दी साहित्य में मुसलमानों के प्रति हुई उपेक्षा की भरपाई के रूप में देखा जा सकता है?

भ. मो. : हिन्दी के एक समर्थ कथाकार और 'काला जल' जैसे उपन्यास के लेखक शानी प्राय: एक बात कहते थे कि हिन्दी साहित्य में प्रेमचन्द के बाद ऐसा कोई कथाकार नहीं हुआ है जिनकी रचनाओं में मुस्लिम समाज इस तरह आया हो जैसे प्रेमचन्द की रचनाओं में आया है। यह अभाव हमें बाद के कथा-साहित्य में भी नज़र आता रहा। इसकी मैं एक वजह मानता हूँ और वह यह कि जिस तरह हिन्दुओं के धार्मिक आचार-व्यवहार से हमारा मुस्लिम समाज बावस्त रहा है, उस तरह हिन्दू लेखक कभी नहीं रहे। इसलिए हम उनके धार्मिक आचार-व्यवहार से उतने परिचित नहीं रहे जितने वे हैं। दूसरी बात यह कि प्रेमचन्द के ज़माने का जो भारतीय समाज था वह आज की अपेक्षा कहीं ज़्यादा समन्वयकारी था। लेकिन सबसे बड़ी बात यह है कि आपकी रचनाओं में मुस्लिम परिवेश और पात्रों का आना इस पर निर्भर करता है, कि आप जिस समाज में रहते हैं उसमें मुस्लिम समुदाय की सहभागिता कितनी और कैसी है। यहाँ मैं अपना ही उदाहरण देना चाहता हूँ कि ऐसी क्या वजह है कि मेरी रचनाओं में चाहे वे कहानियाँ हों या उपन्यास बार-बार मुस्लिम परिवेश और पात्र, वह भी मेवाती मुस्लिम परिवेश आता है? तो इसका उत्तर बहुत सीधा है कि मेरा सामाजिक परिवेश या कहिए लोक ही इस समाज से बना हुआ है। ज़ाहिर सी बात है कि मेरी जातीय, सांस्कृतिक और ऐतिहासिक चेतना का निर्माण मेवात की स्थानीयता और लोकाचार से हुआ है, ऐसे में मेरी रचनाओं में बार-बार यहाँ के लोकनायक और नागरिक ही तो आएँगे। मेरे पात्र यहीं की माटी की गन्ध और यहीं के नागरिकों के सुख-दुख से सराबोर होंगे। मेरा तो मानना ही यही है कि बिना अपने लोक को समझे हम किसी भी विमर्श को नहीं जान सकते। मेरे तीनों उपन्यासों 'काला पहाड़', 'बाबल तेरा देस में' और 'हलाला' ही क्यों बल्कि भारत में तेज़ी से पनपती एनजीओ संस्कृति को केन्द्र में रखकर लिखे गए तथा स्टेट, कॉर्पोरेट और सिविल सोसाइटी के गठजोड़ का पर्दाफ़ाश करनेवाले और हाल में प्रकाशित

उपन्यास 'नरक मसीहा में भी मेवाती समाज आता है। अगर किसी कथाकार का ज़्यादातर लेखन मुस्लिम पात्रों और परिवेश से भरा-पूरा है, तो आप इसे हिन्दी साहित्य में मुसलमानों के प्रति हुई उपेक्षा की भरपाई के रूप में भी देख सकते हैं।

अ. ति. : आपके कथा-साहित्य में क्षेत्रीय अस्मिता का स्वर बहुत प्रबल है। ग्रामीण बोली-बानी का प्रयोग भी आप ख़ूब करते हैं। जिस तरह 'काला पहाड़', 'बाबल तेरा देस में', 'नरक मसीहा' और अभी-अभी लिखे गए उपन्यास 'हलाला' में मेवात की क्षेत्रीय अस्मिता को उभारा है, उसी तरह 'महराब', 'भूकम्प', 'अस्सी मॉडल उर्फ़ सूबेदार', 'छल' सहित अनेक कहानियों में भी मेवात की संस्कृति देखने को मिलती है। क्षेत्रीयता को उभारने के पीछे कहीं आपका उद्देश्य उस अंचल को साहित्य के केन्द्र में प्रतिष्ठित करना तो नहीं है, जिस तरह से रेणु ने 'मैला आँचल' उपन्यास के माध्यम से किया था।

भ. मो. : हिन्दी कथा-साहित्य में क्षेत्रीय अस्मिता के स्वर को प्रबल बनाने के लिए जिस लेखक को श्रेय जाता है, निस्सन्देह वह रेणु है। अगर मुझे दूसरा नाम लेना पड़े तो रेणु के बाद मैं राही मासूम रज़ा का नाम लूँगा। मैं पूरी ईमानदारी से यह स्वीकारता हूँ कि यदि 'मैला आँचल' नहीं आया होता, तो आज हिन्दी कथा-साहित्य में क्षेत्रीय अस्मिता का स्वर कहीं नज़र नहीं आता। इस स्वर को 'आधा गाँव' उपन्यास ने और बल प्रदान किया। इसे मैं एक संयोग ही मानूँगा कि जिन उपन्यासों को पढ़कर मेरे लेखन में आपको क्षेत्रीय अस्मिता का स्वर नज़र आता है, वह स्वर 'मैला आँचल', 'आधा गाँव', 'काला जल', 'झीनी-झीनी बीनी चदरिया', 'परती परिकथा' जैसे उपन्यासों की ही देन है, जिन्हें मैंने सबसे पहले पढ़ा। आपने पूछा है कि इस क्षेत्रीयता को उभारने के पीछे कहीं आपका उद्देश्य उस अंचल को साहित्य के केन्द्र में प्रतिष्ठित करना तो नहीं है? मेरा कहना है कि यह क्षेत्रीयता नहीं बल्कि आपके ही शब्दों में अस्मिता से जुड़ा सवाल है। यह सही है कि देश की राजधानी से सटे मेवात जैसे क्षेत्र की पहचान साहित्य तो छोड़िए दूसरे क्षेत्रों में भी नहीं है। जो है वह भी इतनी नकारात्मक है कि मेवात का नाम सुनते ही लोगों की भौंहें ऐसे तन जाती हैं कि मानो यह इस देश का नहीं किसी अनजान टापू का हिस्सा हो। शायद 'काला पहाड़' ने हिन्दी के पाठकों की इस नकारात्मक छवि और धारणा को तोड़ा है। बल्कि यहाँ तक कहा जाने लगा है कि यदि असली मेवात को जानना है तो 'काला पहाड़' को पढ़ा जाए। आख़िर यह असली मेवात क्या है? इन सवालों का उत्तर यह उपन्यास बख़ूबी देता है। यह उपन्यास उस मेवाती बोली या उपभाषा से पहली बार पाठकों को परिचित कराता है, जिसे ग्रियर्सन ने भारत की आठ उपभाषाओं में शामिल किया था। किसी भी क्षेत्रीय अस्मिता के कुछ मज़बूत स्तम्भ और निकष होते हैं जो उसे प्रबलता प्रदान करते हैं, जैसे वहाँ की बोली-

बानी, लोक-साहित्य, सांस्कृतिक-ऐतिहासिक सम्पन्नता और सामाजिक संरचना। मेवाती समाज इन सभी पक्षों का प्रतिनिधित्व करता है। मैंने मेवाती बोली का जिस तरह अपने पात्रों के द्वारा उपयोग किया, पाठकों ने सबसे ज़्यादा उसे ही पसन्द किया। इसके बारे में जाने-माने समालोचक डॉ. विजय बहादुर सिंह ने लिखा है, "भाषा के दुहरे-तिहरे रूपों ने यहाँ एक और रंगीन क़िस्सागोई को उभारा है। हिन्दी भाषा के कितने-कितने रूप और छटाएँ हो सकती हैं, इसे व्याकरणबद्ध एकरस नगरीय भाषाभाषी नहीं समझ सकता जो अपनी मृतप्राय, अभिजात और चिकनी पदावली में ख़ुद लाचारी का अनुभव करने लग गया है। हिन्दी भाषा की बेधक मार्मिकता कहीं उसकी बोलियों में है। 'काला पहाड़' हमें इसका अनुभव बार-बार कराता है।" इसी तरह मेरे एक कहानी-संग्रह 'अस्सी मॉडल उर्फ़ सूबेदार' की भूमिका में डॉ. नित्यानन्द तिवारी ने लिखा है, "जीवन के उन पहलुओं और स्रोतों को देख लेना जहाँ भाषा, धर्म, जाति के भेद गल जाते हैं और स्थानीय लोकाचार, भिन्न जीवन-परम्परा बना लेते हैं, साहित्यिक रचना एक आवश्यक शर्त है।" तो जो तत्त्व एक रचना में क्षेत्रीय अस्मिता के स्वर को प्रबल बनाते हैं मेरे उपन्यासों और कहानियों में वे पूरी शिद्दत के साथ दिखाई देते हैं। सच तो यह है कि मौजूदा दौर अस्मिताओं और विमर्शों का दौर है। ऐसे में कोई कृति या किसी लेखक का लेखन इन्हें ताक़त प्रदान करता है तो यही लेखन की सार्थकता कहलाती है। यही कारण है कि डॉ. नामवर सिंह के सम्पादन में प्रकाशित 'आधुनिक हिन्दी उपन्यास' नामक पुस्तक में जिन उपन्यासों को शामिल किया गया है, उनमें 'काला पहाड़' भी है। मैं यहाँ किसी उपन्यास या कहानी को आंचलिक या क्षेत्रीय सीमा में बाँधने के सख़्त ख़िलाफ़ हूँ। 'मैला आँचल' को आंचलिक उपन्यास कहने पर रेणु बहुत परेशान होते थे। दरअसल, आंचलिक कहकर हम किसी रचना की रेंज को कम कर देते हैं, जबकि समस्याएँ, मनुष्य के दुख-दर्द, उसकी पीड़ा नगरीय या ग्रामीण नहीं होती। वे सबकी एक जैसी होती हैं।

अ. ति. : 'बियाबान' कहानी के पात्र जावेद और विसनाथ के ज़रिये आपने मूल्यों के पतन और बाज़ार के प्रभाव में गाँवों की बदलती संरचना को बख़ूबी पेश किया है। क्या आज की कहानियों में गाँव के इस रूप को देख सकते हैं?

भ. मो. : यह कहानी केवल मूल्यों के पतन और बाज़ार के प्रभाव की ही कहानी नहीं है, बल्कि सामाजिक स्तर पर जिस तेज़ी से साम्प्रदायिक असहिष्णुता बढ़ी है उसको भी दर्शाती है। दरअसल, इस कहानी का जन्म दो ऐसे पात्रों से हुआ जो पार्टीशन की विभीषिका के गवाह रहे हैं। विसनाथ जब पार्टीशन में हिन्दुस्तान आता है तो अपनी जंगल की ज़मीन के साथ जावेद के दादा उसे रहने का आसरा प्रदान करते हैं। लेकिन समय का फेर देखिए कि विसनाथ का परिवार शहर में आकर

कहाँ से कहाँ पहुँच गया और जावेद के दादा की ज़मीन टुकड़ों में बँट गई। जब जावेद अपने दादा के कहने पर विसनाथ के बेटों के पास रोज़गार के लिए आता है तो विसनाथ उसके दादा के एहसान को भूला नहीं है मगर बेटे-बहू जावेद को एक मुसलमान के रूप में देखते हैं। मेरा मानना है कि यह स्थिति या साम्प्रदायिक असहिष्णुता हमारे समाज में तेज़ी से बढ़ी है। पहले यह गाँवों में नहीं था, लेकिन आज यह गाँवों में सबसे अधिक नज़र आता है।

अ. ति. : कथा-साहित्य में आप अँधेरे कोनों को रोशन करने का प्रयास करते हुए दिखाई पड़ते हैं। मसलन 'सीढ़ियाँ, माँ और उसका देवता' कहानी के नायक के ज़रिये वर्ण-व्यवस्था की दीवार ढहाने के लिए आपने जहाँ डॉक्टरी पेशे को सीढ़ी बनाया है, वहीं 'रंग अबीर' में लाला डालचन्द का वहीद भाई के लिए दहाड़े मारकर रोना मानवीय रिश्तों की गरमाहट को व्यक्त करता है। कहानी में ऐसा यथार्थ रचने के पीछे कोई ख़ास कारण है या रचनाकार की प्रतिबद्धता ही है?

भ. मो. : एक लेखक की समाज में सबसे बड़ी भूमिका ही यही होती है। सच तो यह है कि लेखक वास्तव में कोई आम इनसान नहीं होता। वह समाज के आम आदमी से कहीं आगे जाकर सोचता है, इतना आगे जाकर कि हमें समाज में जो आज नज़र आता है उसकी कल्पना लेखक बहुत पहले कर चुका होता है। इसीलिए हम कहते हैं कि यह बात फलाँ लेखक बहुत पहले कह चुका था। 'सीढ़ियाँ, माँ और उसका देवता' का नायक जो कि दलित है, कहानी की एक सवर्ण स्त्री-पात्र के प्रति आसक्त है जिसमें स्नेह का वह परस है जो उसको डॉक्टर बनाने में सहायक होता है। यानी अगर वह डॉक्टर है तो उसी की प्रेरणा और साहस की बदौलत है। कहानी के आख़िर में डॉक्टर उस लड़की की माँ से कहता भी है कि अगले जन्म में अगर उसकी माँ हो तो उसके जैसी हो। इसी तरह 'रंग-अबीर' दरअसल 1992 में राम जन्मभूमि-बाबरी मस्जिद विध्वंस के बाद वहीद के बहाने इस देश के लाखों अल्पसंख्यकों के उस दर्द को व्यक्त करती है, जो उनके इस देश के नागरिक होने पर सन्देह पैदा करता है। जैसाकि आपने पहले भी कहा है कि मेरी रचनाओं में चाहे वे कहानियाँ हों या उपन्यास, उनमें बार-बार मुस्लिम परिवेश और पात्र क्यों आते हैं? मैंने इसके जवाब में कहा था कि मेरे पात्र अपने परिवेश की माटी की गन्ध और यहीं के नागरिकों के सुख-दुख से सराबोर होंगे। फिर चाहे वह वहीद भाई हों या लाला डालचन्द, आख़िर हैं तो सभी इस देश के। यह कोई यथार्थ रचनेवाली बात नहीं है बल्कि यथार्थ ही है। कोई भी लेखक अपनी कहानी-उपन्यासों के लिए विषय और पात्र कहाँ से लाएगा, ज़ाहिर सी बात है अपने आसपास या उसने जो देखा या भोगा है वहीं से लाएगा। दुर्भाग्य से पिछले कुछ सालों से शिल्प के रूप में कहानी के नाम पर जो आ रहा है उसे आप देख ही रहे हैं।

कहानी सिर्फ़ शिल्प की चकाचौंध ही तो नहीं होती उसमें जीवन-जगत्, उसकी विडम्बनाएँ बहुत कुछ होता है। एक बात मैं यहाँ कहना चाहूँगा कि जिस संख्या में आज कहानियाँ लिखी जा रही हैं, यानी जिसके मन में जो आ रहा है लिख रहा है उससे 'कहानी' की पहचान करना मुश्किल हो गया है। यथार्थ और रचनाकार की प्रतिबद्धता ये दोनों तत्त्व जितनी तेज़ी से विलुप्त होते जा रहे हैं, उससे एक ख़तरा कहानी के लिए यह हो गया है कि उससे क़िस्सागोई को भारी नुक़सान हुआ है।

अ. ति. : राजेन्द्र यादव के निधन पर लिखे अपने संस्मरण में आपने लिखा है कि एक गाँठ राजेन्द्र यादव के अन्दर मुझे लेकर अन्त तक बनी रही। यह कौन सी गाँठ थी?

भ. मो. : राजेन्द्र जी की सबसे बड़ी कमज़ोरी यह थी कि जिसके प्रति वे कोई आग्रह पाल लेते थे उससे आसानी से मुक्त नहीं होते थे। एक कमज़ोरी उनमें यह भी थी कि चूँकि वे 'हंस' के कार्यालय से सिवाय उन सभा-गोष्ठियों के, जिनमें उन्हें अध्यक्ष या मुख्य अतिथि के रूप में बुलाया जाता था, वे कहीं नहीं जाते थे। बावजूद इसके उन्हें हिन्दी-जगत् की एक-एक घटना की जानकारी होती थी। ये जानकारियाँ उन्हें उनके कुछ तथाकथित 'ख़ास' दरबारी जिनमें 'लेखक-लेखिकाएँ' दोनों होते थे, बराबर देते थे और जो जानकारी उन्हें दी जाती थी, उसे वे सच मान बैठते थे। उनकी इस कमज़ोरी का ये दरबारी भरपूर फ़ायदा उठाते थे। कुछ ऐसा ही किसी दरबारी ने उन्हें कहा था कि मैं उनके बारे में कॉफ़ी हाउस में टिप्पणी करता हूँ। मुझे लेकर उनके मन में कभी भी एक लेखक जैसा भाव नहीं रहा। वह गाँठ उनके मन में अन्त तक बनी रही। मैंने भी बाद में तय कर लिया था कि मैं 'हंस' के लिए कुछ नहीं भेजूँगा, जिस पर मैं आज भी क़ायम हूँ। हालाँकि इस बीच उन्होंने समय-समय पर अपने सम्पादकीय से लेकर इधर-उधर 'काला पहाड़' से लेकर 'रेत' पर जिस तरह की टिप्पणी की, उसने मेरा बहुत हौसला बढ़ाया। सच तो यह है कि आप उनको भले ही पसन्द करते हों या नासपन्द, बावजूद इसके जो चीज़ उन्हें अच्छी लगती थी उस पर ज़रूर अपनी बात कहते। उनका जाना वास्तव में साहित्य की उस परम्परा का जाना है जो अपनी बात पूरी ईमानदारी से कहती थी।

अ. ति. : पहले आपने 'हंस' में प्रकाशित होने के लिए दो कहानियाँ भेजी थीं, लेकिन दोनों कहानियाँ नहीं छपीं। आप इसकी क्या वजह मानते हैं और शायद इसी के बाद आपने 'हंस' में कुछ भी न भेजने का फ़ैसला ले लिया।

भ. मो. : मुझे लगता है कि 'हंस' का वह शुरुआती दौर था। राजेन्द्र जी रचनाओं का चयन बेहद निर्ममता के साथ करते थे जिसका परिणाम यह हुआ कि 'हंस' ने पाठकों को एक-से-एक बेहतर कहानियाँ और प्रतिभाशाली लेखक दिये। हालाँकि उनमें से बहुत से प्रतिभाशालियों को आज हम जानते भी नहीं हैं। एकाध

कहानी लिखकर वे कहाँ बिला गए, कोई नहीं जानता। हिन्दी साहित्य को दिये जानेवाले आज के सर्वाधिक चर्चित, लोकप्रिय और उद्वेलित करनेवाले दलित और स्त्री-विमर्श दिये। अगर ये दोनों विमर्श नहीं होते तो आज जगह-जगह नुक्कड़ों पर हमें अपनी काँख में दबाए विमर्शों के नाम पर तख़्तियाँ लटकाए लेखकों की जो भीड़ दिखाई देती है, वह नज़र नहीं आती। इन विमर्शों ने ऐसे अनेक प्रतिभाहीनों को भी लेखक बना दिया जिनकी सामाजिक और वैचारिक परिपक्वता, चिन्तन व समझ हमेशा से बेहद सतही तथा सन्देहास्पद रही है। मगर राजेन्द्र जी के पूर्वग्रहों को भी हम अच्छी तरह जानते हैं। जिस लेखक या व्यक्ति को वे पसन्द नहीं करते थे 'हंस' में न छापने के उनके पास एक-से-एक तर्क होते थे। जबकि जिन्हें वे पसन्द करते थे उन्हें 'हंस' के कार्यालय में बिठाकर उनसे हाथों-हाथ कहानी लिखवाते थे। उदाहरण के लिए मैंने उनको दो कहानियाँ 'भूकम्प' और 'रंग-अबीर' भेजी, जो 1990 में रथ-यात्रा के दौरान मेवात में उपजे साम्प्रदायिक भय को आधार बनाकर लिखी गई थीं। लेकिन दोनों कहानियाँ पूरे सम्मान के साथ लौटा दी गईं। ऐसी ही स्थितियाँ एक बार फिर से मेवात में बनती नज़र आ रही हैं इसका ताजा उदाहरण है हाल में बल्लभगढ़ के अटाली गाँव में हुए दंगे। इनमें से पहली कहानी 'भूकम्प' बाद में 'साप्ताहिक हिन्दुस्तान' में प्रकाशित हुई। तत्पश्चात ये दोनों कहानियाँ 1993 में प्रकाशित मेरे कहानी-संग्रह 'अस्सी मॉडल उर्फ़ सूबेदार' में संकलित हैं। इस संग्रह की भूमिका में हिन्दी के वरिष्ठ आलोचक डॉ. नित्यानन्द तिवारी ने लिखा है, "स्थानीयता की बड़ी दारुण अनुभूति 'भूकम्प' कहानी में व्यक्त हुई है। हिन्दुस्तान-पाकिस्तान के बँटवारे से निकले दुख की अनेक कहानियाँ हिन्दी, पंजाबी, उर्दू, बांग्ला में क्लासिक महत्त्व पा चुकी हैं। 'भूकम्प' में 1947 की स्मृति है लेकिन यह स्मृति 30 तारीख़ (राम मन्दिर-बाबरी मस्जिद के सन्दर्भ में) के सम्भावित दंगों के सन्दर्भ में है। इतनी निकटवर्ती घटना को लेखक ने एक जीवन्त वास्तविक कलानुभूति में व्यक्त कर दिया है। इस कहानी की पारो की सृष्टि हिन्दी कहानी के महत्त्वपूर्ण पात्रों की जमात में शामिल होने लायक है।"

जबकि इस कहानी को न छापने का राजेन्द्र जी ने जो तर्क दिया वह यह है, "मेरी जानकारी में यह शायद पहली कहानी है जो मेवों के जीवन पर लिखी गई है। हो सकता है एकाध रांगेय राघव ने भी लिखी हो। मगर यह हिन्दी पाठकों के लिए नई ही है क्योंकि नामों से लेकर रीति-रिवाज़ और धार्मिक विश्वासों में वहाँ हिन्दू-मुसलमान इतने ज़्यादा घुले-मिले हैं कि बाहर वालों के लिए उस स्थिति को समझना मुश्किल है। सम्बन्धों की यह जटिलता और उलझन कहानी में कहीं दिखाई नहीं देती, इसलिए मुझे लगता है कि इस कहानी को चलते-चलते न लिखकर इस पर मेहनत करो और सामाजिक स्थितियों, सम्बन्धों की जटिलताओं और द्वंद्वात्मकता को ज़्यादा गहराई से उभारें।" लगभग ऐसी ही संक्षिप्त-सी टिप्पणी के बाद 'रंग-अबीर' भी लौटा दी गई। इसके

बाद मेरी समझ में आ गया कि 'हंस' में अब कुछ भी भेजना व्यर्थ है और मैंने तय कर लिया कि 'हंस' में अब मैं कुछ नहीं भेजूँगा। अपने इस क़ौल पर मैं आज तक क़ायम हूँ।

अ. ति. : आपने लिखा है कि राजेन्द्र यादव पिछले दस सालों से कुछ प्रतिभाहीन चिलमचियों से घिरते चले गए, जो किसी तरह से न कभी लेखक थे और न ही राजेन्द्र जी की कोशिशों के बाद वे लेखक बन पाए। इन चिलमचियों के कारण ही उन्हें असमय अवसान का शिकार होना पड़ा। क्या अब इन चिलमचियों का खुलासा करेंगे?

भ. मो. : ये प्रतिभाहीन चिलमची वही थे जिन्हें मैंने उनका ख़ास दरबारी कहा है। राजेन्द्र जी ने उन्हें इस क़दर लेखक बना दिया कि उनमें से ज़्यादातर का लेखक संघों पर लगभग क़ब्ज़ा-सा है। निर्मला जैन के शब्दों में कहूँ तो, 'राजेन्द्र जी ने खोटे सिक्कों को भी लेखक बना दिया।' मेरे इस इशारे से आप समझ सकते हैं कि एक तरफ़ इनमें कुछ अपने-आप के कम्युनिस्ट होने का दिखावा करते हैं, तो दूसरी तरफ़ तथाकथित हिन्दू राष्ट्रवादी सरकारों के आयोजनों में सीना तानकर शिरकत करते हैं। इनमें से एकाध तो वर्णवाद के ख़िलाफ़ भोथरी तलवार भाँज रहे हैं 'दलित' लेखक जलेस, प्रलेस और जसम जैसे सवर्णवादी लेखक संघों के समान्तर बनाए गए दलित लेखक संघों पर क़ब्ज़े के लिए ख़ून-ख़राबे पर आमादा हैं। इसका दृश्य पिछले दिनों हम देख चुके हैं।

अ. ति. : आपने कहा है कि वामपन्थी लेखक संगठनों की भूमिका वृद्धाश्रम से अधिक नहीं रह गई है। वह महज़ कुछ लेखकों के हस्ताक्षर अभियान के मंच बनकर रह गए हैं। इसके लिए आख़िर कौन दोषी है?

भ. मो. : जहाँ तक वामपन्थी लेखक संगठनों की भूमिका का सवाल है, इन पर एक वर्ग और जाति-विशेष का क़ब्ज़ा हो चुका है। मैं तो यह कहूँगा कि इन कारणों का एक समाजशास्त्रीय अध्ययन होना चाहिए कि हमारे सभी वामपन्थी लेखक संगठनों पर कुछ सवर्णों, ब्राह्मणों और राजपूतों का ही वर्चस्व क्यों है? क्या कारण है कि इन लेखक संगठनों में लेखकों से ज़्यादा अध्यापकों की भरमार है? कहीं इसके पीछे वही मनुवादी मानसिकता तो काम नहीं कर रही है, जो आज भी भारतीय समाज में कर रही है? मेरा मानना है कि लेखक संघों में पदाधिकारियों के चुनावों में पारदर्शिता होनी चाहिए। ऐसी पारदर्शिता नहीं जैसी पिछले दिनों एक दलित लेखक संघ के चुनावों में देखने को मिली थी। हम लाख कहें कि आज का लेखक मूल्यों के लिए लड़ता है, मुझे नहीं लगता। मेरा तो मानना है कि जो विकार हमारी राजनीति में हैं वही साहित्य में भी आ गए हैं अर्थात वर्चस्व का विकार। रही

बात इसके लिए कौन ज़िम्मेदार है, इसका जवाब हम सब जानते हैं लेकिन कहता कोई नहीं है। लेखक का यही दुचित्तापन इसके लिए ज़िम्मेदार है।

अ. ति. : वामपन्थी लेखक संगठनों पर आपने दलित और अति पिछड़ी जाति के लेखकों की उपेक्षा का आरोप लगाया है। आपका मानना है कि इसी उपेक्षा के चलते दलित लेखक संघों का उदय हुआ, इन संगठनों ने साहित्य में ऐसी कौन सी भूमिका निभाई, जिसे आप रेखांकित करना चाहेंगे?

भ. मो. : थोड़ी देर के लिए मान लें कि मैंने वामपन्थी लेखक संगठनों पर दलित और पिछड़ी जाति के लेखकों की उपेक्षा का जो आरोप लगाया है वह सही नहीं है, तब मैं एक बात जानना चाहता हूँ कि हमारे इन वामपन्थी लेखक संगठनों में आज दलित और पिछड़ी जाति (यादवों को छोड़कर) के कितने लेखक हैं? वामपन्थी लेखक संगठनों की इसी उपेक्षा से आजिज़ आकर ज़्यादातर दलित और एक हद तक पिछड़ी जाति के लेखक इनसे दूर होते चले गए। मुझे तो लगता है दलित लेखक संघ की अवधारणा ही अदूरदर्शी अवधारणा थी। इसकी जगह अगर इसका नाम 'बहुजन लेखक संघ' होता तो इसकी भूमिका और बड़ी होती। मगर इसके भी कुछ ख़तरे थे और वे ये कि जो शक्तियाँ वामपन्थी लेखक संगठनों पर क़ाबिज़ हैं, शायद 'बहुजन लेखक संघ' पर भी उन्हीं का क़ब्ज़ा होता और दलित लेखक फिर से वामपन्थी लेखक संगठनों की तरह उपेक्षित रह जाते। जैसेकि 'दलित लेखक संघ', 'दलित राइटर्स फ़ोरम', 'भारतीय दलित-साहित्य अकादमी' या फिर 'दलित-साहित्य लेखक मंच' जैसे संगठनों के गठन के उद्देश्य और निहितार्थ कुछ और थे लेकिन कुछ ही वर्षों में इनका जो चरित्र उभरकर आया है, वह बहुत ही निराश करनेवाला है। निराश करनेवाला इसलिए कि आज लेखक संघों को हम लेखक बनाने का कारख़ाना मान चुके हैं। इसलिए लेखक संघों में लेखक कम पदाधिकारियों के नाम पर कर्मचारी यूनियन के नेता और लेखकों के नाम पर भीड़ ज़्यादा बढ़ गई है, बल्कि मैं तो यहाँ तक कहूँगा कि हमारे तमाम लेखक संघ एनजीओ की तरह काम कर रहे हैं। इसलिए इन्हें साहित्यिक एनजीओ कहना ज़्यादा मुनासिब होगा। रही बात दलित लेखक संघ की भूमिका की, तो मेरी नज़र में इस संघ की सबसे बड़ी भूमिका यही है कि लेखक संघों के नाम पर प्रगतिशील लेखक संघ से टूटकर आज जिस तरह तीन-तीन वामपन्थी लेखक संघ बन गए हैं, उसी तरह आश्चर्य नहीं होना चाहिए कि दलित लेखक संघों पर क़ब्ज़े के चलते टूटकर जल्द ही और दलित लेखक संघ अस्तित्व में आ जाएँ। कहने का तात्पर्य मेरा यह है कि चरित्र और चाल-चलन के लिहाज़ से ये दलित लेखक संघ भी वामपन्थी लेखक संगठनों से अलग नहीं हैं। अलग इसलिए नहीं कि एक दलित लेखक संघ पर अछूत दलित (जाटव, वाल्मीकि आदि) तथा सवर्ण दलितों के बीच वर्चस्व और अहम का ज़बरदस्त टकराव चल रहा है।

वास्तव में यह दलितों के भीतर का वर्गीय और जातिवादी संघर्ष है। अगर चाहें तो ये दलित लेखक संघ बहुत बेहतर काम कर सकते हैं मगर करें तो तब, जब इससे जुड़े दलित लेखकों को एक-दूसरे पर कीचड़ उछालने से फ़ुर्सत मिले। बावजूद इसके इन दलित लेखक संघों की एक बड़ी भूमिका मेरी नज़र में यह रही है कि कल तक ब्राह्मणवादी मानसिकता के चलते जिन दलितों-अति पिछड़ों को लेखक के रूप में मान्यता नहीं मिलती थी, या उन्हें लेखकों की जमात में शामिल नहीं किया जाता था, अवसर मिलते ही आज उनकी इन समाजों के लेखकों की ब्राह्मणवादी-सवर्ण लेखकों के समान्तर अपनी एक साहित्यिक सत्ता है जो किसी के प्रमाण-पत्र से लेखक नहीं बने हैं। बल्कि अपने लेखकीय ताप और ऊर्जा से अपनी ज़मीन पुख़्ता कर पाए हैं।

अ. ति. : केन्द्रीय सत्ता में विशाल बहुमत वाली मोदी सरकार के आते ही हिन्दी के लेखकों की निष्ठा डाँवाँडोल हो रही है। छत्तीसगढ़ से लेकर बनारस तक तथाकथित हिन्दू राष्ट्रवादी सरकारों के आयोजनों में लेखक शामिल हो रहे हैं। सवाल उठाने पर वह हास्यास्पद जुमले गढ़ रहे हैं। सवाल करनेवालों की ही नीयत पर सन्देह जताते हुए एक लेख के बदले पाँच लेख ('जनसत्ता' में वीरेन्द्र यादव के लेख के जवाब में पाँच लेख) लिखवाए जा रहे हैं। 'पाखी' में सवाल उठानेवाला लेख छपते ही अगले अंक में पत्रिका के मालिकान द्वारा सम्पादक की भूमिका को गौण करते हुए स्पष्टीकरण दिया जा रहा है। क्या लेखकों की रीढ़ इतनी कमज़ोर हो गई है कि उनके लिए विचारधारा और साम्प्रदायिकता किसी तरह का मुद्दा नहीं रहा? इसे आप किस रूप में देख रहे हैं?

भ. मो. : मैं बार-बार एक बात कहता हूँ कि विचारधारा एक तरह से बाहरी आवरण है। हम चाहे अपने-आप को लाख कम्युनिस्ट कह लें, कितना ही प्रगतिशील मान लें मगर मानसिकता और आचरण से हम वही हैं जो होना चाहिए। यह तो अभी शुरुआत है और नई सरकार को आए हुए एक ही साल हुआ है। आगे-आगे देखिए क्या होता है। कई ऐसे लेखक अचानक अपनी-अपनी माँदों से बाहर निकल आए हैं, जो कल तक अपने-आप को वामपन्थी कहते थे, रातोंरात राष्ट्रवादी बन गए हैं। जिनके हिन्दुत्व और राष्ट्रवाद का अन्दर-ही-अन्दर अभी तक दम घुट रहा था और जो बाहर आने के लिए छटपटा रहा था, वह धीरे-धीरे बाहर आना शुरू हो गया है। सबसे बड़ा सवाल तो हमारे हिन्दी के उन वामपन्थी लेखक संगठनों को लेकर खड़ा होता है, जिन्हें मैं हिन्दी नहीं 'हिन्दू' लेखक संघ कहता हूँ। सबसे मज़ेदार तो यह है कि दिल्ली इकाई के एक लेखक संघ की मुखिया जो कि जन्मना ब्राह्मण हैं, हिन्दू राष्ट्रवादी सरकार के आयोजन में अपने शामिल होने को न केवल जस्टिफाई करती हैं बल्कि लगता है वे आगे भी ऐसे आयोजनों में जाती रहेंगी।

प्रखर समालोचक वीरेन्द्र यादव की हिम्मत की हमें सराहना करनी होगी जिन्होंने इन हिन्दूवादी कम्युनिस्टों की तथाकथित प्रगतिशीलता को बेपर्दा कर दिया। मैं तो इस पूरे प्रकरण को लेकर यह सोच रहा हूँ कि अगर आज राजेन्द्र यादव जी होते तो अपने इन दो लेखकों यानी वीरेन्द्र यादव और दिल्ली इकाई के लेखक संघ की मुखिया की इस आचरण-लीला के बारे में क्या कहते। दरअसल, हिन्दी के लेखक की आकांक्षाएँ, महत्त्वाकांक्षाएँ और उसकी दौड़ इतनी छोटी होती है कि वह कहाँ और कब फिसल जाए कुछ नहीं कह सकते। छोटे-छोटे स्वार्थों के लिए वह कुछ भी समझौता कर सकता है। यह व्याधि आर्थिक रूप से सम्पन्न उन लेखकों में कहीं ज़्यादा नज़र आती है जो प्रवृत्ति से कभी लेखक नहीं थे। बस संयोग से उन्हें एक गॉडफ़ादर मिल गया और बन गए मसीहा। ये अपने संसाधनों के बल पर लेखक तो बन जाते हैं लेकिन लेखक बनने पर सबसे ज़्यादा नुक़सान भी इन्हीं के कारण होता है क्योंकि विचारधारा को ये बपौती के रूप में इस्तेमाल करते हैं। विचारधारा का ढिंढोरा भी सबसे ज़्यादा वही पीटते हैं जो संस्कारगत और मानसिक रूप से साम्प्रदायिक हैं। लेखक या लेखक संगठन तो समाज में अपने-आप को प्रगतिशील दिखाने का माध्यम और मंच हैं। यहाँ एक बात और, हमारे ज़्यादातर लेखक संघों की कार्यशैली हू-ब-हू कुछ वर्चस्ववादी राजनीतिक पार्टियों की तरह है, यानी जो सालों से इनसे जुड़े हुए हैं वे मामूली कार्यकर्ता की तरह काम करते हैं, और मोटा चन्दा देनेवाला इनका पदाधिकारी बन जाता है। आज तो इनसे जुड़े बहुत से लेखकों को आप 'मुँह में राम, बग़ल में वाम' वाली मुद्राओं में देख सकते हैं।

अ. ति. : एक समय आपने भी 'काला पहाड़' उपन्यास का विमोचन एक भाजपा नेत्री से कराया था, जिस पर हिन्दी-जगत् में बहुत हंगामा मचा था। ऐसा कराने के पीछे आपकी क्या मजबूरी थी?

भ. मो. : दरअसल, यह लेखक या प्रकाशक द्वारा कराया गया कोई सार्वजनिक लोकार्पण या विमोचन नहीं था। 'काला पहाड़' के प्रकाशन पर यह मेरे विभाग (जहाँ मैं आज भी कार्यरत हूँ) द्वारा इस मंशा और नीयत से दी गई एक छोटी-सी चाय पार्टी थी कि इस कार्यालय में भी एक लेखक नाम का जीव है। यह एक संयोग था कि भाजपा से जुड़ी, गोवा की वर्तमान राज्यपाल और हिन्दी की लेखिका मृदुला सिन्हा उन दिनों हमारे बोर्ड (विभाग) की अध्यक्षा थीं। चाय पार्टी के दौरान उनके कर कमलों से पूरी की गई यह एक अनौपचारिक-सी 'काला पहाड़' की मुँह दिखाई जैसी रस्म-भर थी। हाँ, मुझसे एक नादानी यह हो गई कि इस चाय पार्टी की छोटी-सी ख़बर, जिन्होंने चाय-पानी पर ख़र्चा किया था उनके एहसान को उतारने की ग़रज़ से छपवा दी। इसके छपते ही तीख़ी प्रतिक्रियाएँ शुरू हो गईं। सबसे तीख़ी प्रतिक्रिया राजेन्द्र यादव की थी। उन्होंने तो एक तरह से मुझ पर

आरएसएस का तमग़ा ही लगा दिया था। मगर राजेन्द्र जी भूल गए थे कि 'काला पहाड़' का लेखक उनके द्वारा बनाए गए उन लेखकों की तरह नहीं है, जो 'मुँह में राम, बग़ल में वाम' की पोथी दबाए तथाकथित हिन्दू राष्ट्रवादी सरकारों के आयोजनों में चले जाते हैं।

अ. ति. : भालचन्द्र नेमाड़े को ज्ञानपीठ सम्मान देने के लिए आयोजित समारोह के मुख्य अतिथि नरेन्द्र मोदी थे, जिसकी अध्यक्षता प्रगतिशील लेखक संघ के लम्बे समय तक अध्यक्ष रहे आलोचक नामवर सिंह ने की। उसी समारोह में यह बखान भी किया गया कि मोदी कवि और साहित्यकार भी हैं। ज्ञानपीठ के मंच से संचालक द्वारा किया गया मोदी का यह बखान आख़िर हिन्दी लेखकों की कौन सी छवि पेश कर रहा है?

भ. मो. : जैसाकि मैंने पहले ही कहा है कि हमारे ज़्यादातर लेखक संघ एक तरह से वृद्धाश्रमों में तब्दील होकर रह गए हैं। दूसरा मैंने कहा है कि हिन्दी के लेखक की आकांक्षाएँ, महत्त्वाकांक्षाएँ और उसकी दौड़ इतनी छोटी होती है कि वह कहाँ और कब फिसल जाए कुछ नहीं कह सकते। छोटे-छोटे स्वार्थों के लिए वह अपनी तथाकथित वैचारिकता को ताक़ पर रख कुछ भी समझौता कर सकता है। वास्तव में मौजूदा दौर वैचारिक द्वंद्व का है। रही बात भारतीय ज्ञानपीठ की तो हमें यह नहीं भूलना चाहिए कि यह संस्था एक निजी प्रकाशन संस्था है। एक ऐसी संस्था जिसे हम अन्य प्रकाशन संस्थानों की तरह निजी दुकान भी कह सकते हैं। ऐसे में साहित्य और वैचारिक प्रतिबद्धता का उससे क्या वास्ता। यह उसका निजी विचार और उसकी निजी खोज है कि वह किसको लेखक मानती है और किसको नहीं। देश के प्रधानमंत्री को लेखक मानना या बताना इनकी कुछ विवशता भी हो सकती है, और जब विवशता आड़े आती है तो आदमी किसी को कुछ भी मान सकता है।

अ. ति. : पिछले कुछ समय से जिस तरह शिक्षा का भगवाकरण किया जा रहा है। किताबों, लेखकों व कलाकारों को कट्टरपन्थी ताक़तों द्वारा निशाना बनाया जा रहा है, और उस पर लेखकों, लेखक संगठनों और समाज का एकजुट न होना क्या यह नहीं साबित करता है कि आनेवाले समय में और बड़ी चुनौती पेश आनेवाली है?

भ. मो. : अपने एक सवाल में आपने मेरे हवाले से कहा है कि वामपन्थी लेखक संगठनों की भूमिका वृद्धाश्रम से अधिक नहीं रह गई है। वे महज़ कुछ लेखकों के हस्ताक्षर अभियान के मंच बनकर रह गए हैं। यह उस सच्चाई को प्रमाणित करता है जैसा मैंने कहा था। आप कट्टरपन्थी ताक़तों के ख़िलाफ़ हमारे लेखकों, लेखक संगठनों के एकजुट न होने की जो बात कर रहे हैं, तो उसके सन्दर्भ में सबसे पहले यह देखना होगा कि जिन लेखक संगठनों और उनसे जुड़े लेखकों से इस एकजुटता

की अपेक्षा की जानी चाहिए, वे तो ख़ुद उन्हीं के आयोजनों में दावतें उड़ाते देखे जा रहे हैं। आख़िर लेखक संघ भी तो इन्हीं लेखकों से मिलकर बने हैं। अगर इनके पदाधिकारी ही इन आयोजनों में जा रहे हैं तो फिर किससे उम्मीद की जाए। रही बात लेखकों, लेखक संगठनों और समाज के एकजुट न होने से आनेवाले समय में पैदा होनेवाली चुनौतियों की, तो एक लेखक के रूप में हमें ख़ुद अपने गिरेबान में झाँककर देखना चाहिए कि एक लेखक की आज उसके अपने समाज में क्या हैसियत रह गई है। जैसाकि कहा जाता है कि एक आम नागरिक अगर समाज में किसी पर सबसे ज़्यादा भरोसा करता है, तो एक लेखक पर करता है। लेकिन यह भरोसा भी समाज में तेज़ी से ख़त्म होता जा रहा है। समाज में हो रहे अच्छे-बुरे को लेकर लेखक का जो हस्तक्षेप होना चाहिए वह मात्र उसके हस्ताक्षर अभियान का हिस्सा बनकर रह गया है। ईमानदारी से देखें तो राजेन्द्र यादव के बाद आज हिन्दी समाज में कोई पब्लिक इंटेलेक्चुअल नहीं है। जो होने का दावा करते हैं वे वास्तव में उन्हीं ताक़तों के लिए काम करते हैं, जिनकी आपने बात की है। मुझे लगता है कि जब तक हमारे लेखक संघों को सवर्णवादी मानसिका सोचवाली ताक़तों और एनजीओ संस्कृति से मुक्ति नहीं मिलेगी यह चुनौती और ज़्यादा बड़ी होती चली जाएगी। मगर लगता है हमारे लेखक संघ इसके लिए तैयार नहीं हैं।

अ. ति. : हिन्दी प्रकाशन जगत् में बड़ी मात्रा में स्तरहीन चीज़ें छप रही हैं। एकाएक एक ऐसी संस्कृति का उदय हुआ है कि कुछ तथाकथित सेलिब्रिटी, जो स्वभाव से लेखक नहीं हैं उन्हें भी लेखक बनाने का प्रयास किया जा रहा है। दावा तो यह भी है कि उनकी पुस्तकें हज़ारों में बिक रही हैं और ये साँठ-गाँठ से पुस्तकालयों में पहुँचने भी लगी हैं। ऐसे में पाठकों (ख़ासकर नये) तक स्तरीय रचना पहुँचना मुश्किल होता जा रहा है। इस मसले पर बड़े से लेकर छोटे लेखक तक चुप्पी साधे हैं क्योंकि अधिकांश बड़े प्रकाशक बड़े लेखकों को अपने क़ब्ज़े में किये हैं। लेकिन क्या यह लेखकों की ज़िम्मेदारी नहीं बनती है कि वे प्रकाशकों के इस गोरखधन्धे के ख़िलाफ़ आवाज़ उठाएँ?

भ. मो. : यह सारा बाज़ार का खेल है जिसमें हम अच्छे-बुरे, नैतिक-अनैतिक, स्याह और सफ़ेद में अन्तर करना भूल जाते हैं। बाज़ार का एक सिद्धान्त और है कि उसमें प्राय: उसी चीज़ को जगह मिलती है जो चमकती है। जिस तरह के तथाकथित सेलिब्रिटी लेखन को बढ़ावा देने की बात है ऐसा नया नहीं है। दरअसल, हम भूल जाते हैं प्रकाशक एक व्यापारी है वह वही छापेगा और बेचेगा जैसा उसके सलाहकार सलाह देंगे। एक समय था जब हिन्दी का प्रकाशक अपने यहाँ कुशल, भाषा मर्मज्ञ और साहित्य की गहरी समझ रखनेवाले सम्पादक रखते थे, जिनसे लेखक बहुत कुछ सीखता था। पांडुलिपियों का इतनी कुशलता से सम्पादन करते

थे कि ख़ुद लेखक को ही पता नहीं चलता था कि उसकी मूल रचना में कहाँ-कहाँ सम्पादन हुआ है। लेकिन अब इनकी जगह इवेंट मैनेजर और सेल्स मैनेजर क़िस्म के तथाकथित सलाहकारों ने ले ली है, जो प्रकाशक को एक अलग दुनिया के सब्ज़बाग़ दिखाकर फ़िल्मी हस्तियों, राजनेताओं की तथाकथित आत्मकथाओं, अकबर-बीरबल के क़िस्से तथा हास्य-व्यंग्य के नाम पर विदूषक क़िस्म के कवियों और बड़े-बड़े ओहदों पर प्रस्थापित अफ़सरों और तथाकथित सेलिब्रिटीज़ की रचनाओं के साथ-साथ मेरठ से छपनेवाले लुगदी साहित्य के लेखकों को प्रकाशित करने के लिए न केवल प्रोत्साहित करते हैं, बल्कि उन्हें मानसिक रूप से तैयार भी करते हैं।

रही बात प्रकाशक की सो उस बेचारे को 'चार आने का तेल, तेल के चार आने' करने से ही फ़ुर्सत नहीं है इसलिए वह आसानी से इनके झाँसे में आ जाता है। इन सलाहकारों की सबसे बड़ी विशेषता यह होती है कि इनकी हैसियत मालिकों से भी ज़्यादा हो गई है और लेखकों से ये जिस ऊँचाई से बात करते हैं, वह तो हैरान करती है। अगर आपको यक़ीन नहीं है तो पिछले कुछ वर्षों में हिन्दी में प्रकाशित पुस्तकों को उठाकर देख लीजिए। इस पर तुर्रा यह कि हिन्दी में पाठक नहीं हैं। रही बात इस मसले पर बड़े से लेकर छोटे लेखक तक चुप्पी साधने की, तो वह समय गया जब हमारे बड़े लेखकों की ऐसे मामलों में कोई हैसियत होती थी। अब तो अधिकांश बड़े प्रकाशक बड़े लेखकों को अपने क़ब्ज़े में किये हुए हैं। इसलिए उनसे किसी तरह की अपेक्षा करना बेमानी है। ऐसे मामलों में अक्सर हमारा लेखक ख़ामोश ही रहता है। कहीं-न-कहीं यह उसके भीतर का वह असुरक्षा-बोध है जो उसे प्रकाशकों के ख़िलाफ़ बोलने से रोकता है। मेरा तो स्पष्ट मानना है कि अगर एक लेखक के लिए जितना ज़रूरी प्रकाशक है, उससे कहीं ज़्यादा प्रकाशक को लेखक की ज़रूरत है। लेखक के पास तो जीवन-यापन के अनेक साधन हो सकते हैं मगर प्रकाशक का तो एकमात्र साधन और माध्यम लेखक ही है। बल्कि अकेला प्रकाशक ही नहीं उसके यहाँ कार्यरत वे कर्मचारी भी लेखक पर आश्रित हैं जिनका परिवार उससे चलता है। यह बात लेखक और प्रकाशक दोनों को समझने की ज़रूरत है। मगर दुर्भाग्य से आज लेखक की हैसियत किसान, और प्रकाशक की भूमिका महाजन जैसी हो गई है। लेखक की अपने समाज में क्या हैसियत है हम सब जानते हैं। यह सही है कि जातिवाद, साम्प्रदायिकता, वर्ण-व्यवस्था, सामन्तवाद, शोषण के ख़िलाफ़ सबसे ज़्यादा अगर समाज की कोई इकाई आवाज़ बुलन्द करती है तो वह है लेखक। मगर इसका सबसे बड़ा दुर्भाग्य यह है कि अपने ही समाज में इन व्याधियों का सबसे ज़्यादा शिकार भी वही होता है।

अ. ति. : आप मेवात (हरियाणा) से आते हैं और अपने कथा-साहित्य में मेवात को पूरी शिद्दत के साथ जीते भी हैं। मेवात की ज़मीन ने सामाजिक समरसता

और भाईचारे वाला विश्वास क़ायम रखा है। आपसी मेल-जोल के लिए मेवात की ज़मीन अलग तरह की मानी जाती रही है, लेकिन पिछले कुछ समय से पश्चिमी भारत में साम्प्रदायिक हिंसा की घटनाओं में तेज़ी से वृद्धि हुई है। इसकी शुरुआत उत्तर प्रदेश के मुज़फ़्फ़रनगर से मानी जाती है। इसी कड़ी में राजस्थान के मेवात स्थित गोबिन्दगढ़, उत्तर प्रदेश के कोसीकलाँ और हाल में हरियाणा के बल्लभगढ़ के अटाली गाँव में हिंसा की घटना शामिल है। मेवात में 1992 के दौरान घटी घटनाओं का अपने पहले उपन्यास 'काला पहाड़' में जिस तरह आपने सामाजिक समरसता और भाईचारे वाले विश्वास के साथ मार्मिक वर्णन किया है वह अप्रतिम है। क्या कारण है कि मेवात में भी अब रिश्तों और सम्बन्धों का ताना-बाना टूट रहा है और इसे कैसे बचाया जा सकता है?

भ. मो. : आपने सही कहा है कि मेवात की ज़मीन सामाजिक समरसता और भाईचारे वाले विश्वास के लिए जानी जाती है। इसकी सबसे बड़ी वजह मेवात की वह सांस्कृतिक सम्पन्नता और सामुदायिक परम्परा रही है जो भारतीय समाज की सबसे बड़ी ताक़त है। पता नहीं कितने लोगों को मालूम है कि ब्रज के सबसे बड़े कवि अब्दुर्रहीम ख़ानख़ाना की माँ एक मेव सरदार हसन खाँ मेवाती की भतीजी थीं। वही हसन खाँ मेवाती जिसने एक बाहर से आए हममज़हबी आततायी बाबर द्वारा आग्रह करने के बावजूद राणा सांगा के ख़िलाफ़ नहीं, बल्कि राणा सांगा के साथ मिलकर बाबर के ख़िलाफ़ लड़ाई लड़ी थी। कितनों को पता है कि आज भी महाभारत पर आधारित 'पंडून कौ कड़ा' मेवात के मेवों में सबसे अधिक गाया-बजाया जाता है? कितनों को मालूम है कि आज भी मेवों में एक बहन अपने भाई से भात लेते समय वही गीत गाती है, जो पश्चिमी उत्तर भारत के हिन्दू परिवारों में गाया जाता है? ऐसे अनेक उदाहरण हैं जो मेवात की सामाजिक समरसता और भाईचारे वाले विश्वास को दर्शाते हैं। दरअसल, हमारी सामाजिक समरसता के पहले सूत्र हमारे अपने समाज में छिपे हुए हैं। यह मेवात जैसे क्षेत्रों का दुर्भाग्य है कि यह सामाजिक समरसता और भाईचारे वाला विश्वास पिछले ढाई दशक, ख़ासकर रथयात्रा, विशेषकर 1992 में विवादित राम जन्मभूमि-बाबरी मस्जिद के ढहाने के बाद बड़ी तेज़ी से दरका है। 1990 के दौरान निकाली गई रथयात्रा से इस देश के अल्पसंख्यकों में जो भय पैदा हुआ था, वह 1992 में देखने को मिला। यहाँ एक दिलचस्प तथ्य यह है कि मेवात में जितनी भी हिंसक घटनाएँ हुई हैं वे मेवात के सीमान्त में हुई हैं यानी जहाँ-जहाँ मेव अल्पसंख्यक की स्थिति में हैं वहाँ ये घटनाएँ हो रही हैं। एक दिलचस्प तथ्य यह भी है कि इन साम्प्रदायिक घटनाओं में हिन्दुओं की ओर से जो समुदाय प्रतिनिधित्व कर रहा है, उसका सम्बन्ध कृषक समाज से है यानी वह जाट है। जबकि जाटों और मेवों के स्वभाव और मूल प्रवृत्ति

समान हैं। इसीलिए इन दोनों समुदायों के बारे में मेवात में यह कहावत प्रचलित है कि 'जाट को कहा हिन्दू और मेव को कहा मुसलमान।' मेवों से तो जाट, गूजर, अहीर, यादव समुदाय के पारस्परिक सामाजिक सम्बन्ध बहुत ही सौहार्दपूर्ण और मधुर रहे हैं। दरअसल, जैसे-जैसे जाट, गूजर, अहीर, यादव समुदायों की आर्थिक सम्पन्नता बढ़ी है वैसे-वैसे इनकी राजनीतिक महत्त्वाकांक्षाओं में भी तेज़ी से वृद्धि हुई है। अगर देखा जाए तो आज एक राष्ट्रवादी राजनीतिक पार्टी इन समुदायों का सबसे ज़्यादा इस्तेमाल अल्पसंख्यकों के विरुद्ध कर रही है। इस पार्टी की सबसे बड़ी ताक़त ही ये समुदाय हैं। मुझे तो यह भी आशंका है कि ये जो नफ़रत आज मुसलमान अल्पसंख्यकों के प्रति है, आनेवाले समय में वह दलितों के प्रति शुरू हो जाएगी।

रही बात यह कि मेवात में रिश्तों और सम्बन्धों का ताना-बाना टूट रहा है, तो उसे बचाने के लिए हमें सामाजिक परिवर्तनों की पुन: समीक्षा करनी होगी। साथ ही, समाज में जिस तरह धर्म का दख़ल बढ़ा है और उसके चलते सभी समुदायों में जिस तरह साम्प्रदायिकता तेज़ी से घर करती जा रही, उसके प्रति लोगों की समझ बदलनी होगी।

(*सृजन सन्दर्भ*, त्रैमासिक, कल्याण पश्चिम, ठाणे, महाराष्ट्र; जनवरी-जून, 2015)

जीवन से बनती है विचारधारा

प्रीति सिंह परिहार की बातचीत

प्रीति सिंह परिहार : आपके लेखन की शुरुआत कैसे हुई?

भगवानदास मोरवाल : मेरा मानना है कि एक लेखक को अपने लेखन का सबसे पहला सबक स्वयं के जीवन से मिलता है। जीवन से मेरा तात्पर्य परिवार, परिवेश, समाज और संघर्ष से है। वह अपने आसपास के माहौल से जो कुछ भी पाता है, उसकी अभिव्यक्ति ही उसके लेखन की पहली सीढ़ी होती है। मेरे लेखन की शुरुआत अपने ऐसे ही देखे-भाले समाज को दर्ज करते हुए हुई। हर लेखक अपने आरम्भिक लेखन में बहुत सारी विधाओं में लिखने का प्रयास करता है। ज़्यादातर लेखकों की शुरुआत प्रायः कविताओं से होती है। धीरे-धीरे उनकी समझ, परिपक्वता, नज़रिया और अनुभव अपने-आप लेखन का रास्ता बना देते हैं कि वह किस विधा में लिखें। मेरी पहली कहानी 'सिला हुआ आदमी', जिसे मैं अपनी पहली आधिकारिक कहानी मानता हूँ, 1981 में प्रकाशित हुई थी। इसी नाम से मेरा पहला तथाकथित कहानी-संग्रह भी है।

प्री. सिं. प. : तो यह माना जाए कि आपकी पारिवारिक पृष्ठभूमि और परिवेश ने आपको लेखक बनाया?

भ. मो. : मुझे लगता है कि हर लेखक को लेखक बनाने में सबसे बड़ी भूमिका उसकी पारिवारिक परिस्थितियों, सामाजिक परिवेश और जीवन-जगत् की ही होती है। किसी भी लेखक के जीवन-संघर्ष और सामाजिक परिवेश को उसके लेखन से जाना जा सकता है। मेरा पहला उपन्यास 'काला पहाड़' मेरी सामाजिक परिस्थितियों, स्मृतियों और अनुभवों का संसार है। मैं हरियाणा के मेवात इलाक़े से हूँ, जहाँ मेव मुसलमानों की बहुलता है। 'काला पहाड़' वहाँ के समाज और संस्कृति को प्रतिपादित करता है।

प्री. सिं. प. : क्या लेखन के लिए किसी ख़ास विचारधारा से जुड़ाव ज़रूरी है?

भ. मो. : विचारधारा से मतलब यह नहीं है कि आप किसी राजनीतिक दल या संगठन के सदस्य हों। किसी भी व्यक्ति, ख़ासतौर से रचनाकार की विचारधारा

का निर्माण उसके सामाजिक-पारिवारिक परिवेश और जीवन-संघर्ष से होता है। सामासिक स्थितियों से होता है। विचारधारा कोई ऐसी चीज़ नहीं कि आप उसे कहीं से आयातित कर लें, वह तो आपके जीवन से ही निर्मित होती है। लेकिन हमारे साहित्य-जगत् में विचारधारा के अमूमन दो ही अर्थ लगाए जाते हैं—एक दक्षिणपन्थ, दूसरा वामपन्थ। एक घपला यह भी है कि वामपन्थ को सीधे-सीधे प्रगतिशीलता से जोड़ दिया जाता है। जबकि प्रगतिशील तो कोई भी हो सकता है, इसके लिए ज़रूरी नहीं कि वह कम्युनिस्ट ही हो। लेखक के लिए विचारधारा से ज़्यादा अहम है अपने जीवन-जगत् के प्रति ईमानदारी। कुछ लोग विचारधारा का दिखावा करते हैं, और एक तरह से इसका उपयोग आवरण की तरह करते हैं। दरअसल, मानसिकता और विचारधारा में हम आसानी से अन्तर नहीं कर पाते हैं।

प्री. सिं. प. : आपने अब तक के अपने सभी उपन्यासों में अलग-अलग विषय उठाए हैं। आपको विषय पहले सूझता है या कथा पहले आकार लेती है?

भ. मो. : कथा बाद में बनती है। पहले तो आप जिस विषय पर उपन्यास या कहानी लिखना चाह रहे हैं, उसे लेकर आपके अनुभव कैसे हैं, तैयारी कैसी है, कथा इस पर निर्भर करती है। इस तैयारी से आपकी कथा का आधार तैयार होता है। मैंने जब मेवात को केन्द्र में रखकर 'काला पहाड़' लिखने के बारे में सोचा, तो मेरे पास अपने ढेरों अनुभव और स्मृतियाँ थीं। 'बाबल तेरा देस में' लिखते हुए भी स्मृतियाँ ही आधार बनीं, लेकिन इनको और व्यापक बनाने के लिए मुझे दूसरे औज़ारों का भी सहारा लेना पड़ा। इसीलिए कहते हैं कि उपन्यास लेखन अपने-आप में एक तरह का शोध है। शोध के बिना उपन्यास नहीं लिखा जा सकता। सवाल यह है कि यथार्थ, कल्पना और अपने बुद्धि-कौशल तीनों का लेखक कैसे इस्तेमाल करता है।

प्री. सिं. प. : शोध के बाद की रचना-प्रक्रिया के बारे में बताएँ?

भ. मो. : शोध के रूप में तैयार किये गए कच्चे माल से भी कई बार काम नहीं बनता है। आपके पास मैदान तो पूरा हरा-भरा होता है लेकिन संकट सिरा खोजने का होता है। कई बार समझ में नहीं आता कि शुरुआत कहाँ से करें। मेरा अपना मानना है कि शुरुआत और अन्त किसी भी रचना की बहुत बड़ी ताक़त होते हैं। अक्सर यह भी होता है कि आपने प्रारम्भ में जिन पात्रों का चयन किया, अन्त में जाकर पता चलता है कि दूसरे अन्य पात्रों ने उनकी जगह ले ली है। लेखक एक ख़ाका बना लेता है कि रचना को कहाँ से शुरू कर कहाँ ख़त्म करना है लेकिन अन्त में पता चलता है कि ऐसा तो हुआ ही नहीं। उपन्यास में एक चुनौती अपने ढेर सारे पात्रों को एकसूत्र में बाँधे रखने की भी होती है।

प्री. सिं. प. : अपने लेखन की मूल चिन्ता के बारे में बताएँ?

भ. मो. : मेरे लेखन की मूल चिन्ता इस देश के वंचित तबक़ों, दलितों और आदिवासियों की अस्मिता व अस्तित्व को बचाने का संघर्ष और उनके सरोकार हैं। ऐसा इसलिए है कि मैं भी इन्हीं में से एक हूँ। जो इनकी पीड़ाएँ हैं, वही मेरी भी हैं।

प्री. सिं. प. : सुना है आपके उपन्यास 'रेत' को लेकर आप पर मुक़दमा चल रहा है।

भ. मो. : यह अभिव्यक्ति की स्वतंत्रता का प्रश्न है। अगर कोई आपसे असहमत है और अपना विरोध जता रहा है तो यह उसका अधिकार है, जिसको हमें विनम्रता से स्वीकार करना चाहिए। एक लोकधर्मी लेखक की सबसे बड़ी ईमानदारी यही है। हाँ, विरोध के तरीक़े से आप सहमत-असहमत हो सकते हैं।

प्री. सिं. प. : लेखकीय पुरस्कारों की क्या अहमियत है आपकी नज़र में?

भ. मो. : पुरस्कार या सम्मान की भूमिका लेखक के लेखन में इतनी भरी है कि वे उसे एक तरह की ऊर्जा प्रदान करते हैं।

प्री. सिं. प. : इन दिनों क्या नया लिख रहे हैं?

भ. मो. : अगले महीने तक मेरा नया उपन्यास 'नरक मसीहा' पाठकों के सामने होगा। यह देश में फैली एनजीओ संस्कृति को केन्द्र में रखकर लिखा गया है। इसके अलावा मैं ब्रज की विधवाओं पर भी लिखना चाहता हूँ। यह शोध और फ़ील्ड वर्क के बाद ही सम्भव है। मैंने थोड़ा काम शुरू भी कर दिया है। एक और विषय है मेरे मन में। मैंने देखा है कि पिछले कुछ वर्षों से हमारे यहाँ कुछ समुदायों की धार्मिक पहचानों को धीरे-धीरे एक प्रक्रिया के तहत बदलने की कोशिश की जा रहा है। हो सकता है इस पर पहले काम कर लूँ।

(*प्रभात ख़बर;* 25 मई, 2014)

उपन्यास लेखन अपने-आप में शोध है

अशोक मिश्र की बातचीत

अशोक मिश्र : आपका झुकाव लेखन की ओर कैसे हुआ?

भगवानदास मोरवाल : लेखन के प्रति झुकाव का ऐसा कोई विशेष कारण नहीं था। जैसाकि अक्सर होता है थोड़ी सी रुचि लिखने को लेकर थी जिसे अभिव्यक्ति कह सकते हैं और जिसकी शुरुआत उन दिनों गुड़गाँव (हरियाणा) से प्रकाशित अख़बार 'मेवात' में कुछ कविताओं के रूप में हुई। आगे चलकर मेवात सम्बन्धी कुछ लेख भी इसी अख़बार में प्रकाशित हुए। 1981 में दिल्ली आने के बाद यह क्रम जारी रहा, जो कुछ कविताओं से शुरू होता हुआ कहानियों की ओर बढ़ने लगा और 1994 तक चलता ही रहा। इसी साल एक और कहानी-संग्रह 'अस्सी मॉडल उर्फ़ सूबेदार' प्रकाशित हुआ। संग्रह की ज़्यादातर कहानियाँ मेवाती पृष्ठभूमि को लेकर लिखी गई थीं। इनमें शीर्षक कहानी के साथ ही 'रंग-अबीर', 'भूकम्प' और 'मेहराब' आदि कहानियों को काफ़ी सराहा गया। लेकिन एक लेखक के रूप में असली पहचान और स्वीकृति 1999 में प्रकाशित 'काला पहाड़' उपन्यास से मिली। 'काला पहाड़' उपन्यास की अगले तीन बरसों तक साहित्य-जगत् में ख़ासी चर्चा रही। इसकी मुख्य वजह रही मेवात जैसे उपेक्षित क्षेत्र पर पहली बार उपन्यास के रूप में किसी रचना का आना।

अ. मि. : अपने पहले उपन्यास के लिए मेवात को ही कथावस्तु के रूप में क्यों चुना?

भ. मो. : इसकी मुख्य वजह यह थी कि दिल्ली आगमन के शुरुआती दौर में जब मेरा कॉफ़ी हाउस जाना लगा रहता था, उसी दौरान हिन्दी के लेखकों के बीच साम्प्रदायिकता को लेकर ख़ूब बहस होती थी, विशेषकर हिन्दू-मुस्लिम साम्प्रदायिकता को लेकर। चूँकि मेरा सम्बन्ध भी ऐसे समाज से है जिसमें साम्प्रदायिकता जैसी अवधारणा के लिए कोई जगह नहीं है इसलिए मुझे लगा कि

मेरे पास जो स्मृतियों और अनुभवों का बड़ा ज़ख़ीरा है, क्यों न उसे किसी रचना के रूप में प्रतिपादित किया जाए। किन्तु इसकी शुरुआत की ठोस वजह मन में नहीं थी। मगर उसी दौरान 1992 में, जब विवादित राम जन्मभूमि-बाबरी मस्जिद प्रकरण हुआ, तब उसकी प्रतिक्रिया मेवात में भी हुई। यह एक ऐसी अप्रत्याशित घटना थी जिसके बारे में कोई भी संवेदनशील व्यक्ति कल्पना नहीं कर सकता था। मेवात जैसे समाज की कई परतों और अन्तर्विरोधों को इसने उजागर कर दिया। तब मुझे लगा कि अब मेवात के सामाजिक, राजनीतिक और आर्थिक पक्षों को केन्द्र में रखकर कुछ काम करना चाहिए। इसलिए, जो भी अनुभव और स्मृतियाँ थीं, उन्हीं के आधार पर 'काला पहाड़' की रचना की, जिसमें पाँच वर्ष का समय लगा।

अ. मि. : आपका दूसरा उपन्यास 'बाबल तेरा देस में' भी मेवात पर ही केन्द्रित है। इसकी कोई ख़ास वजह?

भ. मो. : इसको मेवात पर केन्द्रित मान सकते हैं किन्तु मेरा ऐसा कोई उद्देश्य नहीं था। दरअसल, 'काला पहाड़' उपन्यास में स्त्री-पात्रों या कहिए मेवाती स्त्री की कोई बड़ी भूमिका नहीं दिखाई पड़ती है। इसी को ध्यान में रखते हुए 'बाबल तेरा देस में' का कथ्य बुना गया। चूँकि किसी भी रचना की कोई-न-कोई पृष्ठभूमि होती है इसलिए अपनी सुविधा के लिए मैंने मेवाती समाज ही रखा। वास्तव में, मैं मेवात जैसे समाज में एक स्त्री की क्या भूमिका होती है, उसे बताना चाहता था, विशेषकर ऐसे समाज में स्त्रियों की अपने धर्म के प्रति क्या समझ होती है यह बताना चाहता था। इसीलिए मैंने क़ुरान, शरीअत व एक और महत्त्वपूर्ण पुस्तक 'बहिश्ती ज़ेवर' का अध्ययन किया। चूँकि ऐसे मामले काफ़ी संवेदनशील होते हैं, इसलिए इस उपन्यास में मैंने विशेष सावधानी बरती है ताकि किसी की धार्मिक भावनाओं को ठेस न पहुँचे। वास्तव में, इस उपन्यास में स्त्रियों की जो दशा दर्शाई गई है वह ख़ाली मेवाती समाज की स्त्रियों की ही नहीं, बल्कि सभी समुदायों, विशेषकर मुस्लिम समुदाय की स्त्रियों की है।

अ. मि. : 'बाबल तेरा देस में' उपन्यास स्त्री-विमर्श के रूप में लक्ष्य बनाकर लिखा था या यह एकाएक ही उस ओर मुड़ गया?

भ. मो. : एक आम आदमी की धर्म के प्रति जो समझ होती है, विशेषकर पारिवारिक और सामाजिक सन्दर्भों में धार्मिकता का जो प्रभाव हमारे जीवन पर पड़ता है, मैं सिर्फ़ उसे दर्शाना चाहता था। उदाहरण के लिए, मेहर और तलाक़ के बारे में शरीअत में जो निर्देश दिये गए हैं उनका पालन वह समाज कहाँ तक करता है।

अ. मि. : मेवात पर लिखे गए आपके दोनों उपन्यास जिस तरह सामाजिक विमर्श उठाते हैं वह हिन्दी के दूसरे उपन्यासों में नज़र नहीं आता है। इस पर क्या सोचते हैं आप?

भ. मो. : मेरा मानना है कि सामाजिक सन्दर्भ के अलावा किसी भी समाज के दो सन्दर्भों को ज़रूर देखना चाहिए। एक सांस्कृतिक सन्दर्भ, दूसरा ऐतिहासिक सन्दर्भ। मेवात की जो सामाजिक बुनावट है वह इन तीनों सन्दर्भों में अद्वितीय है। उदाहरण के लिए, मेवात सूफ़ी-सन्तों की भूमि रही है। सन्त चरणदास, सन्त लालदास (लाल खाँ), सहजोबाई, दयाबाई, सादल्ला, भीकजी, दानशा, खक्के, राजू, एवज, मीरखाँ जैसे सूफ़ी-सन्तों का यहाँ के समाज पर ख़ासा प्रभाव रहा है। दूसरी ओर ऐतिहासिक सन्दर्भों को लें तो इस कड़ी में हसन खाँ मेवाती का नाम सबसे पहले आता है। यह वही हसन खाँ मेवाती है जिसने राणा सांगा के ख़िलाफ़ लड़े जानेवाले युद्ध के लिए बाबर के प्रस्ताव को ठुकरा दिया था। यह वही मेवात है जिसके बारे में 1933 में बिहार के चम्पारण ज़िले में आयोजित कांग्रेस के अधिवेशन में गांधी ने कहा था कि अगर मेव कौम जैसी बहादुरी, हिम्मत और देशभक्ति पूरे देश में पैदा हो जाए, तो मैं 24 घंटे में भारत को आज़ाद करा सकता हूँ। हिन्दी के कम विद्वानों को पता होगा कि ब्रज के सबसे बड़े कवि और अकबर के नौ रत्नों में से एक अब्दुर्रहीम ख़ानख़ाना की माँ सलीमा बेगम हसन खाँ मेवाती के चचेरे भाई जमाल खाँ की पुत्री थी। मेवों की बहादुरी और हिम्मत को किसी लोककवि ने इस तरह व्यक्त किया है—

दिल्ली पे धावो दियो, अपना पण के पाण
डरपाँ मेवन सू सदा, खिलजी मुग़ल पठाण।

अ. मि. : आपके तीसरे उपन्यास 'रेत' की समीक्षा छापने पर कन्नौज (छिबरामऊ) के आसपास के एक समुदाय ने लेखक और उस पत्रिका 'इंडिया न्यूज़' के ख़िलाफ़ मानहानि का मुक़दमा किया था। इसकी प्रमुख वजह क्या थी?

भ. मो. : 'रेत' के लेखक और पत्रिका 'इंडिया न्यूज़' के ख़िलाफ़ मानहानि का यह मुक़दमा वहाँ के गिहार समुदाय ने दायर किया था। इस समुदाय के लोगों का कहना था कि उनका सम्बन्ध भी कंजर समुदाय से है, और इस समुदाय की स्त्रियों को लेकर उपन्यास में आपत्तिजनक टिप्पणी की गई है। इस समुदाय ने न केवल लेखक के ख़िलाफ़ मुक़दमा किया बल्कि उस समुदाय की स्त्रियों ने लेखक को बुद्धिविहीन व धनविहीन करने के लिए मन्नतें भी माँगी। दरअसल, यह भ्रम इसलिए हुआ कि कंजर समुदाय का इष्टदेव माना गुरु है और गिहार समुदाय का इष्टदेव भी माना गुरु ही है।

अ. मि. : आप उपन्यास लेखन के लिए पूर्व तैयारी कैसे करते हैं?

भ. मो. : एक लेखक को किसी भी रचना को जन्म देने से पहले हर तरह की तैयारी करनी चाहिए। मेरा मानना है कि उपन्यास लेखन अपने-आप में एक शोध है। 'रेत' लिखने से पहले मैंने लगभग दो बरस तक इस समुदाय के सामाजिक पक्षों का अध्ययन किया। यह अध्ययन केवल दस्तावेज़ खँगालने तक सीमित नहीं था बल्कि उस समुदाय के बीच जाकर भी किया। यह तैयारी अलग-अलग रूपों में होती है जिन्हें बताना किसी भी लेखक के लिए सम्भव नहीं है। एक बात और, महत्त्वपूर्ण सिर्फ़ अध्ययन नहीं है, लेखक का नज़रिया भी है जो किसी भी रचना को प्रामाणिक, विश्वसनीय और पठनीय बनाता है।

अ. मि. : आपको हिन्दी अकादमी के अलावा 'कथाक्रम', 'कथा यू.के.' समेत कई सम्मान मिल चुके हैं। पुरस्कारों को लेकर आज जो स्थिति है, उसे किस रूप में देखते हैं?

भ. मो. : यह सही है कि मुझे कथा-साहित्य के ज़्यादातर वे पुरस्कार-सम्मान मिल चुके हैं जिन्हें हमारा लेखक समुदाय अपने प्रियजनों की स्मृतियों में चलाता है। ऐसे पुरस्कार मित्रों की सलाह पर शुरू किये जाते हैं जो कि आगे चलकर बन्द हो जाते हैं। उदाहरण के लिए 'सुधा स्मृति सम्मान', 'कमलेश्वर सम्मान', 'रघुवीर सहाय सम्मान' आदि कई सम्मान बन्द हो चुके हैं। वास्तव में, हमारे हिन्दी के साहित्यिक समाज में एक ऐसी सिविल सोसाइटी अपना वर्चस्व बना चुकी है जो यह तय करती है कि किसको पुरस्कार दिलाना है। इसी तरह अकादमियों द्वारा आयोजित कार्यक्रमों में किसका रचना-पाठ होना है, किस रचना को उठाना या गिराना है, उसे यही सिविल सोसाइटी तय करती है। ज़्यादातर पुरस्कार-सम्मान लेनेवाले और देनेवाले सत्ता केन्द्रों की गणेश परिक्रमा करते दिखाई देंगे।

अ. मि. : हिन्दी में जो साहित्यिक पत्रिकाएँ निकल रही हैं, क्या वे अपनी भूमिका का निर्वाह ईमानदारी से कर रही हैं?

भ. मो. : मेरा मानना है कि पत्रिका निकालना साहित्य की सेवा करना नहीं, बल्कि निजी महत्त्वाकांक्षाओं और आकांक्षाओं को पूरा करने का माध्यम बन गया है। यह कहने में मुझे कोई हिचक नहीं है कि ज़्यादातर पत्रिकाएँ एक संगठित एनजीओ की तरह काम कर रही हैं।

अ. मि. : आप इन दिनों नया क्या लिख रहे हैं?

भ. मो. : इन दिनों एक ऐसे विषय पर लिखने की कोशिश कर रहा हूँ जिसको लेकर समाज का हर वर्ग बेहद उद्वेलित और सशंकित है और वह है एनजीओ

कल्चर। मेरा यह मानना है कि भारत जैसे ग़रीब और कृषि प्रधान देश में ग़ैर-सरकारी संगठनों के रूप में नये नरक-मसीहाओं की फ़ौज तैयार हो चुकी है। ये फैब इंडियाई या जन्तर-मन्तरी नरक-मसीहा प्राय: आपको आधुनिक भारत के प्रतीक इंडिया गेट के चारों ओर मोमबत्ती जलाते दिखाई देंगे। मैंने इस उपन्यास का शीर्षक 'नरक मसीहा' रखा।

(*इंडिया न्यूज़*, नई दिल्ली; 24 से 30 सितम्बर, 2011)

सामाजिक न्याय के नाम पर निम्न पिछड़ी जातियों के साथ छल किया गया

नरेश कोहली की बातचीत

नरेश कोहली : ऐसा लगता है कि अब आप अपने सृजन के श्रेष्ठ समय में हैं। ऐसे में पहली जिज्ञासा यह बनती है कि इस रचनात्मकता के लिए आप अपने-आप को लगातार कैसे तैयार करते हैं और सृजन के नये-नये आयामों को कैसे तलाशते हैं क्योंकि 'काला पहाड़', 'बाबल तेरा देस में' और 'रेत' उपन्यास अब भी चर्चा में हैं?

भगवानदास मोरवाल : यह सही है कि हर रचनाकार की लेखकीय यात्रा के दौरान एक समय ऐसा आता है जब वह पूरी तरह लेखन के प्रति समर्पित रहता है। समर्पण से मेरा आशय किसी औघड़ की तरह प्रपंच रचाने या फिर चौबीसों घंटे काग़ज़-कलम लेकर बैठने से नहीं है अपितु उस रचनात्मक मानसिकता से है जिसके चलते उसके मन-मस्तिष्क में कुछ-न-कुछ पक और चल रहा होता है। एक लेंखक की रचना-प्रक्रिया का यह भी एक अंग होता है। जहाँ तक सृजन के नये-नये आयामों को तलाशने का प्रश्न है तो यह आपकी दृष्टि पर निर्भर करता है। आपके सरोकारों पर निर्भर करता है, और सबसे बड़ी बात आपके जीवनानुभवों की व्यापकता और उनके विकास पर निर्भर करता है। आयाम तो लेखक को स्वयं तलाशने पड़ते हैं। अगर आप थोड़ा रुककर अपने सामने फैले पाट को देखें तो विभिन्न रूपों में जीवन दिखाई देगा, पर सवाल यह है कि आपकी पारखी नज़र उसमें से किस रूप को तलाशती है।

न. को. : बिलकुल ठीक कहा आपने, हम आपकी इसी पारखी नज़र के विषय की प्राथमिकता के आधारों को जानना चाहते हैं कि आख़िर आप विषयों का चुनाव करते कैसे हैं?

भ. मो. : लेखक को हमेशा ही किसी-न-किसी नये विषय की तलाश रहती है। विषय के चयन के दौरान मेरा ध्यान सबसे ज़्यादा इस बात पर रहता है कि आख़िर मैं किसके लिए और क्यों लिख रहा हूँ। क्योंकि गहराई में तो मैं इसलिए ज़्यादा नहीं जाऊँगा कि इस 'क्यों' पर बात करने का अर्थ है आपको किसी

सैद्धान्तिकी के जाल में उलझाना। मेरा पूरा प्रयास यह रहता है कि एक लेखक के रूप में पाठकों की जो अपेक्षाएँ मेरे प्रति बढ़ गई हैं, उन्हें मैं पूरा करूँ। मैं अपनी बात इस तरह स्पष्ट करना चाहूँगा कि 'काला पहाड़' और 'बाबल तेरा देस में' उपन्यास के बाद पाठकों की अपेक्षाएँ जिस तरह से बढ़ गईं, उन्होंने मेरे भीतर एक डर और चुनौती का भाव भर दिया। इसलिए यह तय किया कि अगले उपन्यास के लिए ऐसी ज़मीन तलाशूँ जो मेरे प्रति पाठकों के विश्वास को और पुख़्ता करे। इसलिए मैंने अपने उपन्यास 'रेत' के लिए नये विषय का चयन किया।

न. को. : अभी आपने जीवनानुभवों की बात की थी, पर 'रेत' का विषय तो आपके प्रत्यक्ष जीवनानुभवों का क्षेत्र नहीं कहा जा सकता, फिर ऐसे विशिष्ट विषय पर कार्य करते हुए आपने किस प्रक्रिया और कार्यप्रणाली को अपनाया?

भ. मो. : लगभग एक वर्ष तो मुझे कंजर समुदाय की एक बस्ती में प्रवेश करने में ही लग गया था। लेकिन कहते हैं न कि जहाँ चाह, वहाँ राह। इसलिए दो वर्ष तक इस समुदाय के सामाजिक और राजनीतिक पक्षों का अध्ययन किया। इस समुदाय से सम्बन्धित उन विभिन्न पहलुओं को समझने का प्रयास किया, जो हमारे तथाकथित सभ्य समाज के लिए पूरी तरह निषेध हैं। आपने अपने सवाल में प्रत्यक्ष जीवनानुभवों की बात कही। मैं कहना यह चाहता हूँ कि एक लेखक के रूप में उसके प्रत्यक्ष जीवनानुभव क्या हैं? जैसी स्थितियाँ, जो संरचना, जो आचार-व्यवहार इस समुदाय के अपने हैं, उनके आधार पर उपन्यास में स्थितियों से पैदा हुई पात्रों की मानसिकता ऐसी ही बनती है—ऐसा मैं पूरे विश्वास के साथ कह सकता हूँ। मगर सबसे बड़ी बात यह है कि सबसे पहले लेखक को अपने पात्रों की मन:स्थिति, उनके द्वंद्व और व्यावहारिक बारीकियों को समझने के लिए वैसा होने की नहीं, महसूस करने की ज़रूरत होती है। 'रेत' उपन्यास में एक पात्र है बैदजी (वैद्य जी) ज़्यादातर मित्रों ने उपन्यास पढ़ने के बाद सीधे ही पूछ लिया कि कहीं वैद्य जी लेखक तो नहीं है। मैं कहना यह चाहता हूँ कि आख़िर इतनी विश्वसनीयता कैसे पैदा होती है। दरअसल, रचना-प्रक्रिया अपने-आप में इतनी जटिल और संश्लिष्ट प्रक्रिया होती है कि उसके बारे में कोई भी लेखक पूरी तरह से नहीं बता सकता। इसलिए अच्छा होगा इस सवाल की गहराई में ज़्यादा न उलझा जाए।

न. को. : आपके कथा-साहित्य की इतनी चर्चा है कि आपका पाठक आपके आरम्भिक लेखन और जीवन की कुछ महत्त्वपूर्ण परिघटनाओं तथा विशेष सन्दर्भों को भी जानना चाहेगा, जिनमें और जिनसे आपके रचनाशील व्यक्तित्व का निर्माण हुआ है।

भ. मो. : किसी भी रचनाकार के लेखकीय निर्माण में सबसे बड़ी भूमिका उसके सामाजिक परिवेश की होती है। उसकी दृष्टि का निर्माण उसके जातीय सरोकार व

संस्कार करते हैं। संक्षेप में कहूँ तो रचनाकार के अवचेतन में बैठा उसका 'लोक' ही उसके रचनाशील व्यक्तित्व का सबसे बड़ा निर्माता होता है। मेरा आरम्भिक लेखन, अगर उसे मैं आज की तारीख़ में लेखन मानूँ तो, वास्तव में प्राथमिक कक्षा के छात्र की तख़्ती पर सरकंडे की कलम से लिखे गए वे ककहरे हैं जिन्हें लेखन का नाम देना स्वयं से परिहास करने जैसा है। मैं अपने लेखन के आरम्भिक समय जो सम्भवतः-आठवाँ दशक था, को सबसे महत्त्वपूर्ण मानता हूँ। अगर त्रिलोचन जी के शब्दों में कहूँ तो वे मेरे ताप के ताए हुए दिन थे। उस समय का लेखन एक गँवई हताशा और अभावों से जूझते युवामन की अभिव्यक्तियाँ थीं। उस समय के मेरे तत्कालीन ज़िले गुड़गाँव से निकलनेवाला एक समाचार-पत्र 'मेवात' जो नाम का दैनिक था पर वास्तव में साप्ताहिक प्रकाशित होता था, मेरी लेखकीय आकांक्षाओं का पहला कैनवस बना। सबसे पहली रचना भी मेरी इसी में प्रकाशित हुई, जो कविता के रूप में महज़ एक तुकबन्दी थी। जबकि विधिवत रूप से पहली रचना, जो छोटी-सी कहानी थी 'सूखा दर्द' शीर्षक से गुरुवार को जालन्धर (पंजाब) से प्रकाशित दैनिक 'पंजाब केसरी' के कहानी संस्करण में प्रकाशित हुई। यदि किसी राष्ट्रीय पत्रिका की बात करूँ तो पहली कहानी छपी 1987 में 'साप्ताहिक हिन्दुस्तान' में। शीर्षक था 'लिलहार'। आपको सुनने में कुछ अतिशयोक्तिपूर्ण लगे मगर है सच कि लगभग 23 वर्ष पूर्व प्रकाशित इस कहानी का जो कथ्य और पृष्ठभूमि थी, वह और कोई नहीं, वही गाजूकी और उसका वही जाति-समूह था, जो उपन्यास 'रेत' का है।

मैं अपनी एक कहानी 'ठिठोली' और दूसरी 'पटाक्षेप' को कभी नहीं भूल सकता। 'पटाक्षेप' को तो इसलिए नहीं भूल सकता क्योंकि जहाँ 'सारिका' (अप्रैल 1989) जैसी कथा पत्रिका में इसके प्रकाशित होने की ख़ुमारी थी, तो दूसरी ओर एक क्षोभ भी था। क्षोभ इसलिए कि एक मार्मिक कहानी 'सारिका' के सामान्य कथा अंक में नहीं बल्कि होली पर निकले हास्य-उल्लास विशेषांक में हास्य-कथाओं के साथ प्रकाशित हुई। मुझे लेखन की गहरी नदी में धकेला मेरे अभावों ने। मुझे तिराया प्रेमचन्द आर्य जी ने, जिन्हें मेरे क़स्बे में मुंशी प्रेमचन्द भी कहते थे। पेशे से ये अध्यापक थे और आजीवन अविवाहित। मुझे इस नदी में तैरने का साहस बँधाया मेरे कॉलेज के अर्थशास्त्र के प्राध्यापक उसमानी साहब और संस्कृत के प्राध्यापक रौनक अली साहब ने। रौनक अली साहब की पत्नी भी संस्कृत की अध्यापिका थीं। हालाँकि रौनक अली साहब से मैंने कभी संस्कृत नहीं पढ़ी, क्योंकि संस्कृत मेरा विषय नहीं था। मेरे लेखन का पहला रणक्षेत्र था यासीन मेव डिग्री कॉलेज, नूँह (मेवात) जो कभी ब्रेन-मेव हाई स्कूल के नाम से जाना जाता था।

कई बार सोचता हूँ कि यदि मैं अपने मेवात में ही रहता तो क्या 'काला पहाड़' लिख पाता। हालाँकि आज मन करता है कि वापस लौट जाऊँ लेकिन अब वापस

लौटना महज़ कल्पना करना है। अपनी जड़ों से उखड़ा पेड़ कभी वापस लगा है? आरम्भिक जीवन की ऐसी अनगिनत घटनाएँ और परिघटनाएँ हैं कि आज पीछे मुड़कर देखता हूँ तो पाता हूँ कि अभी बहुत कुछ है जिसे समेटा जाना है। सच कहूँ, न बचपन में शादी होती, न ग़रीब परिवार के भरण-पोषण की चिन्ता होती, और न दिल्ली जैसे महानगर में गाँव से पलायन कर आता। न अधूरी शिक्षा पूरी करते हुए एक वरिष्ठ लेखक मित्र के साथ कनॉट प्लेस के कॉफ़ी हाउस आना-जाना होता और न 'काला पहाड़' लिखा जाता। दिल्ली के उन शुरुआती सात वर्षों ने जीवन-जगत् के उन पक्षों का अनुभव और अहसास कराया जिन्हें हम अक्सर अपनी कथा-कहानियों में पढ़ते आ रहे हैं। चीज़ों को समझने का विज़न यहीं से बनने लगा। वास्तव में यह 'हरि अनन्त हरि कथा अनन्ता' है जिसे कुछ शब्दों में व्यक्त करना बहुत दुष्कर है।

न. को. : आपके आरम्भिक जीवन और लेखन दोनों की पृष्ठभूमि और चिन्ताएँ मेवात जैसे आर्थिक और शैक्षिक दृष्टि से पिछड़े क्षेत्रों की चिन्ताएँ हैं। मेवात के इस आर्थिक और शैक्षिक पिछड़ेपन के मुख्य कारण आपकी नज़र में क्या हैं?

भ. मो. : दरअसल, आज़ादी के समय हमने पूरे देश के समग्र विकास और हर भारतवासी को शिक्षा तथा स्वास्थ्य-सम्बन्धी सुविधाओं के साथ-साथ हर हाथ को रोज़गार देने का जो सपना देखा था, वह आठवें दशक के अन्त तक आते-आते बिखर गया। आज स्थिति यह है कि सारा विकास महानगरों और कुछ बड़े शहरों के आसपास की जो उपजाऊ भूमि, सेज़ (SEZ) के नाम पर निजी हाथों बेच दी गई, वहाँ तक सिमटकर रह गया है। आठवें दशक के अन्त तक आते-आते भारतीय गाँव-देहातों से पलायन के रूप में जो भगदड़ शुरू हुई थी वह अभी तक नहीं थमी है। स्थिति यह है कि दिल्ली के दो-ढाई सौ किलोमीटर के दायरे में आनेवाले छोटे क़स्बों की बड़ी-बड़ी हवेलियाँ आज सूनी पड़ी हैं। बुन्देलखंड, पूर्वी उत्तर प्रदेश, राजस्थान व बिहार के गाँवों के घरों के दरवाज़ों पर लटके ताले आपके विकास की असली कहानी कहते हैं। मज़दूरी करनेवाला तो फिर भी शहर आकर अपना जीवन-यापन कर लेगा परन्तु उस छोटे किसान का क्या होगा जो न तो अपनी कृषि भूमि बेच सकता है, न उसे छोड़कर शहर आ सकता है। खेती के लिए क़र्ज़ा लेते हुए अन्ततः एक दिन उसे आत्महत्या करनी पड़ती है। इस देश में होरी, धनिया के साथ-साथ 'गोदान' के गोबरों की संख्या निरन्तर बढ़ती जा रही है।

हमारी सरकार और नीति-निर्माताओं की कोई स्पष्ट योजना नहीं है। यही कारण है कि आज भारतीय गाँव-देहातों की स्थिति किसी नरक से कम नहीं है। न वहाँ समुचित स्वास्थ्य सुविधाएँ उपलब्ध हैं, न स्तरीय शिक्षा। सच कहूँ तो यहाँ के स्कूलों की भूमिका साक्षरता केन्द्रों से ज़्यादा नहीं है। वह समय गया जब गाँव-देहातों के

बच्चे डॉक्टर, वकील, इंजीनियर बन जाया करते थे। रोज़गार की स्थिति तो और भी बदतर है। अब तो गाँव जाने पर वहाँ के लोगों की दशा देखकर दुख होता है। हमने विकास के लिए चीन द्वारा अपनाए गए मॉडल को अपनाया होता, तो हमारे ग्रामीण क्षेत्र आज 'बियाबान' न बन गए होते। स्थिति यह है कि बुन्देलखंड के अकालग्रस्त महोबा ज़िले में लोग एक-दूसरे से रोटियाँ छीनने पर मजबूर हैं। शहरों और महानगरों को छोड़कर लगता है जैसे बाक़ी का भारत भविष्य में कालाहांडी बन जाएगा। संवेदी सूचकांक का बढ़ता ग्राफ़ ही हमारे विकास का सूचक बनकर रह गया है। इसीलिए मैं कहता हूँ कि आज़ादी के बाद का अगर कोई सबसे बड़ा झूठ है, तो वह है सामाजिक न्याय। उपेक्षितों व वंचितों को इस झूठ ने सबसे ज़्यादा छला है।

न. को. : हिन्दी कथा-साहित्य में आपकी एक 'देशज' छवि बनी हुई है। एक ऐसी छवि जो लेखक के रूप में हर नये विषय को 'हाशिये' से 'केन्द्र' में ले आती है। 'काला पहाड़' का मेवात क्षेत्र, 'बाबल तेरा देस में' का मुस्लिम महिला समाज और 'रेत' का वह कंजर समुदाय जो कभी अपराधी जनजातियों की श्रेणी में आता था हमारे तथाकथित सभ्य समाज की नज़रों में उनकी आज भी वही छवि है जो इनके विमुक्त होने से पहले थी। इस तरह अभूतपूर्व विषय-चयन की दृष्टि और प्रेरणा के स्रोत क्या हैं?

भ. मो. : अपनी इस छवि के बारे में तो कोई टिप्पणी नहीं करूँगा पर हाँ, जहाँ तक प्रेरणा के स्रोत का प्रश्न है तो मेरी सबसे बड़ी ताक़त और मेरा स्रोत मेरी वह सामाजिक-आर्थिक पृष्ठभूमि है, जो सच्चे अर्थों में भारतीय समाज का प्रतिनिधित्व करती है। क्या एक लेखक होने के नाते हमारा दायित्व नहीं बनता है कि अपने दुखों, अपनी करुणा, अपने अभावों से पहले हम उस समाज को पाठक के सामने लाएँ, जिस समाज की गन्ध ने हमारी चेतना को विकसित किया है। जैसाकि मैंने पहले ही कहा है कि यह आपकी दृष्टि पर निर्भर करता है कि आप चयन क्या करते हैं। 'काला पहाड़' और 'बाबल तेरा देस में' को अधिकतर सुधी आलोचक एक-दूसरे का पूरक मानते हैं। इसकी असल वजह है दोनों उपन्यासों का एक ही समाज से होना। मगर मैं इससे सहमत नहीं हूँ। मैं आपसे जानना चाहता हूँ कि 'बाबल तेरा देस में' से पहले क्या हिन्दी में ऐसा कोई उपन्यास है जो मुस्लिम धार्मिकता और धार्मिक ग्रंथों को केन्द्र में रखकर लिखा गया है। मुझे तो कम-से-कम याद नहीं पड़ता। स्वयं हिन्दी के मुस्लिम लेखक भी इससे बचते रहे हैं।

न. को. : यही तो कि हिन्दी कथा-साहित्य में (शायद) पहली बार क़ुरान और शरीअत के आलोक में मुस्लिम-स्त्री की अस्मिता और उससे जुड़े प्रश्नों को बड़ी गम्भीरता और शिद्दत के साथ उठाया गया है, वह भी एक ग़ैर-मुस्लिम लेखक

द्वारा। विषय की संवेदनशीलता और धार्मिक कट्टरता के ख़तरे के बावजूद आपने इसे अपने उपन्यास 'बाबल तेरा देस में' में कैसे साधा?

भ. मो. : यह डर मेरे भीतर शुरू से अन्त तक बना रहा लेकिन एक विश्वास भी था कि ऐसा कुछ नहीं होगा। दरअसल, मेरी नीयत में खोट नहीं था। एक लेखक होने के नाते मैंने पूरी तटस्थता के साथ उन प्रश्नों को उठाया कि हमारा पूरा धार्मिक-विमर्श आख़िर स्त्रियों के ही ख़िलाफ़ क्यों है? हाँ, यदि मुझे हिन्दी का सलमान रुश्दी बनना होता या दक्षिण पन्थियों के हाथों पुरस्कृत/सम्मानित होना होता, तो इसमें इतनी सम्भावनाएँ थी कि रातोंरात मैं 'शहीदों' की सूची में शामिल हो जाता। मेरा असल मन्तव्य देहाती स्त्री की अपने धर्म के प्रति समझ को सामने लाना था। अगर ऐसा करना आपको विषय को 'हाशिये' से 'केन्द्र' में लाना लगता है, तो इसे मैं अपनी उपलब्धि मानूँगा।

न. को. : 'काला पहाड़' और 'बाबल तेरा देस में' इन दोनों उपन्यासों में आपने मुस्लिम समाज की आशाओं, अपेक्षाओं और उपेक्षाओं का बख़ूबी चित्रण किया है लेकिन बाह्य कारणों के अलावा इस समाज के आन्तरिक विरोधाभासों के बारे में आप क्या कहेंगे?

भ. मो. : यह सवाल दरअसल बेहद संवेदनशील है। वैसे अपने और अपने निकटवर्ती समाजों और समुदायों के आन्तरिक विरोधाभासों के बारे में हम सब आज अच्छी तरह जानते हैं, परन्तु उन पर टिप्पणी करना किसी की निजता का अतिक्रमण या उसमें सेंध लगाने जैसा है। क्योंकि हमारे समाजों के अधिकतर विरोधाभासों का सीधा सम्बन्ध हमारी धार्मिकताओं से जुड़ा हुआ है।

न. को. : लेकिन एक ख़ास बात यह है कि मेवात की हिन्दू-मुस्लिम साम्प्रदायिक एकता और समस्या देश के शेष भागों से कुछ अलग तरह की है। इसके ऐतिहासिक और वर्तमान स्वरूप को आप कैसे आँकते हैं?

भ. मो. : सबसे पहले तो मेरी आपत्ति यह है कि जब हम भारतीय समाज के सन्दर्भों की बात करते हैं, चाहे वह उसकी एकता की हो या उसके जीवन-जगत् के मानवीय सरोकारों व समस्याओं की, तब क्यों इनके साथ साम्प्रदायिकता नाम का शब्द जोड़ा जाता है? मुझे लगता है कि समाजों को देखने का नज़रिया वहीं से बदल जाता है जहाँ इसके साथ साम्प्रदायिकता, धर्मनिरपेक्षता जैसे शब्दों का इस्तेमाल होता है। असल फाँस यहीं से पैदा होती है। समाज आख़िर समाज होता है। यह बनता ही है सारे सम्प्रदायों, समुदायों और धर्मों से मिलकर। मेवाती समाज भी किसी दूसरे समाज से अलग नहीं है। इसके 'लोक' की रचना भी उन्हीं जातीय संस्कारों और लोक-विश्वासों से मिलकर हुई है, जिसे हम मुग़ल

शासकों के समय से लेकर कबीर, रहीम और नज़ीर अकबराबादी के रचना-संसार में पाते हैं। मेवात के सादल्ला, भीकजी, दानशाह, खक्के जैसे अनेक लोक-कवियों के रचना-संसार में भी यही लोक-विश्वास है।

आख़िरी मेवाती शासक हसन खाँ मेवाती ने पहले मुग़ल शासक बाबर के विरुद्ध दूसरे भारतीय मुस्लिम शासकों की तरह ही एक बाहरी हमलावर से युद्ध किया था, वह भी राणा सांगा के साथ मिलकर। एक सच्चे भारतीय की तरह हसन खाँ मेवाती ने बाबर का यह प्रस्ताव ठुकरा दिया था कि क्यों न हम-मज़हबी होने के नाते हम दोनों राणा सांगा के ख़िलाफ़ युद्ध करें। लेकिन यह अकेले मेवात का ही दुर्भाग्य नहीं है, ऐसे अनेक क्षेत्रों का दुर्भाग्य है कि भारतीय इतिहास में उन्हें वह जगह नहीं मिली, जिसके वे हक़दार थे। राष्ट्रपिता महात्मा गांधी ने तो 1933 में चम्पारण (बिहार) में कांग्रेस के अधिवेशन में कहा भी, "अगर मेव कौम जैसी बहादुरी, देशभक्ति पूरे देश में पैदा हो जाए, तो मैं हिन्दुस्तान को चौबीस घंटों में आज़ाद करा सकता हूँ।" दुख होता है जब 'काला पहाड़' को कुछ ज्ञानी आलोचक साम्प्रदायिकता के विरुद्ध लिखा गया उपन्यास कहकर अपने आलोचना-कर्म की इतिश्री कर देते हैं। यह सच है कि आज मेवात के वर्तमान स्वरूप से उस ऐतिहासिकता की चमक तेज़ी से समाप्त होती जा रही है, जिसका मैंने अभी ज़िक्र किया है लेकिन इसके लिए ज़िम्मेदार कौन है? मेवात का मौजूदा स्वरूप, विशेषकर उसका आन्तरिक ढाँचा उतना मज़बूत नहीं रहा जैसा आप 'काला पहाड़' में पाते हैं। वह भी दूसरे समाजों की तरह चरमराने लगा है। आपसी विश्वास धीरे-धीरे बिखरने लगा है।

न. को. : शानी जी ने एक बार हिन्दी कथा-साहित्य, विशेषकर उपन्यासों में मुस्लिम पात्रों के कम होते जाने पर चिन्ता व्यक्त की थी और साथ ही कहा था कि 'हिन्दी में मुस्लिम जीवन का सच्चा कथाकार मैं ही हूँ।' इस सन्दर्भ में आप एक अद्‌भुत कसौटी पर हैं—वह भी तीन-तीन अस्मिता-विमर्शों के सामने अर्थात मुस्लिम समाज ('काला पहाड़'), स्त्री-समाज ('बाबल तेरा देस में', 'रेत') और दलित-आदिवासी विमर्श ('रेत')।

भ. मो. : मेरा निजी मत है कि बड़ी लकीर कभी-न-कभी तो छोटी होती ही है। फिर शानी जी ही क्यों? राही मासूम रज़ा, बदीउज़्ज़मा, असग़र वजाहत, अब्दुल बिस्मिल्लाह, मंज़ूर एहतेशाम, नासिरा शर्मा ये नहीं हैं मुस्लिम जीवन के सच्चे कथाकार? जिसके पास जिस समाज के अनुभव, उसके प्रति उसकी संलग्नता जितनी गहरी होगी, वही रचना को प्रामाणिक और विश्वसनीय बना सकता है। ऐसा लेखक किसी भी समाज का सच्चा कथाकार या प्रतिनिधि हो सकता है। शानी जी की वास्तव में चिन्ता और सवाल यह होना चाहिए कि आख़िर हिन्दी कथा-साहित्य से मुस्लिम पात्र कम क्यों होते जा रहे हैं? मुझे लगता है कि जिस सवाल से वे बचना चाह रहे थे, या

कहना नहीं चाह रहे थे वह यह है कि हिन्दी के हिन्दू लेखकों के कथा-साहित्य में मुस्लिम पात्र कम क्यों होते जा रहे हैं।

न. को. : आपने रचनाकार के सामाजिक अनुभवों, उसके प्रति संलग्नता की बात कही, लेकिन आजकल के 'स्त्री-विमर्श' और 'दलित-विमर्श' में तो 'सहानुभूति बनाम स्वानुभूति' को लेखकीय प्रामाणिकता की कसौटी बताया जा रहा है। इस (उपर्युक्त) सवाल से मेरा आशय यही था कि आख़िर 'प्रामाणिक लेखन' की कसौटी क्या हो, क्योंकि इस कसौटी ने न केवल आजकल के साहित्यकारों के लिए चुनौती पेश की है, बल्कि कई 'बड़े-पुराने' रचनाकारों को भी अस्मिता-विमर्श के कटघरे में खड़ा कर दिया है?

भ. मो. : देखिए, प्रामाणिकता की सबसे बड़ी कसौटी है, उसकी विश्वसनीयता। जहाँ तक सहानुभूति अथवा स्वानुभूति का प्रश्न है ये दोनों इस पर निर्भर करते हैं कि आप भीतर से कितने संवेदनशील हैं। सहानुभूति बनाम स्वानुभूति का सवाल सबसे पहले दलित-लेखन में उठा, जो बाद में स्त्री-लेखन से आकर जुड़ गया। यहाँ मैं किसी तरह के विमर्श की बात नहीं कर रहा हूँ। ऐसा तो कोई लेखन होता ही नहीं है जिसमें कोई विमर्श न हो। इसलिए मैं फिर से विश्वसनीयता पर आता हूँ। मेरी नज़र में किसी रचना को उसकी विश्वसनीयता ही प्रामाणिक बनाती है। दरअसल, आपने प्रामाणिक लेखन की कसौटी का जो सवाल उठाया है, अगर मैंने सही अन्दाज़ा लगाया है तो यह सवाल पिछले कुछ वर्षों में एक के बाद एक प्रकाशित होनेवाली आत्मकथाओं के सन्दर्भ में उठाया है। क्योंकि जैसे ही हम किसी आत्मकथा को पढ़ते हैं, सबसे पहले मन में उसकी विश्वसनीयता का प्रश्न कुलबुलाने लगता है। किसी भी आत्मकथा से हमारी पहली अपेक्षा यह होती है कि वह प्रामाणिक तो हो ही, विश्वसनीय भी हो। मगर सबसे बड़ा सवाल यह है कि उसकी प्रामाणिकता को सिद्ध कौन करे। उदाहरण के लिए, कोई लेखक पचपन-साठ की उम्र में बचपन में घटी घटनाओं को संवादों के साथ प्रस्तुत करता है, तो पहला संशय यही होता है कि बचपन की हू-ब-हू बातें किसे याद रहती हैं। हाँ, तब तो सम्भव हो सकता है जब आत्मकथा लेखक को बचपन में यह पता हो कि बड़ा होकर उसे लेखक ही बनना है। इसलिए आत्मकथा के पर्याय के रूप में संस्मरण अथवा स्मृति-आख्यान जैसे शब्दों का प्रयोग होता है। आप जब प्रामाणिकता के वृत्त से बाहर आ जाते हैं तब ये संस्मरण अथवा स्मृतियाँ विश्वसनीय लगने लगती हैं।

न. को. : पर एक और बात जो प्रायः कही जाती है कि साहित्य अकादमी पुरस्कार अभी तक हिन्दी के किसी मुस्लिम लेखक को नहीं मिला, यह सही है। यह बात हिन्दी के दूसरे लेखक/बुद्धिजीवी कहें तो ठीक है मगर जब यही बात हिन्दी का कोई मुसलमान लेखक अपने किसी साथी से आम बातचीत के दौरान कहे, या फिर

वह अपने पात्रों के माध्यम से कहलवाए, तो इस पर विवाद खड़ा हो उठता है। मुझे याद है नासिरा शर्मा के ऐसे ही किसी कथित बयान को लेकर काफ़ी विवाद हुआ, और बाद में अब्दुल बिस्मिल्लाह के एक उपन्यास के एक पात्र द्वारा यह कहलवाना कि हिन्दी के किसी मुसलमान लेखक को साहित्य अकादमी पुरस्कार नहीं मिल सकता—इस पर आपका क्या कहना है?

भ. मो. : यह है तो सही। और फिर मुसलमान लेखक ही क्यों, अभी तक किसी दलित या अति पिछड़ी जाति के लेखक को भी कहाँ मिला है? यह एक तरह से बेहद सोचा-समझा अघोषित एजेंडा है। लेकिन मैं कुछ और कहना चाहता हूँ और वो यह कि अब हम उस भाषा को अपने लिए एक हथियार की तरह इस्तेमाल करने लगे हैं, जो हमारे जीवन-यापन का सहारा ही नहीं है बल्कि जिसने हमें समाज में सम्मान भी दिया। मुझे नहीं मालूम कि ऐसा कभी प्रेमचन्द, कृश्नचन्दर, फ़िराक़ गोरखपुरी या राजिन्दर सिंह बेदी ने भी कहा होगा। हमें जहाँ अपनी भाषाओं का कृतज्ञ और ऋणी होना चाहिए, उसे हम पुरस्कारों और सम्मानों के लिए इस्तेमाल कर रहे हैं। इस तरह का पैदा किया गया विमर्श हिन्दी नवजागरण के आरम्भिक दौर की याद दिलाता है, जिसने किसी और का नहीं भाषायी अस्मिता का नुक़सान किया। यह एक तरह की भाषायी अनुदारता भी है।

ऐसी अभिव्यक्तियाँ चाहे कोई लेखक गाहे-बगाहे अपने किसी मित्र के समक्ष व्यक्त करे, या अपने पात्रों के द्वारा एक विमर्श पैदा करने की कोशिश करे—महज़ अभिव्यक्ति नहीं है। अपितु हमारे संस्कारों में बैठा वह वर्णवाद और साम्प्रदायिकता है, जिसे एक-न-एक दिन प्रस्फुटित होना होता है। हमारे बीच बहुत बड़ा तबक़ा प्रगतिशीलता और धर्मनिरपेक्षता को आधुनिकता के सुविधाजनक लबादे के रूप में इस्तेमाल करता आ रहा है। जो लोग प्रगतिशील और धर्मनिरपेक्ष होने का ढोंग रचते हैं, वही 'यूथ फॉर इक्वैलिटी' जैसी वर्णवादी संस्थाओं का चुपचाप समर्थन करते हैं। मेरा तो मानना है कि यदि किसी वर्णवादी के मन में एकाएक दलित प्रेम हिलोरें लेने लगे, तो समझिए वह सबसे अधिक सन्देहास्पद व्यक्ति है। कहीं-न-कहीं यह परोक्ष रूप से अकादमिक संस्थानों पर दबाव बनाने की युक्ति भी है।

न. को. : आपकी वैचारिक प्रतिबद्धता को लेकर मन में सहज-सा सवाल उठता है कि आपका शत-प्रतिशत झुकाव वामपन्थ की ओर है, ऐसा आप नहीं आपकी रचनाएँ बताती हैं। मेरी जिज्ञासा यह है कि क्या आप कभी किसी वामपन्थी पार्टी के कार्यकर्ता रहे हैं?

भ. मो. : यह ज़रूरी नहीं है और न होना चाहिए। बड़ी बात यह है कि आपकी वैचारिकता बिना किसी राजनीतिक पार्टी का कार्यकर्ता बने या बिना किसी लेखक संघ से जुड़े आपकी रचनाओं में, उनके चरित्र व पात्रों में परिलक्षित हो। आख़िर

क्यों एक लेखक किसी पार्टी का सदस्य या कार्यकर्ता बने। लेखक तो उस समय की तरह है जो सबको निरपेक्ष व तटस्थ होकर देखता है। पार्टी कोई लुहार की भट्ठी नहीं है जो लोहे को गर्म कर उसे अपनी इच्छानुसार अपने साँचे में ढाल दे। पर्वतों से निकलकर आई नदी के साथ मीलों लम्बी यात्रा के बाद बने गोल पत्थरों की तरह लेखक की वैचारिकता स्वत: ही आकार ले लेती है। जीवन की जटिलताएँ और संघर्ष अपने-आप वैचारिक प्रतिबद्धता तय कर देते हैं। सच कहूँ मौजूदा समय जातीय अस्मिता और इतिहास के द्वंद्व का समय है। ऐसा समय जिसमें हम अपनी भूमिका तय नहीं कर पा रहे हैं।

न. को. : एक बेहद अटपटा-सा सवाल। आपका जैसा व्यक्तित्व है, मेरा मतलब है जैसे आप दिखते हैं, आपके बातचीत करने का जैसा सलीक़ा और अन्दाज़ है, उसे देखकर यह अनुमान लगाना बहुत मुश्किल है कि ऐसे ऊबड़-खाबड़, रूखे और अगम्भीर से दिखनेवाले व्यक्ति के भीतर सलेमी, छोटेलाल, दादी जैतूनी, शकीला, मेमन, कमला बुआ, रुक्मिणी, बैद जी, रशीद पेंटर जैसे किरदार घुसकर बैठे होंगे। इस नितान्त विरोधाभासी और जटिल-सी छवि के पीछे का रहस्य क्या है?

भ. मो. : (एकदम चुप्पी)। नरेश जी, अपने आधे सवाल का जवाब आपने स्वयं दे दिया। जिन चरित्र और पात्रों का आपने उल्लेख किया है उनका व्यक्तित्व भी तो वैसा ही है जैसा आप पूछना चाह रहे हैं। मैं यहाँ एक छोटा-सा प्रसंग बेहद संक्षेप में सुनाना चाहूँगा। 'काला पहाड़' के प्रकाशन और शुरुआती चर्चा के बाद मेरे एक वरिष्ठ शुभचिन्तक ने अकेले में मुझे एक दिन सलाह देते हुए कहा कि अब तुम्हारी गिनती बड़े लेखकों में होने लगी है इसलिए अपने-आप को थोड़ा गम्भीर बना लो। सुनकर एक पल के लिए सचमुच मैं गम्भीर हो गया परन्तु अगले ही पल लगा कि कहीं कुछ गड़बड़ है। मैंने तुरन्त उत्तर दिया कि भाईसाहब, मैं तो जैसा हूँ वैसा ही रहूँगा। मुझे नहीं होना है गम्भीर-वम्भीर। कहने का मेरा आशय यह है कि व्यक्ति की मूल तासीर, उसका ढंग, उसका लहजा, उसकी बोली-बानी लाख कोशिशों के बावजूद नहीं बदलते। शायद आर.के. नारायण ने ही कहा था कि "मनुष्य शारीरिक रूप से परिवर्तित होता है किन्तु उसके भीतर का व्यक्ति कभी नहीं बदलता।" मेरा मानना है कि जो लेखक अपने पात्रों से खुलकर संवाद नहीं कर सकता, उसके जीवन में जीवन्तता हो ही नहीं सकती। यही जीवन्तता वह उबड़-खाबड़, रूखापन और अगम्भीरता है जिसकी शायद आप बात कर रहे हैं।

न. को. : मूलत: आप कहानीकार पहले हैं। पहले इसलिए कि 'काला पहाड़' (1999) उपन्यास से पूर्व आपके तीन कहानी-संग्रह आ चुके हैं। चौथा 'सीढ़ियाँ, माँ और उसका देवता' अभी 'रेत' उपन्यास के साथ आया है। इस सवाल के ज़रिए

मैं जानना चाहता हूँ कि बावजूद इसके आपकी पहचान एक उपन्यासकार के रूप में ज़्यादा पुख़्ता है बनिस्बत कहानीकार के।

भ. मो. : आपने सही कहा। कहानीकार भी क़ायदे का नहीं। लगभग तीन दर्जन कहानियाँ लिखने के बावजूद कभी-कभी मैं अपने-आप से पूछता हूँ, ऐसा क्यों है? मुझे लगता है कि हमने यानी हमारे श्रद्धेय सम्पादकों ने अपने पाठक का ऐसा अनुकूलन (कंडीशंड) कर दिया है कि वे जिसे जैसा मानेंगे, उनके प्रिय आलोचक प्रवर और पाठक भी उसे वैसा ही मानेंगे। हिन्दी साहित्य की यह अनुकरणीय परम्परा सचमुच बहुत मज़ेदार है। उदाहरण के लिए, स्वयं प्रकाश कितना भी अच्छा उपन्यास लिख दें, रहेंगे वे कहानीकार ही। कमलेश्वर जी भी माने गए हमेशा कहानीकार ही, जबकि राजेन्द्र जी (यादव) उपन्यासकार। आज मैं सोचता हूँ कि यदि 'काला पहाड़' उपन्यास नहीं आया होता, तो एक लेखक के रूप में मेरी क्या पहचान होती, उसका आसानी से अनुमान लगा सकते हैं। इसकी बड़ी वजह मुझे यह लगती है कि लेखक की असली रेंज, उसकी संलग्नता, उसके सरोकार, उसका ढब उपन्यास ही बताता है। सच तो यह है कि यह विधा इतनी श्रमसाध्य व कष्टकर है कि लेखकीय संयम का इसी से पता चलता है। हो सकता है मैं उस कसौटी पर एक हद तक खरा उतरा होऊँ।

न. को. : रेणु ने अपनी कहानियों के विषय में कहा था कि "अपनी कहानियों में मैं अपने को ही ढूँढ़ता फिरता हूँ। अपने को अर्थात आदमी को।" आपके नवीनतम कहानी-संग्रह 'सीढ़ियाँ, माँ और उसका देवता' को पढ़ते हुए भी बार-बार ऐसा ही लगता है—कभी गाँव से शहर के 'बियाबान' में विस्थापित होते हुए, तो कभी वर्ण-व्यवस्था की 'चोट' खाते हुए।

भ. मो. : व्यक्ति के रूप में एक लेखक के सुख-दुख, चिन्ता-सरोकार, चिन्तन-मनन की बहुत सारी परतें होती हैं। वास्तव में, अपनी रचनाओं और पात्रों के माध्यम से जब लेखक कुछ कहता है, तो वे पात्र नहीं लेखक ख़ुद होता है। रेणु की तरह मुझे भी लगता है कि अपनी रचनाओं में मैं 'अपने' यानी व्यक्ति की ही खोज में हूँ। वैसे भी एक व्यक्ति की लेखक के तौर पर एक अहम भूमिका होती है और उसे अपनी इस भूमिका के प्रति बेहद ज़िम्मेदार होना चाहिए।

न. को. : आपने अपनी एक बातचीत में कहा है कि सामाजिक न्याय के नाम पर कुछ पिछड़े वर्ग की जातियों के साथ छल किया गया है। बाद में सर्वोच्च न्यायालय ने भी उच्च शिक्षण संस्थानों में पिछड़े वर्ग की क्रीमी लेयर वर्ग के निष्कासन पर मुहर लगा दी। आप इस फ़ैसले को कैसे देखते हैं?

भ. मो. : मैं आज भी अपने कहे पर क़ायम हूँ और अब तो यह साबित भी हो गया है। सामाजिक न्याय के नाम पर सचमुच बहुत-सी निम्न/पिछड़ी जातियों के साथ

सरासर धोखा और छल किया जा रहा है। जो वर्णवादी शक्तियाँ दलितों व पिछड़ों को शिक्षित, आत्मनिर्भर और आत्मस्वाभिमानी होता हुआ नहीं देखना चाहतीं, वे अपनी रणनीति में लगातार सफल हो रही हैं। आप देखिए कि जिस अखिल भारतीय आयुर्विज्ञान संस्थान के निदेशक के बहाल होने पर जो लोग आपस में मिठाइयाँ बाँटते हैं, रंग-अबीर की होली खेलते हैं, वे ही इस उच्च शिक्षण संस्थानों में पिछड़े वर्ग के छात्रों के आरक्षण के विरुद्ध हड़ताल कर दूर-दराज़ से आए ग़रीब-मासूम रोगियों को मरने के लिए छोड़ देते हैं। आख़िर क्या फ़र्क़ पड़ता है कि इस देश में दलित-पिछड़े बहुसंख्यक हैं। मुझे रामविलास पासवान जी की इस माँग में दम नज़र आता है कि न्यायपालिका में भी आरक्षण होना चाहिए। मुट्ठी-भर 'यूथ फॉर इक्वैलिटी' के तथाकथित कार्यकर्ता, जो मूलतः उन्हीं वर्गों और जातियों से आए हैं, के कारण भारतीय वर्ण-व्यवस्था आज भी उतनी ही मज़बूत है जितनी हज़ारों साल पहले थी, जैसा वे चाहते हैं वैसा हो रहा है।

देखा जाए तो आरक्षण की अवधारणा को ही बदल दिया गया है। कहाँ इस पिछड़ेपन का आधार सामाजिक-आर्थिक पिछड़ापन माना गया है, और कहाँ यह कहा जा रहा है कि जिसने स्नातक की शिक्षा प्राप्त कर ली वह इस परिधि में नहीं आएगा, यह कौन सी थ्योरी और सिद्धान्त है। यानी न नौ मन तेल होगा, न राधा नाचेगी अर्थात न गाँव-देहात के लोग पढ़-लिख पाएँगे, न वे यहाँ तक पहुँच पाएँगे। इस मामले में राजनीतिक पार्टियाँ और ज़्यादातर पूरा मीडिया भी चुपचाप उन्हीं का साथ दे रहा है, जो नहीं चाहते हैं कि सामाजिक-आर्थिक रूप से पिछड़े उपेक्षितों को सामाजिक न्याय मिले। आज उच्च शिक्षण संस्थानों में कहने को पिछड़ी और अन्य पिछड़ी जातियों के छात्रों के दाख़िले की बातें की जा रही हैं, परन्तु वास्तविकता ठीक इसके उलट है। एक साज़िश के तहत जान-बूझकर ऐसी स्थितियाँ पैदा की जा रही हैं ताकि ऐसे छात्र इस सुविधा से दूर रहें। क्या यह है हमारा सामाजिक न्याय? मुझे 1992 में बाबरी मस्जिद-राम जन्मभूमि के विध्वंस के दौरान मेवात के बेक़सूर मेवों पर हुए पुलिसिया ज़ुल्म पर की गई, मेरे एक मित्र वहीद नाई की यह टिप्पणी याद आ रही है, जो उसने भरे मन से कही थी कि "अब तो सरकार भी तुम्हारी और पुलिस भी तुम्हारी।" मुझे लगता है कि वहीद का यह कथन इस सन्दर्भ में एकदम उचित है।

न. को. : इसी बातचीत में आपने स्त्री-विमर्श और दलित-विमर्श को भी इन वर्गों के कुछ 'पहुँचे हुए' मध्यवर्गीय लेखकों का शग़ल और साहित्य का शॉर्टकट कहा है। अगर ऐसा है तो इन विमर्शों की सही दिशा क्या होनी चाहिए?

भ. मो. : ऐसा मैंने इसलिए कहा था कि इन विमर्शों के चलते हर लेखक हड़बड़ी और जल्दी में है। इसलिए इन विमर्शों की गम्भीरता पर प्रश्नचिह्न लग गया है। स्थिति आज यह हो गई है कि किसी भी स्त्री का कुछ भी लिखा 'स्त्री-विमर्श' हो

गया है और दलित का लिखा 'दलित-विमर्श'। विमर्शों से नीचे उतरकर कोई बात करने को तैयार ही नहीं है। मैं अगर इन विमर्शों का निष्कर्ष निकालूँ तो सच्चाई यह है कि ये दोनों विमर्श आज लेखक होने के लिए जैसे अनिवार्य शर्त हो गए हैं। इसीलिए स्त्री-विमर्श सम्बन्धी साहित्य की जैसे बाढ़ आ गई है। जहाँ तक इन विमर्शों की सही दिशा का प्रश्न है तो इन वर्गों से जुड़े सवालों को वृहत्तर परिप्रेक्ष्य में देखना होगा। देह की मुक्ति स्त्री की मुक्ति, दैहिक शोषण के लिए परिवार नामक संस्था को कोसना जैसे तर्क गढ़े हुए से लगते हैं। आख़िर विवाह नाम की संस्था के अस्तित्व में आने के कुछ तो कारण रहे होंगे। सीधे-सीधे पुरुष या सवर्णों को कोसना ही स्त्री-विमर्श या दलित-विमर्श नहीं है। अगर इन विमर्शों का सही अर्थ पूछना है तो उन वंचित, उपेक्षित, शोषित, दलित और स्त्रियों से जाकर पूछो जो दिन-भर मेहनत-मज़दूरी करते हुए अपने जीवन की लड़ाई लड़ रहे हैं। विधायिकाओं में महिलाओं के लिए तैंतीस प्रतिशत वाले आरक्षण प्रस्ताव पर इनमें से किसी मध्यवर्गीय 'स्त्री-विमर्शकार' को इस प्रस्ताव का समर्थन करते हुए देखा है कि पिछड़ी-दलित महिलाओं का इस तैंतीस प्रतिशत में अलग से आरक्षण होना चाहिए। वास्तव में 'यूथ फॉर इक्वैलिटी' की वर्णवादी मानसिकता पुरुषों में ही नहीं, मध्यवर्गीय स्त्रियों में भी भरी हुई है।

न. को. : अब तक आपकी छोटी-बड़ी लगभग दर्ज़न-भर पुस्तकें आ चुकी हैं। इनमें से कुछ, विशेषकर आपके उपन्यास ख़ूब चर्चित रहे हैं। ऐसे में एक मासूम-सा सवाल और जिज्ञासा पैदा होती है कि एक के बाद एक प्रकाशित होनेवाली आत्मकथाओं को देखकर, अब तक आपने भी अपनी आत्मकथा लिखने का मन बना लिया होगा।

भ. मो. : आपने सही कहा। एक 'हूक-सी' तो उठती है। मन 'फड़फड़ाता' तो है कि इधर एक के बाद एक, अगर फ़िल्मी शब्दावली का इस्तेमाल करूँ तो एक्शन और इमोशन से भरपूर आत्मकथा रूपी नये-नये शाहकार प्रकाशित हो रहे हैं, मैं भी कुछ ऐसा लिखूँ कि पाठक इन्हें पढ़कर झूम उठे। मगर मन ख़ुद से पूछता है कि क्या लिखूँ? जो लिखना चाहिए वह तो रचनाओं में निरन्तर आ ही रहा है। अपने बारे में, अपने परिवार के बारे में, अपने समाज के बारे में। सच तो यह है कि आत्मकथा के रूप में मुझे जो लिखना चाहिए, क्या मैं उस सच को लिख पाऊँगा? जिनके बारे में (अपने परिवार के सदस्य) मुझे लिखना चाहिए, क्या उनके बारे में मुझे लिखने का अधिकार है? अगर नहीं है तो फिर काहे की और किसकी आत्मकथा लिखूँ। क्या उस झूठ को लिखूँ जिसका कोई गवाह नहीं है। इसीलिए अज्ञेय जी ने शायद ठीक ही कहा था कि—अगर मुझे झूठ लिखना होगा तो मैं आत्मकथा लिखूँगा। यदि सच लिखना है तो मैं उपन्यास-कहानी ही लिखूँगा।

हाँ, भविष्य में कभी मन हुआ तो पुरानी स्मृतियों-विस्मृतियों को इकट्ठा करने की कोशिश ज़रूर करूँगा। कम-से-कम अभी तो ऐसा मन नहीं है। वैसे भी हमारी आत्मकथाओं ने पाठकों की रुचि मानवीय संघर्षों के बजाय उसके अवान्तर प्रसंगों में ज़्यादा बढ़ा दी है।

न. को. : आपने अज्ञेय जी को उद्धृत कर इस विवादास्पद सवाल की सम्भावनाएँ पैदा कर दी हैं कि आजकल जो 'आत्मकथाएँ' (अगर वे सही में आत्मकथाएँ हैं तो?) ख़ासतौर से दलित और स्त्री रचनाकारों द्वारा लिखी जा रही हैं, उनमें सच-झूठ की कितनी अतिशयोक्तियाँ/सम्भावनाएँ हैं?

भ. मो. : यहाँ मेरा उद्देश्य अज्ञेय जी को उद्धृत कर किसी विवाद को खड़ा करना नहीं है। न ही दलित अथवा स्त्री-रचनाकारों द्वारा लिखी जा रही आत्मकथाओं में आनेवाले किसी झूठे-सच पर प्रश्न खड़ा करना है। अज्ञेय जी का उद्धरण वास्तव में आम आत्मकथाओं की प्रामाणिकता के सन्दर्भ में दिया गया है। मैंने बहुत सी आत्मकथाएँ पढ़ी हैं। इनमें उन लेखकों की भी आत्मकथाएँ हैं जो अब दिवंगत हो चुके हैं और वे भी हैं जो अभी ज़िन्दा हैं। जिनसे आपका परिचय नहीं है वह तो ठीक है लेकिन जिन्हें आप ज़ानते हैं, या जिनके बारे में आपने सुना हुआ है, जब आप उनकी आत्मकथाओं में उनके आधे सच और आधे झूठ को पढ़ते हैं, तब आपके मन में यह विचार उठना स्वाभाविक है। आत्मकथा का अर्थ उस सारे सच को पूरी ईमानदारी से पाठकों के सामने लाना है, जिसे आप स्वयं से छिपाने की बेमानी कोशिश करते हैं। अगर आप अपने ही प्रति ईमानदार नहीं हैं तो फिर लिखिए कहानी या उपन्यास। परन्तु यह भी इतना आसान नहीं है। सही अर्थों में एक सृजक के धैर्य, संयम, चिन्तन, ईमानदारी की असली परीक्षा कहानी या उपन्यास में ही होती है। आत्मकथा सबसे ज़्यादा सन्दिग्ध तब बनती है जब हम स्व की अपेक्षा दूसरों की कमियों-कमज़ोरियों के बारे में लिखते हैं। सच तो यह है कि दूसरों के बजाय अपने बारे में सच लिखना कहीं ज़्यादा मुश्किल, जोख़िम-भरा और पीड़ादायक होता है।

न. को. : केन्द्रीय विधा को लेकर समय-समय पर सवाल उठते रहे हैं कि साहित्य की केन्द्रीय विधा इस समय कौन-सी है? कथा-साहित्य के पक्ष में यह तर्क दिया जाता है कि व्यापक पाठक-वर्ग कथा-साहित्य का ही है, जबकि कविता कुलीनता और अपठनीयता का शिकार होकर लगातार अपने पाठक खो रही है—आप इस तर्क से कहाँ तक सहमत हैं?

भ. मो. : मैं आपके सवाल के अन्तिम हिस्से पर पहले आता हूँ। हिन्दी साहित्य में पाठक कम होने के इस विलम्बित राग को हम वर्षों से सुनते आ रहे हैं, कभी यह प्रकाशकों की ओर से अलापा जाता है, तो कभी स्वयं हम लेखकों की ओर

से। लेकिन इसकी मूल समस्या पर इनमें से कोई ध्यान नहीं दे रहा है, वह इसलिए कि साहित्य में लगातार पाठक कम होने के लिए सबसे ज़्यादा ज़िम्मेदार ये दोनों ही हैं। सच यह है, पाठक की दोनों को कोई चिन्ता ही नहीं है। जहाँ तक हिन्दी साहित्य की केन्द्रीय विधा का सवाल है, यह सवाल अगर सच कहूँ तो आपसी विवाद को बढ़ानेवाले जैसा है। पर हाँ, यह है तो सच कि आज सबसे ज़्यादा पाठक कथा-साहित्य का ही है क्योंकि कथा-साहित्य, विशेषकर उपन्यास मानवीय यथार्थ और आकांक्षा की अभिव्यक्ति का सबसे बड़ा और सशक्त माध्यम है। इसका बड़ा कारण यह है कि भारतीय उपमहाद्वीप में उपन्यास का जन्म अभिशप्त परिस्थितियों में हुआ। इसीलिए उपन्यास को भारतीय परिप्रेक्ष्य में मध्य युगीनता के विरुद्ध आधुनिकता के विद्रोह की अभिव्यक्ति करनेवाला साहित्य-रूप माना गया है। आप पिछले एक-डेढ़ दशक के साहित्यिक परिदृश्य पर नज़र डालेंगे, तो पाएँगे सबसे ज़्यादा चर्चा के केन्द्र में उपन्यास विधा ही रही है। उपन्यास भी वे, जो अलग-अलग भारतीय समाजों व वर्गों का प्रतिनिधित्व करते हैं। इसका श्रेय मैं रेणु को देता हूँ। रेणु के आविर्भाव से ही हाशिये के समाज साहित्य के केन्द्र में आए हैं। उनके लेखन ने हिन्दी उपन्यास के आख्यान के ढब और ढाँचे को ही पूरी तरह बदल डाला। मेरे जैसे लेखकों को रेणु का कृतज्ञ और ऋणी होना चाहिए। हेगेल ने उपन्यास को गद्य युग का महाकाव्य कहा है। फ़िल्म के बाद उपन्यास ही आधुनिक युग का सबसे सशक्त एवं प्रतिनिधि कला-रूप है। सार्त्र ने भी अपनी पुस्तक 'व्हाट इज़ लिटरेचर' में कहानी-उपन्यास को साहित्य का असली नागरिक माना है।

न. को. : मोरवाल जी, यह सवाल अपने-आप में बहुत ही गम्भीर और विचलित करनेवाला लगता है कि हिन्दी साहित्य के वृहद राष्ट्रीय परिदृश्य में हरियाणा की उपस्थिति लगभग नगण्य है। ले-देकर सूरदास (?) और बाबू बालमुकुन्द गुप्त। इसके बाद हरियाणा के पास ऐसा नाम नहीं है जिसका हम सगर्व उल्लेख कर सकें। हरियाणा की भूमि इतनी उपजाऊ और ख़ुशहाल होते हुए भी साहित्यिक दृष्टि से इतना पीछे क्यों है। यहाँ साहित्यिक-सांस्कृतिक अभिरुचि का लगभग अभाव-सा क्यों है? यह सवाल मैं इसलिए पूछ रहा हूँ कि आपका सम्बन्ध मेवात के साथ-साथ हरियाणा से भी है?

भ. मो. : आपने अन्ततः वह प्रश्न कर ही दिया जिससे मैं बचना चाहता था। मगर पूछ तो आपने फिर भी लिया। हिन्दी साहित्य के सन्दर्भ में आपने जिन दो विभूतियों का नाम लिया, उनमें से बाबू बालमुकुन्द गुप्त तो ठीक है परन्तु सूरदास? क्या आप सूरदास को हरियाणवी विभूति मानते हैं? सूरदास तो ब्रज के कवि रहे हैं। यदि वे ब्रज के गाँव में पैदा हुए हैं और संयोग से भौगोलिक दृष्टि से वह हरियाणा के अन्तिम छोर का हिस्सा है, तो इतने-भर से वे हरियाणा की विभूति हो गए? आपको

सुनकर शायद विश्वास न हो लेकिन है सही कि राजस्थान की सीमा से सटे मेवाती होने के नाते मुझे भी हरियाणा का लेखक मानने पर सन्देह-सा किया जाता है।

दरअसल, हरियाणा में साहित्यिक संस्कार अब भी नहीं बन पा रहा है। एक मायने में हमारी अकादमियों और हमारे शिक्षण संस्थानों की इस संस्कार को बनाने में बड़ी भूमिका होती है। परन्तु, इसके लिए पहले क्षेत्रीय दम्भ को त्यागना होगा। साहित्यिक-सांस्कृतिक उपक्रमों में ब्यूरोक्रेटिक हस्तक्षेप को रोकना होगा। आपने जिस अभाव का ज़िक्र किया उसका मैं एक उदाहरण देता हूँ। स्थिति यह हो गई है कि हरियाणा में लेखकों का इस क़दर अकाल-सा पड़ गया है कि लगभग साल-भर पहले हरियाणा साहित्य अकादमी की बागडोर वहाँ के एक स्थानीय प्रकाशक को सौंप दी गई। नतीजतन हुआ यह कि अकादमी का सर्वोच्च साहित्यिक पुरस्कार 'सूर सम्मान' जहाँ हरियाणा के किसी ऐसे लेखक को दिया जाता है जिसका साहित्य के क्षेत्र में बड़ा योगदान रहा हो, लेखक के रूप में जिसकी कम-से-कम आठ-दस पुस्तकें आई हों, वह सम्मान एक ऐसे लेखक को दिया गया, जिसके पास साहित्यिक अवदान के नाम पर हाल में प्रकाशित लगभग साठ-पैंसठ कविताओं का एकमात्र संग्रह है। तो ऐसी अनहोनियाँ हरियाणा में ही सम्भव हैं। मुझे लगता है कि आर्थिक सम्पन्नता हमारे साहित्यिक-सांस्कृतिक संस्कारों के बीच बड़ा अवरोध है। पंजाब, जो कभी हरियाणा या हरियाणा उसका हिस्सा रहा, की साहित्यिक चेतना भी हरियाणा से कहीं अधिक गहरी और व्यापक है। वरना क्या कारण है कि प्रेमचन्द, रेणु, राही मासूम रज़ा जैसे लेखक व उनकी रचनाएँ केवल पाठ्यक्रमों में सिमटकर रह जाती हैं।

मज़ेदार तो यह है कि आज का सबसे बड़ा साहित्यिक केन्द्र और देश की राजधानी दिल्ली इस राज्य की तीन-चौथाई सीमाओं से घिरा हुआ है। सच कहूँ कई बार एक लेखक के रूप में हरियाणा का बताते हुए मुझे बेहद संकोच होता है।

न. को. : आप तो स्वयं दो-दो अकादमियों से जुड़े रहे हैं। एक लेखक के रूप में अकादमियों से जुड़ने का आपका अनुभव कैसा रहा?

भ. मो. : मुझे लगता है कि सबसे ज़्यादा हमारी अकादमियों के प्रति हमारी सरकारें ही उदासीनता बरतती रही हैं। अकादमियाँ इनकी नज़र में भीड़ एकत्रित करने का मंच-भर रह गई हैं। दरअसल, अकादमियों में एक लेखक की भूमिका अपने किसी यारे-प्यारे को पुरस्कार, अनुदान दिलाना-भर रह गया है वरना अकादमी की सारी योजनाएँ बनती उसी के मनोनुकूल हैं जो उसका प्रशासनिक सर्वेसर्वा होता है और जिसका साहित्य से नाममात्र का सम्बन्ध रहता है। मेरा मानना है कि जब तक एक लेखक में लेखकीय ताप और बेचैनी बची रहे, उसे कुछ मोहों से दूर रहना चाहिए।

न. को. : वर्ष 2008 के प्रारम्भ में इटली के ट्यूरिन शहर में आयोजित भारतीय लेखकों के सम्मेलन में आपने हिन्दी लेखक के रूप में हिस्सा लिया। इस छोटे से प्रवास के दौरान हिन्दी को किस रूप में देखने का अवसर मिला?

भ. मो. : सच कहूँ, हम 'अपनी हिन्दी' को लेकर हिन्दी पट्टी या हिन्दी समाज में कितना ही मुग्ध हो लें, या कहिए मन-ही-मन फूलकर कुप्पा हो लें, लेकिन वास्तविक स्थिति इसके उलट है। जिस तरह अंग्रेज़ी का भाषायी वर्चस्व तेज़ी से बढ़ता जा रहा है, हिन्दी और भारतीय भाषाओं के साथ-साथ विश्व की अनेक भाषाओं के अस्तित्व का संकट और बढ़ता जा रहा है। हिन्दी साहित्य की स्थिति वैश्विक स्तर पर यह है कि हिन्दी का कालजयी उपन्यास 'गोदान' इटैलियन में पहली बार हाल में प्रकाशित होकर आया है। विश्व की दूसरी भाषाओं में हिन्दी की कृतियों का तब तक अनुवाद असम्भव है जब तक उनका अंग्रेज़ी में अनुवाद नहीं हो जाता। क्या आपको लगता है 'आधा गाँव', 'मैला आँचल', 'झीनी-झीनी बीनी चदरिया', 'परती परिकथा' और तो और मेरे जिस 'काला पहाड़' की इतनी विशद चर्चा हो चुकी है, इनका अंग्रेज़ी में अनुवाद आसानी से हो सकता है—मुश्किल है। इतना ही नहीं, हमारी अपनी ही भाषाओं में हमारी रचनाएँ आसानी से कहाँ अनूदित हो पाती हैं। बावजूद इसके अलग-अलग भाषाओं के लेखक-विद्वान प्रतिदिन आपस में मिलते रहते हैं। यह एक तरह की बौद्धिक काहिली है। शायद यही वजह है कि भारतीय साहित्य के नाम पर जो भी अंग्रेज़ी में मूल रूप से प्रकाशित होता है हाथोंहाथ बिक जाता है। यह अंग्रेज़ी भाषा का ही कमाल है कि अंग्रेज़ी के एकदम युवा भारतीय लेखक का छोटा-सा उपन्यास लाखों में बिक जाता है। प्रकाशित होने से पहले उसकी हज़ारों प्रतियाँ बुक हो जाती हैं और इधर विश्व की दूसरी सबसे बड़ी भाषा (यदि मैं सही हूँ तो?) हिन्दी में, वह भी उपन्यास पहली बार प्रकाशित होता है—मात्र छह सौ, जिसे बिकने में कई वर्ष लग जाते हैं। पेपरबैक संस्करण या दूसरे-तीसरे संस्करणों के बारे में तो आप सोच भी नहीं सकते। इसमें भी रॉयल्टी से लेकर पुस्तक वितरण में थुक्का-फ़जीहत। मज़ेदार तो यह है कि इन छह सौ प्रतियों के बाद उस पुस्तक का क्या होता है, कोई नहीं जानता। ऐसे में आप पूछते हैं कि हिन्दी की विदेशों में क्या स्थिति है।

मुझे लगता है, हिन्दी को आज पाखंड के चक्रव्यूह में फँसाकर उसको जबरन समाप्त किया जा रहा है। सरकारी कामकाज में हिन्दी को बढ़ावा देने की ग़रज़ से हिन्दी सप्ताह या पखवाड़े के दौरान कवि-सम्मेलनों के नाम पर सुनाए जानेवाले चुटकलों या पत्रों व फाइलों पर हिन्दी में हस्ताक्षर करने से इस भाषा का संवर्द्धन नहीं होनेवाला। सच्चाई यह है कि हिन्दी में काम करनेवाले कर्मचारी को न केवल अक्षम माना जाता है, अपितु रह-रहकर उसे अपमान का सामना भी करना पड़ता है। राजभाषा के नाम पर हिन्दी की अनिवार्यता की हठ अब हमें छोड़नी चाहिए,

क्योंकि आज भाषा की चुनौती सबसे बड़ी व गम्भीर चुनौती है। हिन्दी भाषा तेज़ी से हाशिये पर जा रही है। देखने और सुनने में लगता है कि संचार माध्यमों, टी.वी., फ़िल्मों, ब्लॉग्स आदि के बढ़ते प्रचलन ने हिन्दी की भौगोलिक व्याप्ति का दायरा काफ़ी बढ़ाया है, या हिन्दी का प्रचार-प्रसार तेज़ी से हो रहा है, लेकिन यह एक भ्रम है। केवल व्यावहारिक स्तर पर इस्तेमाल की जानेवाली भाषा, भाषा नहीं होती। अगर स्व. निर्मल वर्मा जी के शब्दों को उधार लूँ तो, "भाषा का मतलब है वह भाषा जो मनुष्य की स्मृतियों को, उसके जो प्राक् प्रतीक हैं, उन्हें समोकर चलती है। भाषा केवल अपनी भावनाओं को दूसरे तक प्रकट करने का साधन ही नहीं है। भाषा एक हथियार है, जो हमारे पूरे जीवन को, समूचे इतिहास को, जो कुछ भी गया-गुज़रा है, जो बीता है उसे जोड़ने में सहयोग देती है।"

(*अक्सर,* जयपुर (राजस्थान); जनवरी-मार्च 2010)

यह उपेक्षित समुदायों का सम्मान है, मेरा नहीं

दिनेश कुमार की बातचीत

दिनेश कुमार : वर्ष 2009 के लिए 'अन्तरराष्ट्रीय इन्दु शर्मा कथा सम्मान' आपके उपन्यास 'रेत' को देने का निर्णय लिया गया है। अपनी इस उपलब्धि को आप किस रूप में देखते हैं?

भगवानदास मोरवाल : मेरे लिए यह उपलब्धि से अधिक सम्मान है। मैं ख़ुश हूँ कि मुझे यह सम्मान बहुत उचित समय पर मिला। पुरस्कार एक संजीवनी की तरह होता है जो अगर समय पर मिले तो रचनाकार को नई ऊर्जा और ताक़त देता है। यह सम्मान किसी लेखक या कृति का सम्मान नहीं है बल्कि उन समाजों का सम्मान है जिन पर बक़ौल मैनेजर पांडेय, हिन्दी के लेखकों का ध्यान नहीं जाता।

दि. कु. : आपके तीनों उपन्यास 'काला पहाड़', 'बाबल तेरा देस में' और 'रेत' ग्रामीण पृष्ठभूमि पर ही हैं। आप इस दायरे से बाहर क्यों नहीं निकल पा रहे हैं?

भ. मो. : किसी भी लेखक के लिए संवेदना, सरोकार और लोक—ये तीन चीज़ें काफ़ी महत्त्वपूर्ण होती हैं। मेरे द्वारा ग्रामीण पृष्ठभूमि पर उपन्यास लिखे जाने के पीछे यही तीनों कारक हैं। किसी भी रचना की पृष्ठभूमि में आपकी स्मृतियाँ ही होती हैं। आपकी रचना कैसी होगी, यह आपकी स्मृतियों और सरोकारों पर निर्भर करता है। मेरे सन्दर्भ में भी यही बात लागू होती है।

दि. कु. : 'रेत' उपन्यास, जिस पर आपको यह सम्मान मिल रहा है, विवादों में है। इसे लेकर आपको ज़बर्दस्त विरोध का सामना करना पड़ा। इस विरोध को आप किस तरह से देखते हैं?

भ. मो. : मेरा अपना मानना है कि यह अस्मिता के द्वंद्व से उपजा हुआ विरोध है। उपन्यास 'रेत' कंजर समुदाय पर है जबकि विरोध गिहार समुदाय के लोग कर रहे हैं। वह भी, उत्तर प्रदेश के कन्नौज ज़िले में। मैंने शोध से जो तथ्य जुटाए, उनसे पता चला कि यह द्वंद्व इस रूप में है कि कंजर समुदाय के इष्ट देव मानागुरु

हैं संयोग से यही मानागुरु गिहार समुदाय के भी इष्ट देव हैं। विरोध का आधार यह मानागुरु हैं। दरअसल यह उपन्यास देह-व्यापार में लिप्त कंजर समुदाय की स्त्रियों पर है और गिहार समुदाय के लोग इस बात पर विरोध कर रहे हैं कि उनके समाज में स्त्रियाँ देह-व्यापार नहीं करतीं, जबकि यह उपन्यास तो उन पर है ही नहीं, यह तो कंजर समुदाय पर है।

दि. कु. : इस उपन्यास में आप 'सेक्स वर्क' के माध्यम से स्त्री सशक्तीकरण का दावा प्रस्तुत करते दिखते हैं। इसका भी ख़ूब विरोध हुआ। क्या इस सैद्धान्तिकी को कभी स्वीकार किया जा सकेगा?

भ. मो. : यह सशक्तीकरण इस बात पर निर्भर करता है कि 'सेक्स वर्क' आपके आर्थिक सशक्तीकरण का स्रोत है या नहीं? भौतिकवादी समाज के लिए यह ग़लत चीज़ हो सकती है लेकिन जिस समाज में वे 'सेक्स वर्क' कर रही हैं उसमें उन्हें इसका अपराध-बोध नहीं है। अगर एक स्त्री ज़िन्दा रहने के लिए देह-व्यापार में लिप्त है और वह इसका उपयोग अपने सबलीकरण के लिए करती है, तो उसके पास खोने के लिए कुछ भी नहीं है। इस उपन्यास में सावित्री पर किसी ने सवाल नहीं उठाया, जबकि मुरली के लिए वही काम करती है। यह विरोध एक शुचितावादी नैतिकतावादी प्रलाप है। यह वही मानसिकता है जो किसी दलित स्त्री के महँगे आभूषणों और वस्त्रों पर टिप्पणी करती है, मानो इस पर सवर्ण समाज का ही अधिकार हो। अगर सावित्री ऊपर पहुँच जाती तो किसी को परेशानी नहीं होती। मूल परेशानी यह है कि रुक्मिणी ऊपर कैसे पहुँच गई?

दि. कु. : 'रेत' के कथानक में यौन-क्रिया के विवरणों की अनगिनत सम्भावनाओं के बावजूद आप इसके चित्रण से पूरी तरह बच निकले हैं, जबकि हिन्दी में इन दिनों ऐसा ख़ूब चल रहा है। यह आपका दूसरी तरह का शुचितावाद तो नहीं है?

भ. मो. : ऐसा नहीं है कि मुझे इस चीज़ का अन्दाज़ा नहीं था। यौन-क्रिया के वर्णनवाला किसी का उपन्यास नहीं पढ़ा हो, ऐसी बात भी नहीं है। दरअसल, लेखक की एक ज़िम्मेदारी होती है जिसे शुचिता से जोड़कर नहीं देखना चाहिए। महत्त्वपूर्ण यह है कि लेखक की दिलचस्पी किन प्रसंगों में है। एक लेखक के रूप में मेरा ज़ोर उस समाज की जटिलताओं, विरोधाभासों, संवेदनाओं और सामाजिक पक्षों को लेकर ज़्यादा रहा, अगर मैं यौन-प्रसंगों की चर्चा करता तो सम्भव है कि इस उपन्यास पर चर्चा न होकर यौन-प्रसंगों पर अधिक चर्चा होती। फिर सम्भव है, यह एंथ्रोपोलॉजी के लिए उपयोगी उपन्यास न होकर पोर्नोग्राफ़ी की श्रेणी में आ जाता। वस्तुतः यौन-प्रसंग हमारे लिए दिलचस्पी और रोचकता का माध्यम है किन्तु जिनके

लिए यौन-कर्म जीवन-यापन का साधन है, उनसे पूछिए कि उन्हें इससे कितनी तृप्ति मिलती है?

दि. कु. : वैसे तो, आपके चार कहानी-संग्रह आ चुके हैं लेकिन कहानी-लेखन में आपको उपन्यासों जैसी सफलता क्यों नहीं मिली? आपकी 'निमंत्रण' कहानी पर एक पत्रिका के कहानीकार सम्पादक ने काफ़ी प्रतिकूल टिप्पणी की थी।

भ. मो. : कुछ लेखकों से आलोचकों की कुछ अधिक ही अपेक्षाएँ जुड़ जाती हैं। हो सकता है, मैं भी उसका शिकार हो गया हूँ। यह सही है कि मैं कहानी लिखता रहा हूँ लेकिन मेरी मुख्य पहचान उपन्यासकार की है। आज कहानी कथ्य से अधिक शिल्प और भाषा का कमाल बनकर रह गई है। मुझसे पाठकों की अपेक्षाएँ उपन्यास को लेकर अधिक जुड़ गई हैं बनिस्बत कहानी के।

दि. कु. : हिन्दी में आपके बारे में एक भ्रम यह है कि आप दलित लेखक हैं जबकि सच्चाई यह नहीं है। सवर्ण आप हैं नहीं। अपने-आप को आप किस श्रेणी में मानते हैं?

भ. मो. : सबसे पहले तो मैं उन पाठकों को धन्यवाद देना चाहूँगा जो मुझे दलित मानते हैं। वैसे दलित वही नहीं हैं जिन्हें संविधान के तहत आरक्षण मिला हुआ है। दरअसल, पाठकों ने मुझे किसी वर्ग-विशेष का लेखक मानने की जगह लेखक मात्र के रूप में अधिक स्वीकृति प्रदान की है। मेरे बारे में यह मानने की एक वजह यह हो सकती है कि मेरी रचनाओं की पृष्ठभूमि जिस तरह के समाजों की होती है, उनमें अधिकांश पात्र दलित होते हैं। मैं अपने-आप को मूलतः मुख्यधारा का लेखक मानता हूँ। वस्तुतः जब हम किसी समाज की विसंगतियों और विद्रूपों को उठाते हैं तो वे पूरे जीवन के भी होते हैं। यह बात इससे और स्पष्ट हो जाएगी कि जब मैं मेवात के मेवों पर लिखता हूँ तो वह केवल मेवात के 'मेव' मुसलमानों की ही समस्या नहीं होती, बल्कि पूरे मुस्लिम समुदाय की समस्या होती है।

दि. कु. : तो क्या आप साहित्य में चल रहे विभिन्न तरह के विमर्शों के ख़िलाफ़ हैं?

भ. मो. : देखिए, जब कोई लेखक विमर्श के घेरे में लिखता है, चाहे वह स्त्री-विमर्श हो या दलित-विमर्श, तो यह कहीं-न-कहीं लेखक के आत्मविश्वास में कमी का द्योतक है। जिन्हें अपने लेखन पर विश्वास नहीं होता, वही विमर्शों का सहारा लेते हैं।

दि. कु. : रचना और आलोचना एक-दूसरे के पूरक हैं। ऐसा लगता है कि आज आलोचना में एक गतिरोध उत्पन्न हो गया है। वर्तमान आलोचना के परिदृश्य को आप कैसे देखते हैं?

भ. मो. : मेरी दृष्टि में वर्तमान आलोचना अपनी दरिद्रता के सबसे बुरे दौर से गुज़र रही है। इसकी वजह यह है कि हमारे यहाँ आलोचना के औज़ार कुछ पूर्ववर्ती पीढ़ी से उधार लिये गए हैं और कुछ पश्चिम से। आज की आलोचना के पास मौलिक समझ नहीं है। आज भी हिन्दी आलोचना भाषा, शिल्प और संवेदना से आगे नहीं बढ़ पाई है। क्या वजह है कि जनजातीय पृष्ठभूमि पर उपन्यास लिखने के लिए लेखक तो पूरा अनुसंधान करता है, जबकि आलोचक उसका सरलीकरण कर दो मिनट में अपना निर्णय दे देता है।

(*नई दुनिया;* 24 मई, 2009)

उपभोग के बजाय विरासत का हिस्सा बनें

आर. चेतनक्रान्ति की बातचीत

आर. चेतनक्रान्ति : आप समकालीन हिन्दी साहित्य के उपन्यासकारों में एक चर्चित नाम हैं। हम जानना चाहते हैं कि एक लेखक के रूप में आपका जीवन उपन्यास और कहानी से ही आरम्भ हुआ या कविता से, जैसा ज़्यादातर लेखकों के साथ होता है। आपकी पहली रचना कौन सी थी?

भगवानदास मोरवाल : बिलकुल सही कहा—आरम्भिक लेखन की शुरुआत कविता के नाम पर तुकबन्दियों और छोटी-छोटी कविताओं से ही हुई थी। ये कविताएँ एक छोटे-से दैनिक पत्र, नाम का दैनिक था परन्तु निकलता साप्ताहिक था, 'मेवात' में प्रकाशित होती थीं। मेरी पहली रचना जो कविता ही थी इसी दैनिक 'मेवात' में प्रकाशित हुई। पाठकों, लेखकों और कुछ परिचित-अपरिचितों की प्रतिक्रिया इस पर केवल इतनी ही थी कि मेरा नाम पहली बार कहीं प्रकाशित हुआ है। वैसे 'दोपहरी चुप है' शीर्षक से एक कविता-संग्रह भी है।

आर. चे. क्रा. : आपकी पहली प्रकाशित पुस्तक कौन सी थी। वह कब और किस प्रकाशन से प्रकाशित हुई। उसे हिन्दी के पाठक-लेखक संसार ने किस रूप में लिया?

भ. मो. : मेरी पहली पुस्तक है 'सिला हुआ आदमी' जो एक कहानी-संग्रह है। इसे सन् 1986 में पुरानी दिल्ली के बल्ली मारान स्थित दिनमान प्रकाशन ने प्रकाशित किया था। यह संग्रह अगर सच कहूँ तो कहने को कहानी-संग्रह है वरना कहानी के नाम पर उसमें एक क़स्बाई-देहाती युवा मन की काग़ज़ पर उकेरी गई अभिव्यक्तियों की लकीरें हैं। हिन्दी की दुनिया का संसार इतना व्यापक है कि उसमें आए दिन दो-चार पुस्तकें रोज़ छपती रहती हैं। ऐसे में पाठक-लेखक का इसे किसी रूप में लेना महज़ कल्पना करना है।

आर. चे. क्रा. : हिन्दी साहित्य के मौजूदा परिदृश्य में किसी युवा लेखक को अपनी पहचान बनाने में क्या दिक़्क़तें आती हैं?

भ. मो. : वास्तव में हिन्दी साहित्य की दुनिया में संकट या दिक़्क़त पहचान बनाने की नहीं है। पहचान तो बन ही जाती है। किसी की बहुत जल्दी बन जाती है और कुछ की बनने में थोड़ा समय लगता है। असल बात यह है कि वह लिख क्या रहा है। उसके सरोकार क्या हैं, लिखने के पीछे उसका उद्देश्य क्या है।

आर. चे. क्रा. : राजकमल प्रकाशन समूह से आपका पहला जुड़ाव कब हुआ? बहैसियत लेखक इनके साथ आपके अनुभव किस तरह के रहे?

भ. मो. : राजकमल प्रकाशन समूह से मेरा जुड़ाव पहली बार 1996 में हुआ, जब 'काला पहाड़' की पांडुलिपि एक मित्र के माध्यम और उसकी अनुशंसा पर राधाकृष्ण प्रकाशन से प्रकाशित होने का अनुबन्ध हुआ। इस समूह से जुड़ने का अहसास और अनुभव इस मायने में सुखद रहा कि बाद में उपन्यास 'बाबल तेरा देस में', 'रेत' और कहानी-संग्रह 'सीढ़ियाँ, माँ और उसका देवता' राजकमल प्रकाशन से प्रकाशित हुए। 'काला पहाड़' का पेपरबैक संस्करण व सजिल्द का दूसरा संस्करण भी प्रकाशित हो चुके हैं।

आर. चे. क्रा. : हिन्दी समाज में लेखक और प्रकाशक के सम्बन्ध अक्सर तनावपूर्ण रहते हैं। माना जाता है कि यह एक अनिवार्य स्थिति है। इस सम्बन्ध में आपके अनुभव कैसे रहे और इस स्थिति के बारे में आप क्या सोचते हैं?

भ. मो. : लेखक और प्रकाशक के तनावपूर्ण सम्बन्धों की जड़ में बड़ा कारण रॉयल्टी और पुस्तकों की ठीक-ठीक संख्या का मालूम न होना है। एक और बड़ा कारण है पुस्तक के सजिल्द और पेपरबैक संस्करणों का एकसाथ प्रकाशित करने का मुद्दा। मेरा मानना है कि लेखक और प्रकाशक के बीच किसी तरह की परदादारी नहीं होनी चाहिए। दोनों को एक-दूसरे का सम्मान और भावनाओं का आदर करना चाहिए। चूँकि दोनों एक-दूसरे के पूरक हैं इसलिए किसी तरह के तनाव से दोनों का नुक़सान होना स्वाभाविक है। वास्तव में, लेखक और प्रकाशक का सम्बन्ध आपसी विश्वास का सम्बन्ध है और मेरा मानना है कि यह विश्वास हमेशा बना रहना चाहिए। जहाँ तक मेरे अनुभवों का सम्बन्ध है अभी तक तो ठीक-ठाक हैं।

आर. चे. क्रा. : एक लेखक के रूप में सबसे ज़्यादा सन्तोष आपको किस पुस्तक ने दिया और सबसे ज़्यादा पाठक आपकी किस पुस्तक को मिले? उसे प्रकाशित किसने किया?

भ. मो. : निश्चित रूप से राधाकृष्ण से प्रकाशित पहले उपन्यास 'काला पहाड़' (1999) ने। इस उपन्यास को जितने ज़्यादा पाठक मिले उसमें 'बाबल तेरा देस में'

(2004) और इसी वर्ष (2008) प्रकाशित उपन्यास 'रेत' के पाठकों में उत्तरोत्तर वृद्धि होती जा रही है। यह वृद्धि एक लेखक के प्रति पाठक का वह विश्वास है, जो उसे निरन्तर लिखने को प्रेरित और प्रोत्साहित करता रहता है। एक लेखक होने के नाते मेरा निजी मत है कि यह विश्वास बना रहना चाहिए। जिस दिन यह टूटा उस दिन लेखक ख़त्म हो जाएगा।

आर. चे. क्रा. : इन दिनों आप किस पुस्तक पर काम कर रहे हैं?

भ. मो. : अभी तो 'रेत' आया ही है। सुधी पाठकों और आलोचक प्रवरों की प्रतिक्रियाओं का इन्तज़ार है। वैसे इस उपन्यास से मुझे इस मायने में बहुत उम्मीदें हैं कि यह कभी अपराधी जनजाति कहे जानेवाले एक जाति-समूह कंजरों को केन्द्र में रखकर लिखा गया है। दरअसल, किसी भी लेखक की आगामी योजना उसकी पिछली पुस्तक पर मिलनेवाली प्रतिक्रियाओं पर निर्भर करती है। हालाँकि एक विषय को लेकर उपन्यास लिखने की योजना धीरे-धीरे पक रही है। अभी तो कुछ भी कहना मुश्किल है क्योंकि जब तक किसी विषय पर मेरी पूरी तैयारी नहीं हो जाती, मेरे लिए उस पर काम करना मुश्किल होता है।

आर. चे. क्रा. : हिन्दी उपन्यास के वर्तमान परिदृश्य को आप किस रूप में देखते हैं? इधर प्रकाशित दस ऐसे उपन्यास कौन से हैं, जो आपकी नज़र में अच्छे हैं?

भ. मो. : मुझे लगता है कि आज हिन्दी साहित्य में सबसे अच्छी स्थिति में उपन्यास ही है। इसका एक कारण यह है कि फ़िल्म के बाद उपन्यास ही आधुनिक युग का सबसे बड़ा प्रतिनिधि कला-रूप है। हेगेल ने उपन्यास को इसीलिए गद्य युग का महाकाव्य कहा है। सच तो यह है कि सामाजिक अभिव्यक्ति का असली प्रतिनिधि रूप है उपन्यास। जहाँ तक दस अच्छे उपन्यासों का प्रश्न है यह एक उलझन-भरा प्रश्न है। एक अच्छा उपन्यास मेरी नज़र में वह है जिसकी अनुगूँज वर्षों बाद भी आपके भीतर गूँजती रहे। इसका उत्तर यदि दस साल बाद पूछा जाए तो अच्छा रहेगा।

आर. चे. क्रा. : नई पीढ़ी में दिखाई देनेवाले ऐसे कौन से नाम आपकी निगाह में हैं, जिन पर हिन्दी उपन्यास भरोसा कर सके?

भ. मो. : यह आश्चर्यजनक है कि जहाँ कहानी में एकाएक नये कहानीकारों की तेज़ लहर-सी आई हुई है, वैसा उपन्यास में नहीं है। इधर जो एकाध एकदम नये लेखकों के उपन्यास आए हैं, उनसे पूरी तरह आश्वस्त नहीं हुआ जा सकता। दरअसल, उपन्यास बेहद श्रमसाध्य कला है। इसके लिए अनुभवों के आड़े-तिरछे,

ऊबड़-खाबड़ बीहड़ों से गुज़रना होता है। वास्तव में, लेखकीय कौशल की असली परीक्षा उपन्यास में ही होती है। साथ में लेखक के रचनात्मक धैर्य की भी।

आर. चे. क्रा. : हिन्दी का ज़्यादातर लेखन-प्रकाशन साहित्य-केन्द्रित होता है। कुछ लोग यह भी कहते हैं कि इसी वजह से आज के हिन्दी पाठक की सारी ज़रूरतें पूरी नहीं होती हैं। क्या अब हमें साहित्य के अलावा स्वास्थ्य, क़ानून और प्रबन्धन आदि विषयों पर भी ध्यान देना चाहिए?

भ. मो. : निस्सन्देह, क्योंकि जैसे-जैसे हिन्दी का विस्तार हो रहा है दूसरे विषयों के प्रकाशन की सम्भावना और ज़रूरतें भी बढ़ती जा रही हैं।

आर. चे. क्रा. : राजकमल समूह ने आम पाठकों को ध्यान में रखकर बहुत कम मूल्य पर समझदार और सदाबहार पुस्तकों की नई श्रृंखला शुरू की है, जिनमें कुछ पुस्तकों के संस्करण फटाफट बिक गए। मसलन 'राग दरबारी' या 'मैला आँचल' और निराला की 'बिल्लेसुर बकरिहा'। आपको यह योजना कैसी लगी?

भ. मो. : यह योजना एकदम अभिनव और अपनी तरह की है। इस श्रृंखला का विस्तार कर इसके अन्तर्गत उन पुस्तकों को भी लाना चाहिए जो अभी हाल में प्रकाशित हुई हैं। 'राग दरबारी' या 'मैला आँचल' की तरह पाठक इन पुस्तकों को भी पढ़ना चाहता है परन्तु कीमतें अधिक होने के कारण, विशेषकर छात्र इनसे वंचित रह जाते हैं। पेपरबैक संस्करण अधिक-से-अधिक प्रकाशित किये जाएँ।

आर. चे. क्रा. : पाठकों की कमी की शिकायत आज सभी प्रकाशक करते हैं। आप इस समस्या को कैसे देखते हैं और इसका क्या समाधान हो सकता है? आज के बाज़ारवादी दौर में हिन्दी प्रकाशन के सामने क्या चुनौतियाँ हैं और इससे निपटने के लिए क्या करना चाहिए?

भ. मो. : यह समस्या वास्तव में हमारी अपनी यानी लेखक और प्रकाशक दोनों की बनाई हुई है। लेखकों को अपने समाज से मतलब नहीं रह गया है और प्रकाशक वही छापने पर मजबूर है जो लेखक उसे देता है। सच तो यह है कि हमारी चिन्ता का विषय पाठक तो रहा ही नहीं है। यदि सुरुचिपूर्ण साहित्य कम मूल्यों पर उपलब्ध होगा तो पाठक उसे ख़रीदने का प्रयास करेगा। मुझे लगता है कि आज के इस बाज़ारवादी दौर में सबसे ज़्यादा चुनौतियाँ हिन्दी प्रकाशन के ही सामने हैं। जैसे-जैसे अंग्रेज़ी का वर्चस्व बढ़ता जा रहा है, यह और विकट होती जा रही है। लेकिन ऐसा भी नहीं है कि इससे डरा जाए। पाठकों की कमी की शिकायत हमेशा से होती रही है, मगर बावजूद इसके हिन्दी प्रकाशन और मज़बूत होता जा रहा है।

आर. चे. क्रा. : राजकमल प्रकाशन अब एक समूह के रूप में सक्रिय है, हिन्दी के कई बड़े प्रकाशन एक छतरी के नीचे काम कर रहे हैं। आप इसे किस रूप में देखते हैं?

भ. मो. : प्रकाशन जगत् के तीन बड़े और दूसरे प्रकाशन एकसाथ काम कर रहे हैं और यह एक बड़ी घटना है। हिन्दी साहित्य के संवर्द्धन और विकास में इससे बहुत बल मिलेगा।

आर. चे. क्रा. : आपकी नज़र में पिछले दो दशकों में प्रकाशित दस श्रेष्ठ उपन्यास, कहानी-संग्रह और कविता-संग्रह कौन से हैं?

भ. मो. : इस प्रश्न का उत्तर देना अपने-आप में बहुत मुश्किल काम है, क्योंकि हर पाठक की नज़र में श्रेष्ठता की कसौटी एकदम अलग होती है। मेरी नज़र में श्रेष्ठ वह है जिसमें मुझे मेरा समाज, मेरे दुख, मेरा दर्द, मेरी चिन्ताएँ दिखाई देती हैं। एकदम दस-दस पुस्तकों की सूची बताना नामुमकिन-सा है।

आर. चे. क्रा. : आज के भूमंडलीकरण और बाज़ारीकरण के दौर में एकदम नई पीढ़ी के रचनाकर्मियों के लिए क्या सन्देश देना चाहेंगे?

भ. मो. : उपभोग के बजाय वे विरासत का हिस्सा बनने की कोशिश करें।

आर. चे. क्रा. : बिक्री के लिहाज़ से देखें तो नये लेखकों की तुलना में अब भी कृष्णा सोबती, श्रीलाल शुक्ल, नामवर सिंह आदि लेखक ही ज़्यादा बिकते हैं। नये लोग उस तरह बाज़ार में अपनी जगह नहीं बना पा रहे! इसकी क्या वजह नज़र आती है?

भ. मो. : लेखन में विश्वसनीयता, अनुसंधान, अन्वेषण, जीवन-मूल्यों को पोषित करने व बचाए रखने का सन्देश बहुत ज़रूरी है। दूसरा, जिन लेखकों का आपने उल्लेख किया है उनके बिकने के एक नहीं बहुत से कारण हैं। पहला तो यह कि ये हिन्दी साहित्य के शिखर लेखक हैं, फिर इनकी पहचान कोई रातोंरात नहीं बनी। इसके पीछे इनकी वह साधना और इनका वह रचना-कर्म है जिसके लिए पूरी उम्र भी कम पड़ जाती है। नये लेखकों से ऐसी पहचान की अपेक्षा अभी करना बेमानी-सा है।

आर. चे. क्रा. : इधर प्रकाशित आपके उपन्यास 'रेत' की रचना-प्रक्रिया के बारे में पाठकों को कुछ बताएँ!

भ. मो. : यह उपन्यास एक ऐसे जाति-समूह को केन्द्र में रखकर लिखा गया है, जिस पर हिन्दी में कुछ नहीं लिखा गया है। इसलिए इसे लिखने में एक

वर्ष और अनुसंधान में दो वर्ष लग गए। उपन्यास प्रामाणिक, विश्वसनीय और तथ्यपरक हो इसके लिए निरन्तर उस समुदाय से सम्पर्क बना, उनके बीच जाता रहा। कोशिश मेरी यह रही है कि हिन्दी के पाठकों को इस उपन्यास के माध्यम से ऐसे समुदाय से परिचित कराऊँ, जो सभ्य समाज से कटा हुआ है। वैसे जिस उपन्यास को रचने में तीन वर्ष लग गए उसकी प्रक्रिया को कुछ शब्दों में बयान करना बहुत मुश्किल है।

(*प्रकाशन समाचार*, राजकमल प्रकाशन समूह; जुलाई 2008)

हरियाणा का लेखक क्षेत्रीय मानसिकता से उबर नहीं पा रहा है

अनन्त विजय की बातचीत

अनन्त विजय : सबसे पहले हाल में प्रकाशित अपने नये उपन्यास 'रेत' के बारे में बताइए?

भगवानदास मोरवाल : जी, अभी हाल में सम्पन्न हुए 18वें विश्व पुस्तक मेले के लगभग अन्त में इसका लोकार्पण प्रख्यात आलोचक प्रो. मैनेजर पांडेय के हाथों हुआ। यह उपन्यास एक ऐसे जाति-समूह (कंजर) को केन्द्र में रखकर लिखा गया है, जिसे कभी जरायम-पेशा जनजातियों की श्रेणी में रखा गया था।

अ. वि. : कहा जाता है कि आपकी रचना गहरे कथात्मक अन्वेषण और अनुसंधान के बाद आकार लेती है। 'काला पहाड़' और 'बाबल तेरा देस में' जैसे चर्चित उपन्यासों को इस रूप में देखा जा सकता है। उपन्यास 'रेत' भी क्या इसी प्रक्रिया से गुज़री रचना है?

भ. मो. : एक अच्छी, बेचैन करनेवाली रचना बिना अन्वेषण और अनुसंधान के अपना आकार ले ही नहीं सकती। मैंने लगभग दो वर्षों तक इस जाति-समूह अर्थात कंजरों का सूक्ष्म समाजशास्त्रीय अध्ययन किया। मेरा मानना है कि लेखक का कार्य केवल कथा कहना नहीं है बल्कि उस समाज के ऐतिहासिक, सामाजिक और दूसरे सन्दर्भों को मौजूदा परिप्रेक्ष्य में देख व जानकर उसके उन कटु सत्यों से भी अपने पाठक का साक्षात्कार कराना है, जिन्हें वह नहीं जानता है।

अ. वि. : इस उपन्यास के लिए आपने जो कथाभूमि चुनी है, वह आपके पिछले दोनों उपन्यासों से किस मायने में अलग है?

भ. मो. : जैसाकि आप जानते हैं मेरे पहले दोनों उपन्यासों 'काला पहाड़' और 'बाबल तेरा देस में' के केन्द्र में मेवात रहा है। चूँकि मेरा सम्बन्ध मेवात से है इसलिए इनमें तरल संलग्नता, विवरण, जातीय अस्मिता का बोध और वहाँ के लोक का

रंग बहुत गहरा व गाढ़ा है। 'काला पहाड़' ने एक उपन्यासकार के रूप में मुझे जो स्वीकृति प्रदान की, उसे बनाए रखना मेरे लिए बड़ी चुनौती थी। इसलिए मैंने यह समाज चुना। शायद पाठकीय चुनौती और एक डर भी था जिसने मुझे इस विषय पर कार्य करने के लिए प्रेरित किया।

अ. वि. : अपने इस नये उपन्यास की रचना-प्रक्रिया के बारे में कुछ बताइए। इस विषय पर कार्य करना कितना चुनौतीपूर्ण रहा?

भ. मो. : इस उपन्यास पर काम करते हुए मैंने कुछ बातों और प्रविधियों को ध्यान में रखा। यथार्थ को प्रामाणिकता प्रदान करने के लिए बराबर इस समुदाय के सम्पर्क में रहा। उनके क्रियाकलापों और रीति-रिवाज़ों का बेहद बारीकी से अध्ययन किया। इतिहास व समाजशास्त्रीय पुस्तकों को खँगाला। अंग्रेज़ों द्वारा बनाए गए अपराधी जनजाति अधिनियमों के निर्मम पक्षों को देखा। जातीय, पारिवारिक और सामाजिक संरचना में उन अदृश्य पक्षों को एकदम निकट से देख, उनका डाक्यूमेंटेशन किया जो किसी भी अन्वेषी रचना के लिए महत्त्वपूर्ण होते हैं।

अ. वि. : हरियाणा के आप शायद ऐसे अकेले लेखक हैं जो अपने लेखन के माध्यम से हरियाणा का सच्चे अर्थों में प्रतिनिधित्व कर रहे हैं?

भ. मो. : नहीं, ऐसा नहीं है। ऐसे अनेक लेखक हैं। स्वदेश दीपक, डॉ. रमेश कुन्तल मेघ, रोहिणी अग्रवाल, स्व. राकेश वत्स, यशपाल वैद, ललित कार्तिकेय, अरविन्द जैन, मनमोहन, कमला चमोला, तारा पांचाल, माधव कौशिक सभी हरियाणा का प्रतिनिधित्व करते हैं। हाँ, मेवात जैसे पिछड़े क्षेत्र जिसे सरकारी भाषा में 'काला पानी' कहा जाता है, उससे आया पहला लेखक मान सकते हैं।

अ. वि. : मेरा कहने का तात्पर्य यह है कि ये लेखक बेशक हैं हरियाणा के, परन्तु इनकी रचनाओं में स्थानीयता की गन्ध नहीं होती। अपना लोक इनकी रचनाओं में कहीं दिखाई नहीं देता। ज़्यादातर के रचना-संसार में वही मध्य वर्ग है, जो दूसरे रचनाकारों के रचना-संसार में है। वैसे भी स्वदेश दीपक, मनमोहन, डॉ. रमेश कुन्तल मेघ, रोहिणी अग्रवाल और ललित कार्तिकेय के अलावा अधिकतर की पहचान राष्ट्रीय स्तर की अपेक्षा राज्य स्तर की ज़्यादा है।

भ. मो. : मुझे ऐसा नहीं लगता। कमला चमोला, माधव कौशिक और तारा पांचाल की पहचान तो निश्चित रूप से हिन्दी साहित्य के मुख्यधारा के लेखकों की है।

अ. वि. : किसी भी लेखक को उसके राज्य द्वारा संचालित अकादमियों और दूसरी संस्थाओं द्वारा दिये जानेवाले पुरस्कार कितना प्रोत्साहित करते हैं? आपको

अब तक अपने ही राज्य की अकादमी का कोई साहित्यिक पुरस्कार नहीं मिला, ऐसा क्यों?

भ. मो. : दरअसल, हरियाणा साहित्य अकादमी शायद ऐसी पहली अकादमी है, जो अपने द्वारा चलाई जा रही पुरस्कार और दूसरी योजनाओं के अन्तर्गत दिये जानेवाले सम्मान व पुरस्कारों के लिए स्वयं लेखकों से आवेदन आमंत्रित करती है। जो लेखक इनके लिए आवेदन करते हैं वे इन योजनाओं का लाभ उठा ले जाते हैं और जो इस प्रक्रिया में विश्वास नहीं रखते, वे छूट जाते हैं। यही कारण है कि एक ही वर्ष में अलग-अलग नामों से एक ही लेखक पुरस्कार भी हासिल कर लेता है और अनुदान भी। वैसे ऐसा अनजाने में नहीं होता। कुछ लेखक तो हर दूसरे-तीसरे वर्ष इन योजनाओं से मिलनेवाली राशि से मालामाल हो चुके हैं। हाँ, पिछले एकाध वर्ष से इस ढर्रे में कुछ बदलाव आया है।

अ. वि. : आपको ऐसा नहीं लगता है कि साहित्यिक क्षेत्र में, चाहे वह पुरस्कार की दृष्टि से हो या लेखन की दृष्टि से—हरियाणा अपनी वह पहचान नहीं बना पाया है जो बिहार, मध्य प्रदेश, उत्तर प्रदेश यहाँ तक कि राजस्थान और हिमाचल प्रदेश बना चुके हैं?

भ. मो. : आपने सही कहा। हरियाणा में वह साहित्यिक संस्कार नहीं बन पा रहा है। अभी भी हरियाणा पंडित लक्ष्मीचन्द से आगे नहीं बढ़ पाया है। क्षेत्रीयता की मानसिकता से यहाँ का लेखक उबर ही नहीं पा रहा है। अगर हम हिन्दी साहित्य में हरियाणा के अवदान की बात करें तो विरासत के रूप में हमारे पास बाबू बालमुकुन्द गुप्त के बाद दूसरी विभूति नहीं है। यही कारण है कि 'सूर सम्मान' जैसे कई लखटकिया पुरस्कार व सम्मानों के होने के बावजूद इनकी कहीं चर्चा नहीं होती। मेरा अपना मत है कि बाबू बालमुकुन्द गुप्त के नाम पर दिये जानेवाले साहित्यिक सम्मान की राशि बढ़ाकर, इसे राष्ट्रीय स्तर का पुरस्कार बनाना चाहिए। दूसरा, मेवात के जनकवि सादल्ला के नाम पर भी हरियाणा साहित्य अकादमी को एक पुरस्कार घोषित करना चाहिए।

अ. वि. : आप तो स्वयं हरियाणा साहित्य अकादमी की शासी परिषद और हिन्दी अकादमी, दिल्ली की संचालन समिति के सदस्य रहे हैं। एक लेखक होने के नाते अकादमियों से जुड़ने का आपका अनुभव कैसा रहा?

भ. मो. : मेरी निजी राय है कि एक लेखक में जब तक लेखकीय ऊर्जा और बेचैनी का भाव बचा रहे, उसे कुछ मोहों से अपने-आप को अलग रखना चाहिए। कुछ कर्म ऐसे होते हैं, जो एक निरे लेखक के लिए नहीं होते। हाँ, जब लेखकीय ताप और बेचैनी ख़त्म हो जाए तो उसे इन धन्धों में पड़ना चाहिए।

अ. वि. : इधर दिल्ली सरकार ने मैथिली-भोजपुरी अकादमी का गठन किया है। इस पर आपकी क्या प्रतिक्रिया है?

भ. मो. : दरअसल, बोलियों के नाम पर अकादमियों का गठन एक राजनीतिक प्रपंच है। वास्तव में मैथिली, भोजपुरी, अवधी, हरियाणवी, राजस्थानी, मेवाती, ब्रज, मगही, मगधी जैसी बोलियाँ हिन्दी भाषा का ही रूप हैं, जिनसे मिलकर हिन्दी का स्वरूप और सौष्ठवता बनती है। ऐसे में बोलियों को भाषा के रूप में मान्यता देना अपनी हिन्दी का नुक़सान करना है। रही बात दिल्ली सरकार द्वारा इस अकादमी के गठन की बात, तो यह साफ़ हो गया है कि जिसके पास सत्ता को प्रभावित करने की ताक़त है, उसके लिए कुछ भी हो सकता है। ख़ुद दिल्ली वासियों को ही पता नहीं होगा कि इसी दिल्ली में कोई सिन्धी अकादमी भी है। मेरा मानना है कि यदि बोलियों के नाम पर किसी अकादमी का गठन करना था, तो सबसे पहले हरियाणवी अकादमी का गठन होना चाहिए था। क्योंकि दिल्ली का असली स्वरूप तो हरियाणवियों से ही मिलकर बनता है। फिर मैथिली-भोजपुरी अकादमी ही क्यों ब्रज, राजस्थानी और मेवाती अकादमियों का गठन क्यों नहीं? चूँकि यह एक राजनीतिक फ़ैसला है इसलिए इस बारे में मैं ज़्यादा कुछ नहीं कहूँगा। कई बार हम भूल जाते हैं कि बिना सोचे-समझे ऐसे फ़ैसलों से क्षेत्रीय असन्तोष को कितना बल मिलता है।

(2009)

साहित्यिक कर्म वास्तव में एक संधानपरक कार्य है

प्रमोद कुमार तिवारी की बातचीत

प्रमोद कुमार तिवारी : आपको कथा-साहित्य में जो स्वीकृति मिली है वह मुख्यतः आपके दोनों उपन्यास 'काला पहाड़' और 'बाबल तेरा देस में' से मिली है, इस स्वीकृति का मुख्य कारण आप क्या मानते हैं?

भगवानदास मोरवाल : मेरी नज़र में इसका मुख्य कारण शायद पहली बार हिन्दी कथा-साहित्य में ईमानदारी के साथ मेवात जैसे उपेक्षित समाज की लोक-संस्कृति और उसके लोक-मानस से पाठकों का परिचय कराना रहा है।

प्र. कु. ति. : क्या आपको यह अहसास था कि पहले उपन्यास 'काला पहाड़' से ही आपको ऐसी स्वीकृति मिलेगी?

भ. मो. : नहीं! ऐसा बिलकुल नहीं था क्योंकि उपन्यास प्रकाशित होने के महीनों बाद तक एक भय बना रहा कि, पता नहीं हिन्दी का पाठक विशेषकर वह पाठक जो नगरीय भावबोध से जुड़ा हुआ है, और छोटा होने के बावजूद चीज़ों को तय भी करता है, स्वीकार करेगा या नहीं। लेकिन आगे जाकर इसी भय ने एक चुनौती और ज़िद का रूप ले लिया, जिसके परिणामस्वरूप 'बाबल तेरा देस में' उपन्यास लिखा गया।

प्र. कु. ति. : इसी उपन्यास के फ़्लैप पर दर्ज है कि "मोरवाल की पृष्ठभूमि दलित ज़रूर है पर किरदारों के ट्रीटमेंट में दलित-ग्रंथि से अछूते भी हैं।" इस पर आपका क्या कहना है?

भ. मो. : दरअसल, दलित परिभाषा को लेकर हमारे हिन्दी समाज में एक विचित्र-सी दुविधा की स्थिति है। समाजशास्त्रीय दृष्टि से देखें तो दलित की अनेक परिभाषाएँ हैं। लेकिन जब व्यवहार की बात आती है तो ये परिभाषाएँ बदल दी जाती हैं। जहाँ तक मेरी रचनाओं के दलित किरदारों के ट्रीटमेंट की बात है उसमें आप देखेंगे

कि ये किरदार न तो किसी झूठी क्रान्ति का दावा करते हैं, न ही वे सवर्णों को प्रतिक्रियावादी ढंग से अपमानित-प्रताड़ित करते हैं। मेरा मानना है कि सदियों से चली आ रही मान्यताओं और रूढ़ियों को आप कुछ ही दिनों या घंटों में नहीं बदल सकते।

प्र. कु. ति. : क्या कुछ दलित लेखकों द्वारा आपको दलित लेखक के रूप में स्वीकृति न देने के पीछे यही कारण है?

भ. मो. : शायद हाँ भी और नहीं भी। क्योंकि किसी की स्वीकृति या अस्वीकृति का लेखन में कोई अर्थ नहीं होता। सच तो यह है कि इस समय दलित-लेखन में पूरे द्वंद्व ने एक आन्दोलन की जगह व्यक्तिवादी वर्चस्व का रूप ले लिया है। यहाँ सवाल दलित अथवा सवर्ण का नहीं, राजनीतिक और सामाजिक न्याय का है। मेरा मानना है कि सामाजिक न्याय के नाम पर मंडल कमीशन के माध्यम से बहुत सारी जातियों के साथ एक सोची-समझी नीति के तहत बहुत बड़ा छल किया गया है। इसका सबसे बड़ा कारण यह है कि जो वर्ग सबसे ज़्यादा सामाजिक न्याय का ढिंढोरा पीट रहा था, राजनीतिक रूप से शासन में उसका वर्चस्व पहले से ही था। जबकि मंडल कमीशन के अन्तर्गत आनेवाली अधिकतर जातियाँ अपनी आर्थिक और राजनीतिक ताक़त के न रहने के कारण इस लड़ाई में सबसे पीछे रह गईं। मेरी दृष्टि में मंडल कमीशन आन्दोलन के दौरान जिस तथाकथित सामाजिक न्याय की बात की गई थी, वह अन्ततः छल ही साबित हुई।

प्र. कु. ति. : 'विमर्श' विशेष रूप से दलित और स्त्री-विमर्श आज साहित्य के केन्द्र में है। आप इन्हें किस रूप में देखते हैं?

भ. मो. : मुझे लगता है कि इस 'विमर्श' विशेष शब्द ने कई सारी प्रवृत्तियों को जन्म दिया है। पहला यह कि इसने हमारी वैयक्तिक महत्त्वाकांक्षाओं को बहुत उग्र बना दिया जिसके चलते स्त्रीवादी लेखन के निशाने पर केवल और केवल पुरुष आ गया है; दूसरा दलित-विमर्श का अर्थ प्रतिक्रियावादी आवेश और आक्रोश के साथ-साथ केवल आलोचना-प्रत्यालोचना रह गया है। सच कहूँ तो ये दोनों विमर्श मुझे अपने-अपने वर्गों के नये-नये शहरी मध्यवर्गीय या कहिए सुविधा-सम्पन्न लेखकों के शग़ल ज़्यादा लगते हैं।

प्र. कु. ति. : आपके पहले उपन्यास को समीक्षकों ने कई नज़रियों से देखा। कुछ ने इसे साम्प्रदायिकता के विरोध में लिखा गया उपन्यास बताया, तो कुछ ने इसे आंचलिक कहा। आपकी इस पर क्या टिप्पणी है?

भ. मो. : इधर मौजूदा हिन्दी आलोचना पर तरह-तरह के सवाल उठाए जाते रहे हैं। मुझे लगता है कि इन सवालों में एक बहुत बड़ी सच्चाई है। दरअसल, हमारे

कथालोचना के औज़ार इतने पुराने पड़ चुके हैं कि रचना की गहराई में न उतरकर हम कुछ परम्परागत पदावलियों और विशेषणों का सहारा लेकर अपनी ज़िम्मेदारी से मुक्त हो जाते हैं। 'काला पहाड़' उपन्यास साम्प्रदायिकता को केन्द्र में रखकर लिखा ही नहीं गया। वास्तव में, इस रचना के पीछे कहीं-न-कहीं स्मृति में बैठा हुआ वह 'लोक' था जो हमारे समाज की बड़ी ताक़त है। जहाँ तक इसको आंचलिक बताए जाने का प्रश्न है तो आजकल यदि किसी कृति की रेंज को कम करना हो, तो उसे आंचलिक कह दिया जाता है। सवाल यह है कि किसी अंचल विशेष की मानवीय करुणा, वहाँ के मानवीय सरोकार या वहाँ की समस्याएँ क्या सिर्फ़ वहीं की होती हैं? दूसरा यह कि क्या किसी रचना के चरित्र या पात्रों के संवाद किसी अंचल-विशेष के होने से वह स्थानीय या आंचलिक हो जाती है?

प्र. कु. ति. : आपकी रचनाओं को पढ़ते हुए एक सूक्ष्म सामाजिक निरीक्षण अथवा शोध का आभास होता है यानी एक रचना पढ़कर हम समाज-विशेष का समाजशास्त्रीय अध्ययन कर सकते हैं? क्या इसके लिए आप सचेत प्रयास अथवा विशेष तैयारी करते हैं?

भ. मो. : इस सम्बन्ध में मेरा यह मानना है कि आज का पाठक कई मायनों में बेहद जागरूक, निर्मम और निष्ठुर है। उसे आप आसानी से किसी भ्रम का शिकार नहीं बना सकते। आज का पाठक परम्परागत साहित्यिक ज़रूरतों के साथ-साथ एक लेखक से इतिहासकार, समाजशास्त्री और राजनीतिक समझ की भी अपेक्षा रखता है। और यह ज़रूरी नहीं कि लेखक इन सारे विषयों में पारंगत हो। यह ठीक है कि मेरे दोनों उपन्यासों से पाठकों की यह अपेक्षा पूरी होती है। साहित्यिक कर्म वास्तव में एक संधानपरक कार्य है। किसी भी रचना के लिए सबसे महत्त्वपूर्ण चीज़ उसकी प्रामाणिकता और विश्वसनीयता होती है। ये दोनों बातें किसी भी विषय के निरीक्षण या कहिए उसके शोध के बिना असम्भव हैं।

प्र. कु. ति. : आपके दोनों उपन्यासों की व्यापक चर्चा हुई, बावजूद इसके ऐसा क्यों है कि एक भी उल्लेखनीय पुरस्कार का नाम आपके साथ नहीं जुड़ता है?

भ. मो. : मुझे नहीं लगता है कि किसी रचना की व्यापक चर्चा या उसको मिली पाठकीय स्वीकृति पुरस्कार के लिए कोई पैमाना या कसौटी है। दरअसल, पुरस्कारों के पैमाने अब बदल चुके हैं। इधर पुरस्कारों के मामले में एक नई मूल्यांकन पद्धति का उदय हुआ है और वह है जातिगत और वर्गीय आधार। इस पद्धति के आधार पर पुरस्कार अब रचना को नहीं अपितु ब्राह्मण लेखक, मुसलमान लेखक, दलित लेखक, ठाकुर लेखक, पिछड़ा लेखक आदि-आदि को दिये जाने लगे हैं। हालाँकि हरेक लेखक चाहता है कि उसके नाम एकाध उल्लेखनीय

पुरस्कार हो लेकिन मेरे संग ऐसा नहीं हुआ। ऐसा क्या कारण है कि जब 'काला पहाड़' की ख़ूब चर्चा हो रही थी तब 'श्रीकान्त वर्मा' पुरस्कार भी था, उसी दौरान इंग्लैंड का एक तथाकथित अन्तरराष्ट्रीय पुरस्कार था, उसी दौरान मध्य प्रदेश साहित्य अकादमी और उत्तर प्रदेश हिन्दी संस्थान के पुरस्कारों के भी ढेर थे लेकिन क्या वजह है कि 'काला पहाड़' इनमें से किसी के लायक नहीं समझा गया और जो समझे गए उनके बारे में सभी जानते हैं।

(2006)

उपन्यास अपने-आप में एक समाजशास्त्रीय अध्ययन ही होता है

अनन्त विजय की बातचीत

अनन्त विजय : आपके दोनों उपन्यासों 'काला पहाड़' और 'बाबल तेरा देस में' को व्यापक स्वीकृति और प्रशंसा मिली है। ऐसे कौन से कारण हैं जिनकी वजह से इतनी स्वीकृति और पाठकों की प्रशंसा मिली है?

भगवानदास मोरवाल : मेरे उपन्यासों को कितनी प्रशंसा मिली है यह कहना कठिन है लेकिन इन्हें पाठकों की जो स्वीकृति मिली है मेरे लिए एक सुखद आश्चर्य है। इस स्वीकृति का मुख्य कारण मुझे यह लगता है कि पहली बार कथा-साहित्य में मेवात जैसे उपेक्षित समाज की लोक-संस्कृति से किसी लेखक ने पाठकों का परिचय कराया है। देश की राजधानी से एकदम सटे इस उपन्यास का कथा-क्षेत्र मेवात अपनी सांस्कृतिक सम्पन्नता के बावजूद जिस तरह अनेक विघटनकारी तत्त्वों से अपने-आप को बचाए हुए है, इसी प्रयास को मैंने अपने उपन्यासों में उद्घाटित करने की कोशिश की है। यह वही मेवात है जहाँ आज भी मेवों (मुसलमानों) में हिन्दू रीति-रिवाज़ों की निकटता देखी जा सकती है। पाठकों को शायद ही ज्ञात हो कि इसी मेवात के अन्तिम शासक हसन खाँ मेवाती ने प्रथम मुग़ल शासक बाबर का हममज़हब होने के बावजूद उसके साथ मिलकर राणा सांगा के विरुद्ध युद्ध करने से साफ़ मना कर दिया था। महाभारत पर आधारित 'पंडून कौ कड़ा' मेवात की लोक-गाथा आज भी मेव समाज में बड़े गर्व के साथ गाई जाती है।

जहाँ तक मेरे दूसरे उपन्यास 'बाबल तेरा देस में' के चर्चित होने का सवाल है तो उसके मैं दूसरे कारण मानता हूँ। हिन्दी कथा-साहित्य में शायद पहली बार क़ुरान और शरीअत को केन्द्र में रखकर मुस्लिम स्त्री की अस्मिता और उससे जुड़े सवालों को बड़ी गम्भीरता और शिद्दत के साथ उठाया गया है, वह भी एक ग़ैर-मुस्लिम लेखक द्वारा। हालाँकि धार्मिकता से जुड़े सवालों से दो-चार होना किसी ख़तरे से ख़ाली नहीं है लेकिन वह ख़तरा मैंने उठाया है। ऐसा इसलिए कि यह एक बहुत ही संवेदनशील विषय है।

सच तो यह है कि धार्मिकता को केन्द्र में रखकर वह भी दूसरे धर्म को केन्द्र में रखकर रचना करना किसी धारदार तलवार पर चलने जैसा है। एकदम सन्तुलन बनाकर पूरी तरह निरपेक्षता बरतना किसी भी लेखक के लिए बड़ी चुनौती है। एक और बड़ा कारण मुझे यह भी लगता है कि जो तथाकथित स्त्री-विमर्श इधर हाल के वर्षों में साहित्य के केन्द्र में आया है, 'बाबल तेरा देस में' का स्त्री-विमर्श उससे अलग है। अलग इस मायने में कि अभी तक इस विमर्श के केन्द्र में केवल साधन-सम्पन्न मध्यवर्गीय स्त्री रही है, जबकि 'बाबल तेरा देस में' के केन्द्र में गाँव-देहात की वह स्त्री है जो अपने अस्तित्व को बचाए रखने के लिए ऐसी अनेक समस्याओं से जूझ रही है, जो इस मध्यवर्गीय साधन-सम्पन्न स्त्री की समस्या है ही नहीं।

मेरा मानना है कि स्त्री-मुक्ति का सवाल सीधे-सीधे उसकी आर्थिक निर्भरता से जुड़ा हुआ है। स्त्री-मुक्ति को जो लोग केवल देह की मुक्ति से जोड़कर देखते हैं, वे अधिकतर आर्थिक रूप से सम्पन्न एक वर्ग-विशेष के लोग हैं। शिक्षा मनुष्य को 'मुक्ति' का रास्ता-भर दिखाती है परन्तु असली मुक्ति उसे दिलाती है उसकी आर्थिक मज़बूती ही। यदि शिक्षित और आर्थिक रूप से सम्पन्न मनुष्य भी अपनी मुक्ति की दुहाई देता है, तो यह एक विडम्बना ही कही जाएगी। स्त्री-मुक्ति की असली दुन्दुभि हमें उस दिन सुनाई देगी, जिस दिन गाँव-देहात की स्त्री शिक्षित होने के साथ-साथ आर्थिक रूप से मज़बूत होगी। हालाँकि यदा-कदा इस दुन्दुभि का घुटा-घुटा स्वर हमें सुनाई देता है, लेकिन उस स्वर का नेतृत्व भी यही साधन-सम्पन्न मध्यवर्ग ही कर रहा है। इसलिए ज़रूरी है कि यह स्वर किसी दूसरे के मुँह के बजाय सीधे गाँव-देहातों की स्त्रियों के मुँह से ही सुनाई दे।

अ. वि. : आपको अपने पहले उपन्यास 'काला पहाड़' की व्यापक स्वीकृति और सफलता पर विश्वास था।

भ. मो. : नहीं, ऐसा बिलकुल नहीं था। उपन्यास के प्रकाशित होने के महीनों बाद तक एक अनजाना भय-सा बना रहा कि पता नहीं हिन्दी का पाठक इसे स्वीकार करेगा भी या नहीं; क्योंकि हिन्दी का पाठक एक मायने में बेहद निर्मम और निष्ठुर होता है। उसे आसानी से किसी भ्रम का शिकार नहीं बनाया जा सकता। धीरे-धीरे इस पर जब गम्भीरता से चर्चा होने लगी, तब यह भय थोड़ा-थोड़ा दूर होने लगा और आत्म-विश्वास दृढ़ होने लगा। लेकिन आगे जाकर इस भय ने एक चुनौती का रूप ले लिया। शायद इसी भय और चुनौती का परिणाम था कि 'बाबल तेरा देस में' उपन्यास लिखा गया। हालाँकि ऐसा भी कहा जाता है कि एक रचना की सफलता में एक हद तक उसके प्रकाशन गृह की भी भूमिका होती है। मगर मैं इससे इसलिए सहमत नहीं हूँ कि उस प्रकाशन गृह से प्रकाशित सारी कृतियाँ

सफल नहीं होती हैं। सफलता-असफलता की मुख्य धुरी अन्ततः रचना ही होती है। यह बात दीगर है कि मौजूदा समय में सफलता के मानदंड काफ़ी कुछ बदल गए हैं जिन्हें हम सब अच्छी तरह जानते हैं।

अ. वि. : मगर एक कथा-पत्रिका के सम्पादक ने शुरुआत में इसे उपन्यास के बजाय महज़ एक समाजशास्त्रीय अध्ययन माना था।

भ. मो. : वे बेशक बड़े सम्पादक हैं और उनके कहे का एक अर्थ है। लेकिन इस बात से इनकार नहीं किया जा सकता कि उपन्यास अपने-आप में एक समाजशास्त्रीय अध्ययन ही तो होता है। यदि ऐसा नहीं होता तो जाने-माने समाजशास्त्री प्रो. श्यामाचरण दुबे को यह कहना नहीं पड़ता कि "हिन्दी उपन्यास की उल्लेखनीय सफलताओं के बावजूद भारत के सामाजिक यथार्थ के आकलन में उसकी सीमाएँ और न्यूनताएँ चुभनेवाली हैं। अधिकांश हिन्दी उपन्यास अभी भी नगरों और महानगरों के इर्द-गिर्द ही घूम रहे हैं। बहुत कम लेखक ग्रामीण और दलित-जन से तादात्म्य स्थापित कर सके हैं।" मैं यहाँ पूछना चाहता हूँ कि मेरे यही दोनों उपन्यास यदि किसी मुसलमान या अनुसूचित जाति के दलित लेखक द्वारा लिखे जाते, तब भी क्या उनकी यही प्रतिक्रिया होती? शायद नहीं, तब इनकी गिनती सदी की 'महानतम' कृतियों में होती, तो कोई आश्चर्य की बात नहीं होती। दरअसल, हमारे यहाँ अलग-अलग लेखकों के लिए अलग-अलग मानदंड हैं। दूसरे शब्दों में कह सकते हैं कि हमारे यहाँ मानदंड रचना के आधार पर नहीं, रचनाकार के आधार पर तय किये जाते हैं।

अ. वि. : तो क्या आप अपने-आप को 'दलित' नहीं मानते हैं?

भ. मो. : यह ऐसा सवाल है जिस पर मेरा कुछ भी कहना उचित नहीं होगा, क्योंकि कुछ दलित लेखकों को लग सकता है कि मैं ऐसा अपने-आप को दलितों की जमात में शामिल होने के लिए कह रहा हूँ और ऐसा वे कदापि नहीं चाहेंगे। हाँ, इतना ज़रूर कहना चाहूँगा कि आज 'दलित' शब्द को लेकर ऐसी भ्रम की स्थिति पैदा कर दी गई है जिसके चलते यह कहना कठिन है कि दलित की वास्तविक परिभाषा है क्या? जबकि दलित का वास्तविक अर्थ है—उत्पीड़ित, शोषित, सताया हुआ, उपेक्षित, दमित, रौंदा हुआ। हमारे दलित मित्र इसकी परिभाषा अपनी सुविधानुसार गढ़ रहे हैं। इनके अनुसार दलित वह है जो अछूत है, या जिसे भारतीय संविधान ने अनुसूचित जाति का दर्जा दिया हुआ है। लेकिन मान लीजिए कल यह सुविधा मिलनी बन्द हो जाती है या अनुसूचित जातियों में जो जातियाँ अछूत नहीं हैं, तब आप 'दलित' की परिभाषा क्या बनाएँगे। वास्तव में 'दलित' शब्द का वास्तविक अर्थ एक प्राचीन मराठी शब्द है जिसका अर्थ है—मैदान या टुकड़ों में टूटना। वह

नहीं जो अपनी-अपनी सुविधानुसार गढ़ लिया गया है।

अ. वि. : फिर ऐसा क्यों है कि कुछ दलित लेखक आपको एक दलित लेखक के रूप में स्वीकार नहीं करते हैं?

भ. मो. : सच तो यह है कि सारी लड़ाई इस समय वर्चस्व की है। रही मेरी बात तो मैं यहाँ एक जानकारी दे दूँ कि जिस जाति से मेरा सम्बन्ध है, वह जाति मध्य प्रदेश और छत्तीसगढ़ के कुछ ज़िलों में अनुसूचित जातियों की सूची में सम्मिलित है। यदि मेरा सम्बन्ध इन ज़िलों से होता तब ये मुझे दलित नहीं मानते? हालाँकि अब यह माँग पूरे देश में ज़ोर-शोर के साथ उठाई जाने लगी है कि अनुसूचित जातियों की सूचियों में और जातियों को भी शामिल किया जाए। यहाँ सवाल वास्तव में, दलित अथवा सवर्ण का नहीं, सवाल सामाजिक न्याय का है क्योंकि मेरा मानना है कि मंडल कमीशन के नाम पर बहुत सारी जातियों के साथ एक सोची-समझी साज़िश के तहत बहुत बड़ा छल किया गया है। इस साज़िश से अब पूरी तरह परदा हट चुका है और लोगों को यह समझ में भी आ चुका है।

अ. वि. : आप इस छल का क्या कारण मानते हैं?

भ. मो. : इसका सबसे बड़ा कारण यह है कि जो वर्ग मंडल कमीशन के अन्तर्गत सामाजिक न्याय का ढिंढोरा पीट रहे थे, राजनीतिक रूप से शासन में उनका वर्चस्व पहले ही था, या कह सकते हैं कि राजनीतिक सत्ता को प्रभावित करनेवाला वर्ग था। इसी तथाकथित सामाजिक न्याय की अगुवाई यही वर्ग कर रहा था। यह वर्ग मंडल कमीशन के द्वारा मिलनेवाली सुविधाओं को भाँप गया था—ठीक डॉ. अम्बेडकर की तरह। इसीलिए डॉ. अम्बेडकर ने बहुत पहले कह दिया था कि "राजनीतिक सत्ता ऐसी चाबी है जिससे सभी ताले खुलते हैं।" जबकि मंडल कमीशन के अन्तर्गत आनेवाली बहुत-सी जातियाँ अपनी इसी राजनीतिक ताक़त के न रहते समाज का सबसे कमज़ोर वर्ग है। इसीलिए मेरा मानना है कि मंडल कमीशन के आन्दोलन के दौरान जिस तथाकथित सामाजिक न्याय की बात की जाती थी, वह अन्ततः छल ही साबित हुआ।

अ. वि. : इसीलिए आपके उपन्यास दलित-साहित्य में शामिल नहीं किये जाते हैं?

भ. मो. : ये दलित-साहित्य की परिधि में आते भी नहीं हैं और न ही इसकी मैं ज़रूरत समझता हूँ। वह इसलिए कि ये दोनों उपन्यास एकदम अलग पृष्ठभूमि पर लिखे गए उपन्यास हैं। दलित-साहित्य को लेकर भी एक असमंजस की स्थिति यह बनी हुई है कि दलित-साहित्य माना किसे जाए—उसे जो केवल दलितों द्वारा लिखा जाता है, या फिर उसे भी जो दलितों के लिए लिखा जाता है।

हालाँकि स्वयं दलितों द्वारा लिखे जा रहे साहित्य को लेकर भी उसके दलित-साहित्य होने पर सवाल खड़े किये जाते रहे हैं। यह भ्रम या असमंजस जान-बूझकर पैदा किया जा रहा है। जबकि मेरा व्यक्तिगत रूप से मानना है कि किसी भी लेखक को सबसे पहले वही लिखना चाहिए जिसमें वह अपने अनुभवों को प्रामाणिकता के साथ प्रस्तुत कर सके। जहाँ तक मेरे लेखन और उपन्यासों का प्रश्न है, तो पाठकों ने इन्हें दलित या सवर्ण रचना के बजाय सिर्फ़ एक रचना के रूप में स्वीकार किया है। मेरे लिए यह सन्तोष की बात है कि मुझे एक लेखक के रूप में स्वीकृति मिली है। आख़िर पाठक के विवेक पर भी तो हमें भरोसा करना आना चाहिए।

अ. वि. : आपके पहले उपन्यास 'काला पहाड़' के फ़्लैप पर दर्ज है कि 'मोरवाल की पृष्ठभूमि दलित ज़रूर है मगर किरदारों के ट्रीटमेंट में वे दलित-ग्रंथि से अछूते भी हैं।' इस कथन में आपको एक स्पष्ट विरोधाभास दिखाई नहीं देता?

भ. मो. : दरअसल, दलित लेखकों से केवल दलित पाठक ही नहीं बल्कि स्वयं दलित विद्वान भी यह अपेक्षा करते हैं, या कहना चाहिए एक मनोवैज्ञानिक दबाव डालते हैं कि उनकी रचना और उसके पात्र दलित पृष्ठभूमि और दलित ही हों। मैं यह नहीं कहता कि लेखक का जिस परिवेश और समाज से सम्बन्ध है, उसे वह अपने लेखन का हिस्सा न बनाए—बनाए मगर उसमें विश्वसनीयता भी तो होनी चाहिए। मेरी रचनाओं में दलित पात्र आते हैं तो वे स्वाभाविक जीवन का हिस्सा होते हैं। 'काला पहाड़' और 'बाबल तेरा देस में' में दलित तथा मुसलमानों के बीच सदियों से चली आ रही उस दलित-अल्पसंख्यक जुगलबन्दी को उद्घाटित किया गया है, जो आज तेज़ी से समाप्त होती जा रही है। इस गठजोड़ की आज पहले से कहीं ज़्यादा भारतीय समाज को ज़रूरत है।

अ. वि. : इसीलिए कहा जाता है कि आज़ादी के बाद हिन्दी में, हिन्दू लेखकों द्वारा मुस्लिम परिवेश और समाज की अपने लेखन, विशेषकर हिन्दी उपन्यासों में उपेक्षा की गई है। दूसरे शब्दों में कहना चाहिए कि आज़ादी के बाद ऐसा एक भी उपन्यास नहीं है जो मुस्लिम समाज का प्रतिनिधित्व करता हो। जबकि आपके दोनों उपन्यास तो करते ही इस समाज का प्रतिनिधित्व हैं, इससे आप सहमत हैं?

भ. मो. : इस उपेक्षा या कहिए रिक्तता का मैं सबसे बड़ा कारण मानता हूँ कि हमारे हिन्दी के हिन्दू लेखकों की अन्तरंगता मुस्लिम समाज से उस तरह की नहीं है, जितनी अन्तरंगता और संलग्नता हिन्दू समाज से मुस्लिम लेखकों की रही है। दूसरा, हमारा हिन्दी का लेखक इतना आत्म-केन्द्रित है कि वह अपने ही समाज-विशेष को पूरी दुनिया मानने का भ्रम पाले हुए है। जबकि सच्चाई यह है कि वह अपनी इस दुनिया के अन्तर्विरोधों और जटिलताओं से पूरी तरह परिचित नहीं है।

यदि ऐसा होता तो आज दलित और स्त्री-लेखन की ज़रूरत महसूस नहीं होती। दरअसल, दूसरे समाजों में झाँकने का हमारे अन्दर न तो नैतिक साहस है, और न ही हम झाँकने का प्रयास करते हैं। इसीलिए स्थिति यह है कि थोड़ी-सी सतही जानकारी और छोटी-सी घटना पर पूरा उपन्यास लिख दिया जाता है। रही बात मेरी तो यदि पाठक ऐसा मानते हैं तो इसे मैं अपनी एक बड़ी उपलब्धि मानता हूँ।

अ. वि. : इधर आए दिन घोषित होनेवाले छोटे-बड़े अनेक पुरस्कारों में अपने-आप को न पाकर कैसा महसूस करते हैं। जबकि आपके उपन्यासों विशेषकर 'काला पहाड़' की तो बेहद चर्चा हुई है?

भ. मो. : मुझे लगता है कि चर्चित या प्रशंसित होना पुरस्कार की कसौटी नहीं है। पुरस्कार पाने के लिए अन्य कई कारकों का होना ज़रूरी है जैसे...।

अ. वि. : जैसे किसी गॉडफ़ादर का होना?

भ. मो. : ऐसा आप कह सकते हैं। मैं इससे सहमत नहीं हूँ क्योंकि हर लेखक का तो कोई गॉड फ़ादर होता नहीं है और जिनके होते होंगे उनकी ऐसी कोई भूमिका होती होगी, इसमें मुझे शक है। दरअसल, इधर हिन्दी में एक नई मूल्यांकन पद्धति का उदय हुआ है और वह है सामाजिक समरसता। इसी पद्धति को आधार बनाकर अब पुरस्कार 'रचना' अथवा 'लेखक' को नहीं अपितु जाति, वर्ण और वर्ग-विशेष के लेखकों को दिये जाने लगे हैं।

पुरस्कारों या सम्मानों को मैं लेखन और लेखक के लिए ऐसी बूटी मानता हूँ जो यदि उचित समय पर मिलती रहे, तो उसकी लेखकीय ऊर्जा लम्बे समय तक बनी रह सकती है। हालाँकि प्रेमचन्द पुरस्कार में मिली राशि को रास्ते में पड़ा ऐसा धन मानते थे जो उसे अकस्मात मिलती है। परन्तु हमारे यहाँ हिन्दी में मान्य पुरस्कार अधिकतर लेखकों की कमज़ोर कृतियों पर मिले हैं, वह भी उम्र के उस पड़ाव पर जाकर जब पुरस्कार और सम्मानों का सिवाय राशि के दूसरा महत्त्व नहीं होता। इसीलिए पुरस्कारों या सम्मानों में मिली राशि का उपभोग उनकी सन्तान ही करती है। एक समय बाद लेखक की अपेक्षा पुरस्कारों/सम्मानों का इन्तज़ार उनके उत्तराधिकारियों को अधिक रहता है। हमारे यहाँ ऐसे अनेक उदाहरण हैं। मेरा मानना है कि लेखक को पुरस्कार सही समय और उसकी अच्छी कृतियों पर मिलने चाहिए। लेखकीय ऊर्जा हर लेखक में एक निश्चित उम्र तक रहती है और उसी समय उसका अच्छा लेखन होता है। उसके बाद उसके लेखन में शिथिलता आने लगती है तथा जैसे-जैसे उम्र और पारिवारिक दायित्व बढ़ने लगते हैं, वैसे-वैसे उसके लेखन पर जीवनानुभवों की जगह उसका दर्शन, अध्यात्म और चिन्तन हावी होने लगता है। परिणामस्वरूप उसका लेखन महज़ एक विमर्श

बनकर रह जाता है। इसलिए ऐसी स्थिति में लेखक के लिए बड़ी चुनौती एक अच्छी रचना होनी चाहिए।

अ. वि. : साम्प्रदायिकता और वर्ण-व्यवस्था इन दोनों में आप किसे गम्भीर चुनौती और समस्या मानते हैं?

भ. मो. : निस्सन्देह साम्प्रदायिकता वर्ण-व्यवस्था से कहीं अधिक गम्भीर चुनौती है। वर्ण-व्यवस्था का सम्बन्ध सीधे-सीधे आर्थिक सम्पन्नता से जुड़ा हुआ है और हाल तक जो लोग वर्ण-व्यवस्था को गरियाते हुए नहीं थकते थे, वे ही अब नहीं चाहते कि यह व्यवस्था समाप्त हो क्योंकि इस व्यवस्था के चलते मिलनेवाली अनेक सुविधाओं के समाप्त होने का जो ख़तरा भी है। लेकिन साम्प्रदायिकता की चुनौती से निपटना बहुत मुश्किल है। हम जब दलितों के सन्दर्भ में कोई बात कहते हैं, तब एक तथ्य को भूल जाते हैं कि एक दलित बुद्धिजीवी बेशक अपने-आप को बाह्य तौर पर हिन्दू मानने से इनकार करे और हिन्दुत्व का जमकर विरोध करे, किन्तु वास्तविकता यह है कि वह दलित बाद में हिन्दू पहले है। क्योंकि ज़्यादातर सुविधाएँ इसी व्यवस्था के आधार पर वह हासिल कर रहा है। गुजरात में हुए साम्प्रदायिक दंगों को उदाहरण के रूप में देखा जा सकता है। किसी व्यक्ति की आर्थिक मज़बूती उसे साम्प्रदायिकता का शिकार होने से नहीं बचा सकती। गुजरात में हमने यही देखा था।

अ. वि. : लेखन को नारी और दलित-लेखन जैसे खाँचों में विभाजित कर दिया गया है। क्या इस प्रवृत्ति को आप सही मानते हैं?

भ. मो. : मेरी नज़र में इस विभाजन ने बहुत-सी प्रवृत्तियों को जन्म दिया है। बग़ैर किसी लेखकीय योगदान और बिना कुछ पढ़े हमारे यहाँ वरिष्ठ और प्रख्यात, विख्यात-चिन्तक पैदा हो गए हैं। दूसरा, इस विभाजन ने महत्त्वाकांक्षाओं को इतना उग्र बना दिया है कि उपयुक्त अलंकारों की प्राप्ति के लिए नित नई-नई प्रवृत्तियाँ आज हमें दिखाई देने लगी हैं। इन्हीं प्रवृत्तियों के चलते जहाँ स्त्रीवादी लेखन के निशाने पर पुरुष आ गया है, तो दलित-लेखन अपने आवेश और आक्रोश के साथ-साथ सिर्फ़ आलोचना-प्रत्यालोचना बनकर रह गया है। जब-जब कोई आन्दोलन या विमर्श वर्चस्व का शिकार होगा, तब-तब ऐसी प्रवृत्तियों का पैदा होना स्वाभाविक है। सच कहूँ ये दोनों विमर्श मुझे अपने-अपने वर्गों के शहरी मध्यवर्गीय लेखकों के शग़ल ज़्यादा लगते हैं। इसीलिए आम पाठक को इनसे अरुचि-सी होने लगी है। अपनी 'बेचारगी' के सहारे आप ज़्यादा समय तक सामने वाले की भावनात्मक सहानुभूति अर्जित नहीं कर सकते।

(जनवरी, 2006)

साम्प्रदायिकता फैलाने और समाज का माहौल बिगाड़ने में सम्पन्नता की भी भूमिका होती है

अनन्त विजय की बातचीत

अनन्त विजय : मोरवाल जी, आपने कहानी लिखना कैसे शुरू किया?

भगवानदास मोरवाल : वैसे मैंने शुरुआत कविताओं से की थी। जैसाकि अक्सर हर लेखक करता है। ज़्यादातर लेखकों की शुरुआत कविता से ही हुई है। अब थोड़ा ट्रेंड बदला है कि लोग सीधे-सीधे एक ही विधा लेते हैं। बाद में लगा कि मैं कविता के माध्यम से अपने को सशक्त तरीक़े से नहीं पेश कर पा रहा हूँ। मेरी शुरुआती कहानियों की पृष्ठभूमि पूरी तरह से मेरे जीवन के अनुभव थे।

रथ-यात्रा निकलने के दौरान तनाव हुआ था। मेवात एकमात्र ऐसा इलाक़ा है जहाँ स्वतंत्रता के बाद साम्प्रदायिक तनाव नाम की कुछ भी चीज़ नहीं हुई। बाबरी मस्जिद-रामजन्म भूमि की वजह से कुछ साम्प्रदायिक तत्त्वों की वजह से कुछ तनाव हुआ था लेकिन वहाँ के लोगों ने मिल-बाँटकर इसे ख़त्म कर डाला। रथ-यात्रा के दौरान जब तनाव हुआ उन दिनों मेरी माँ चल-फिर नहीं सकती थी। हमारे यहाँ के बहुत से हिन्दू अपनी सुरक्षा के लिए यहाँ से पलायन कर गए थे। अब चूँकि हमारे घर से भी लोग गए थे और मेरी माँ चल-फिर नहीं पा रही थी। जो औरत रात-दिन भगवान से यह प्रार्थना करती है कि सबसे पहले मुझे उठाकर ले चलो, उसी आदमी को सबसे पहले अपनी मौत का डर होता है। इसलिए वही सबसे पहले बोली मुझे यहाँ से उठाकर ले चलो। इसी पर मैंने एक कहानी लिखी। उसका शीर्षक दिया था 'भूकम्प'। उसकी जो पात्र थी 'पारो' वो मेरी माँ ही थी। उसी तरह मैंने अपने एक दोस्त वहीद नाई को केन्द्र में रखकर कहानी लिखी 'रंग अबीर' कि किस तरह देश का एक अल्पसंख्यक कुछ मौक़ों पर यह महसूस करने लगता है कि किस तरह प्रशासन और पुलिस पूरी तरह से उनके ख़िलाफ़ है। मेरी ज़्यादातर कहानियाँ मेवात के साम्प्रदायिक सौहार्द की जो मिली-जुली संस्कृति है हिन्दू और मुसलमानों की, उससे निकली हुई हैं। जहाँ तक मेरा उपन्यास 'काला पहाड़' है उसकी भी

पृष्ठभूमि में वही है। मेवात का क्षेत्र सांस्कृतिक दृष्टि से काफ़ी सम्पन्न है परन्तु हिन्दी का बड़ा क्षेत्र इससे पूरी तरह अनभिज्ञ है।

अ. वि. : आपने अपने लेखन के आरम्भ में कविताएँ लिखी थीं। लेकिन बाद में इस विधा को पूरी तरह छोड़कर आपने कहानी और उपन्यास को अपनी रचनात्मक अभिव्यक्ति के लिए क्यों चुना? ऐसा क्यों लगा आपको कि अपने को समग्रता के साथ कहानी और उपन्यास में ही अभिव्यक्त कर सकते हैं?

भ. मो. : कविता को मैं एक फ़ाइन आर्ट का रूप मानता हूँ। मुझे लगता है कि कविता कोई मामूली विधा नहीं है। कविता लिखने के लिए बहुतेरे अनुशासनों की ज़रूरत होती है। बल्कि इसके बअरक्स मेरा मानना है कि सामाजिक जीवन की विद्रूपताओं, संरचनाओं, आचार-व्यवहार और जीवन के दुख-सुख को बारीक और सूक्ष्मतम तरीक़े से कहानी या उपन्यास के माध्यम से ही रखा जा सकता है। मुझे लगता है कि कविता के माध्यम से इन चीज़ों को सम्भव करना मेरे लिए लगभग असम्भव-सा है। यह मेरी अपनी कमज़ोरी भी हो सकती है।

अ. वि. : आपकी पृष्ठभूमि अति पिछड़ी जाति की रही है और जिस तबक़े यानी मज़दूर परिवार से आप आए हैं उस तबक़े से लेखक बनने में क्या-क्या कठिनाइयाँ पेश आती हैं? आपको किन-किन कठिनाइयों का सामना करना पड़ा?

भ. मो. : इसमें कोई शक नहीं कि अब भी इस समुदाय के रचनाकारों को कठिनाइयों का सामना करना पड़ता है। ख़ासकर दलित होने के साथ ही जो आर्थिक रूप से पिछड़े क्षेत्र से आते हैं। मुझे लगता है कि अगर हम दलित और आर्थिक पक्ष को अलग-अलग करके देखें तो यह ज़्यादा आसान तरीक़ा है। बाधा दलित होना या ग़ैर-दलित होना नहीं है। बाधा यह है कि आपकी जो संरचनात्मक कसौटी है उस पर आप कितने खरे उतरते हैं। दलित-लेखन को देखें तो पूरा लेखन दो वर्गों में बँटा हुआ है। एक वो वर्ग है जो पूरी आरक्षण सुविधाओं का फ़ायदा ले रहा है। एक वो समुदाय है जहाँ लोग अभी भी आर्थिक दृष्टि से काफ़ी पिछड़े हुए हैं।

मेरा मानना है कि जब हम दलित शब्द का इस्तेमाल करते हैं तो इसकी परिभाषा को संकुचित कर देते हैं। आज दलित का अर्थ सिर्फ़ वही जातियाँ रह गई हैं जिनको वैधानिक रूप से आरक्षण दिया गया है। मैं अति पिछड़ों को भी दलितों में मानता हूँ। इसका बहुत सीधा उदाहरण देता हूँ—भँवरी देवी संवैधानिक रूप से अति पिछड़ी हुई जाति में आती है, लेकिन भँवरी देवी का जब मुद्दा उठाया जाता है तो उसे दलित महिला के रूप में इस्तेमाल करते हैं। जबकि उसी जाति के लेखक और पत्रकारों का ज़िक्र होता है तो उन्हें पिछड़ों में गिना जाता है। ये चालाकी भरी परिभाषाएँ हैं जिन्हें हम अपनी मर्ज़ी से चुन लेते हैं। जहाँ तक लिखने

में बाधा का सवाल है आज का लेखक समुदाय चाहे जितना भी प्रगतिशीलता की बात करे, आधुनिकता की बात करे लेकिन कहीं-न-कहीं हम सवर्ण, ब्राह्मण या दलित पहले होते हैं। फिर लोग यह भी देखते हैं कि यह अति दलित है या कोई दूसरा दलित है।

मैं अति पिछड़े वर्ग से हूँ, परन्तु मैं पिछड़े से ज़्यादा अपने को दलित मानता हूँ। पिछड़े वर्ग की कई जातियों की हालत दलितों से भी बदतर है। अति दलितों और अति पिछड़ों की समाज निर्माण में वैसी भागीदारी अब भी सुनिश्चित नहीं हो पाई है जिसकी संविधान निर्माता को अपेक्षा थी।

अ. वि. : आपकी किताब के फ़्लैप पर लिखा है कि—मोरवाल की पृष्ठभूमि दलित ज़रूर है परन्तु किरदारों के ट्रीटमेंट से किसी दलित-ग्रंथि से अछूते भी हैं। क्या 'दलित-ग्रंथि' सचमुच कोई ऐसी नकारात्मक चीज़ है जिससे अनिवार्यतया बचा जाना चाहिए।

भ. मो. : 'काला पहाड़' के फ़्लैप पर जो लिखा गया था उसको लेकर समय-समय पर मुझसे ये सवाल किये गए हैं। दलितों का आर्थिक एवं सामाजिक रूप से शोषण होता रहा है। हम लोग अपने दोहन और स्वार्थ के लिए इन चीज़ों का इस्तेमाल करते हैं। मेरा यह मानना है कि हमारे ही समाज में स्त्रियों की समस्या है, अशिक्षा है और भी कई समस्याएँ हैं परन्तु हम लोगों ने उनको बिलकुल नहीं छुआ है। अभी भी पूरे दलित-लेखन को देखिए, दलित-लेखन में जिन चीज़ों की बात हो रही है वह वर्ग-विशेष अपने हितों को साधने के लिए इस्तेमाल कर रहा है।

दलित-लेखन का मतलब हो गया है सवर्ण और ब्राह्मणों को गाली देना। जबकि मेरा मानना है कि हज़ारों साल पुरानी व्यवस्था को आप एक झटके में नहीं बदल सकते हैं। हज़ारों साल पुरानी व्यवस्था को बदलने में हो सकता है कि आपको सैकड़ों साल लगें। क्योंकि इधर जो हिन्दी का दलित-लेखन है उसने मॉडल तो मराठी दलित-साहित्य का लिया है परन्तु मराठी साहित्य का जो अनुशासन है हम उसका अनुसरण नहीं कर रहे हैं। हिन्दी दलित-साहित्य का बना-बनाया मॉडल है। पूरे दलित-लेखन में दो-तीन दलित लेखकों को छोड़ दें तो पूरा-का-पूरा दलित-लेखन एकदम सतही है।

मेरे उपन्यास और कहानियों में मौजूद दलित पात्र एकाएक क्रान्ति नहीं करते। उस व्यवस्था के बीच में व्यवस्था के तरीक़े को अपनाते हुए उसका सामना करते हैं। मैं भी अपने पात्रों से क्रान्ति करवा सकता हूँ परन्तु जब इसे पाठक पढ़ेगा तो उसकी प्रामाणिकता को भी जाँचेगा। मेरी रचनाओं के दलित पात्र आम मनुष्य की तरह हैं।

अ. वि. : आपने बीच में मराठी दलित-साहित्य का ज़िक्र किया। मेरा एक प्रश्न उसी सन्दर्भ में है। क्यों मराठी भाषा में बहुत ही उच्च कोटि का दलित-साहित्य लिखा गया है, जबकि उसके बरअक्स हिन्दी क्षेत्र अपनी विशाल आबादी के बावजूद कुछ ख़ास प्रस्तुत नहीं कर पा रहा है?

भ. मो. : ऐसा नहीं है कि मराठी दलित और उत्तर भारत के दलित की समस्याओं में कोई ज़्यादा फ़र्क़ है। लेकिन हिन्दी के दलित-साहित्य में समाज की सूक्ष्मताओं को एक्सपोज़ करने के बजाय यहाँ पूरा-का-पूरा झगड़ा वर्चस्व को लेकर चल रहा है। पिछले दिनों मेरा एक लेख छपा था 'वर्तमान साहित्य' में 'दलित-विमर्श के अन्तर्विरोध'। इसके ख़िलाफ़ 'वर्तमान साहित्य' में काफ़ी चिट्ठियाँ छपीं। कुछ छद्म नामों से भी लिखी गई थीं। उनमें मुझे सवर्णों का दलाल बताया गया। अभी जो 'दलित-साहित्य 2000' का पहला अंक आया है, उसमें ओम प्रकाश वाल्मीकि, सूरजपाल चौहान और भगवानदास मोरवाल के ख़िलाफ़ बाक़ायदा एक लेख है उसमें जिस तरह की भाषा में बात की गई है वह बेहद निन्दनीय है।

यह बात सही है कि अगर सामाजिक असमानता को ख़त्म करना है तो सवर्णों को दलितों के साथ रोटी-बेटी का रिश्ता क़ायम करना चाहिए। मैं इसके बिलकुल पक्ष में हूँ परन्तु दलितों में भी जो सवर्णवाद और ब्राह्मणवाद फैला हुआ है, सबसे पहले उसे ख़त्म करना होगा। मैंने उस लेख में सोदाहरण बताया है कि किस तरह एक जाति-विशेष के दलित बुद्धिजीवी अपने से निम्न जाति-विशेष के बुद्धिजीवी से सवर्णों जैसा व्यवहार करते हैं। दलितों के अन्दर के सवर्णवाद को ख़त्म करना होगा। मराठी दलित-साहित्य के मॉडल को हिन्दी में शॉर्टकट की तरह इस्तेमाल किया जा रहा है। अगर आज ओमप्रकाश वाल्मीकि ने अपने लेखन में जगह बनाई है, तो अपनी गम्भीरता की वजह से बनाई है कई तरह के स्वार्थों से अलग हटकर। एक दलित या पिछड़े होने के बजाय मेरी पहचान मेरे लेखन से बनी है ख़ासकर 'काला पहाड़' उपन्यास से। मेरे पूरे उपन्यास की पृष्ठभूमि में मुसलमान और हिन्दू है। दलित होने के नाते इसकी पृष्ठभूमि भी उस तरह की हो सकती थी। लेखक का दायित्व बनता है कि वह समाज की अच्छाइयों को भी सामने लाए। दलितों के प्रति उत्तर भारत में वैसी क्रूरता आप नहीं पाएँगे जैसी देश के बाक़ी हिस्सों में है। लेकिन अस्पृश्यता और छुआछूत आज भी है। दलित पात्र हैं 'काला पहाड़' में लेकिन वो समाज का एक हिस्सा हैं। मेरे उपन्यास में सवर्ण खलनायकों की भूमिका में हैं जबकि नायक की भूमिका में मेव व दलित हैं।

अ. वि. : 'काला पहाड़' उपन्यास में आपने जिस मेवात क्षेत्र को प्रस्तुत किया है वह साम्प्रदायिक सौहार्द का जीता-जागता उदाहरण है। इस लिहाज़ से गुजरात

भी एक शान्तिपूर्ण प्रदेश रहा है इसलिए गुजरात में जितना कुछ घटा उसे आश्चर्यजनक माना जा रहा है। क्या पश्चिम से उठा यह काला बादल मेवात पर भी मँडरा सकता है?

भ. मो. : अभी होली थी। मैं गाँव गया था और तीन दिन वहाँ रहकर आया हूँ। पूरे इलाक़े में घूमा परन्तु मुझे कहीं भी नहीं लगा कि गुजरात का प्रभाव मेव मुसलमान बाहुल्य क्षेत्र में देखा गया। लेकिन एक संशय और आशंका लोगों के बीच अभी भी बनी हुई है। शिवरात्रि पर वहाँ पिछले कुछ वर्षों से महिलाओं के द्वारा कलश-यात्रा निकाली जाती थी। लेकिन गुजरात में जिस तरह का माहौल है कुछ लोगों को आशंका थी कि कहीं कोई शरारती तत्त्व उसमें विघ्न न डाल दे। हालाँकि मेव मुसलमान समुदाय ने इसका विरोध किया और कलश-यात्रा निकालने को कहा। उनका कहना था कि कलश-यात्रा का नहीं निकाला जाना ग़लत सन्देश दे सकता है। इस तरह के कई उदाहरण हैं।

गुजरात की आर्थिक परिस्थितियाँ मेवात से भिन्न हैं। मेवात के विपरीत गुजरात उद्योगों से जुड़ा समाज है। गुजरात में मध्यमवर्ग की भागीदारी है। यह वही मध्यमवर्ग है जिसे दूसरे के दुख से कोई लेना-देना नहीं रहा। धीरे-धीरे इस मध्य वर्ग में मुसलमानों के प्रति नफ़रत भरती जा रही है जबकि मेवात के आम आदमी की पहली प्राथमिकता जीवन-यापन है।

अ. वि. : तो क्या आपका यह कहना है कि गुजरात में जो कुछ हुआ वह गुजरात की अतिरिक्त सम्पन्नता की वजह से हुआ। क्या पंजाब में भी ऐसा कुछ देखा गया था जब हरित क्रान्ति की वजह से पंजाब में काफ़ी पैसा आया था?

भ. मो. : आपने जो कहा मुझे लग रहा है कि वह मेवात के सन्दर्भ में बहुत सही है। इस तरह की सम्पन्नता जिन परिवारों में आ रही है उनकी भी गतिविधियाँ मध्यमवर्ग की गतिविधियाँ जैसी बन रही हैं। जो थोड़ा-बहुत तनाव पैदा करने की कोशिश होती है उसमें भी यही वर्ग शामिल होता है। गाँव का मज़दूर-किसान उसमें शामिल नहीं है। इसको वही वर्ग हवा देता है जिसके पास जीवन की मूलभूत सुविधाएँ उपलब्ध हैं। चूँकि इन सब चीज़ों के लिए कट्टरता के साथ-साथ नव मध्यवर्ग जो पिछले 10-15 सालों से अस्तित्व में आया है, मुझे लगता है साम्प्रदायिकता को फैलाने में और समाज का माहौल बिगाड़ने में इस वर्ग की बड़ी भूमिका है।

अ. वि. : आपके प्रिय रचनाकार कौन-कौन हैं? आपको कौन सी कहानियाँ अच्छी लगी हैं?

भ. मो. : देखिए, मैं ईमानदारी से बताऊँ तो जिस तरह से मेरा समाज और शिक्षा रही है वैसे समाज और शैक्षिक वातावरण में आप यह उम्मीद करें कि मैंने विपुल

साहित्य पढ़ा होगा! ईमानदारी से कहूँ तो लगभग न के बराबर पढ़ा है। मुझे अभी भी याद है कि स्कूल में मैंने दो कहानियाँ पढ़ीं। बाद में पता चला कि ये हिन्दी साहित्य के बड़े पुरोधा हैं। एक कहानी थी प्रेमचन्द की 'बड़े घर की बेटी' और दूसरी थी जैनेन्द्र की 'पाजेब'। सच बात तो यह है कि ग्रेजुएशन करने के बाद जब मैं दिल्ली आया था। तब तक हिन्दी साहित्य के बारे में मेरी जानकारी बिलकुल नगण्य थी। 1985-86 के बाद मेरा थोड़ा विकास हुआ। मैं जिस परिवेश से आया हूँ उसमें मेरी प्राथमिकता कभी लेखक बनने की नहीं रही। आम मज़दूर परिवार से सम्बन्ध रखते हुए मैं दिल्ली में साहित्य में स्थापित होने के लिए नहीं आया था। साहित्य कभी मेरी प्राथमिकता भी नहीं थी। लेखकीय ऊर्जा जिस उम्र में चढ़ाव पर होती है, उस उम्र का ज़्यादातर हिस्सा मैंने रोटी की जद्दोजहद में बिता दिया।

मेरा लेखन लगभग 90 के दशक के अन्त में शुरू हुआ इसलिए मैंने पढ़ा भी लेखकों को इसी दौरान। इसलिए राजेन्द्र यादव, कमलेश्वर सहित असंख्य वरिष्ठ लेखकों को मैंने ज़्यादा नहीं पढ़ा है। कमलेश्वर की 'बयान' कहानी अभी भी याद है। इसके बाद लेखकों में जिसने मुझे सबसे ज़्यादा प्रभावित किया वे स्वयं प्रकाश हैं। कथा-साहित्य में स्वयं प्रकाश को मैं अपना आदर्श मानता हूँ। उसी पीढ़ी में उदय प्रकाश, अरुण प्रकाश आदि हैं। इन्हें आप मेरा समकालीन भी कह सकते हैं। वैसे किसी ख़ास का नाम लेना एक दुविधा में डालनेवाला उत्तर है।

अ. वि. : दलितों के बीच आज प्रेमचन्द की हालत गांधी जैसी होती जा रही है। प्रेमचन्द पर दलित विरोधी होने का आरोप लग रहा है? प्रेमचन्द जैसे कथाकार की यह हालत क्यों की जा रही है?

भ. मो. : प्रेमचन्द पर दलित विरोधी होने का जो आरोप लग रहा है, वह केवल एक कहानी 'कफ़न' के कारण है। 'कफ़न' में भी मेरा मानना है कि एक जाति-विशेष शब्द, जिसके द्वारा घीसू और माधव की जाति बताई गई है, अगर उस शब्द को निकाल दें, तो मुझे नहीं लगता है कि उन पर जो आरोप लग रहा है तब भी लगेगा। 'कफ़न' दलित विरोधी कहानी नहीं है। एक चरित्र की लम्पटता, क्रूरता और अमानवीयता को उन्होंने दिखाया है, न कि किसी जाति-विशेष को ठेस पहुँचाई है। उस कहानी के साथ सोची-समझी साज़िश के तहत अन्याय हो रहा है। गांधी और प्रेमचन्द पर आरोप लगानेवाले लगभग एक ही क़िस्म के लोग हैं। हमारे दलित बुद्धिजीवी की ओर से सबसे ज़्यादा प्रहार वामपन्थी बुद्धिजीवी पर किया जाता है। जो कट्टर सवर्णवाद के पोषक हैं उनके ख़िलाफ़ ये लोग कभी नहीं बोलते हैं। ले-देकर ये रामविलास शर्मा को गाली दे सकते हैं।

अ. वि. : आजकल आप क्या लिख रहे हैं?

भ. मो. : दरअसल, मैं अपने दूसरे उपन्यास को दिसम्बर के अन्त तक पूरा करने की सोच रहा हूँ। पृष्ठभूमि इसमें भी मेवात की है। ख़ासतौर से मेवाती मुसलमान समुदाय में स्त्री की भूमिका को लेकर लिख रहा हूँ।

अ. वि. : शीर्षक क्या है...

भ. मो. : शीर्षक अभी तक तय नहीं किया है। विषय है कि मेवात समाज में शरीअत के कारण कई ऐसे फ़ैसले होते हैं जो स्त्रियों के विरोध में जाते हैं। यह विवादास्पद भी हो सकता है।

(जून, 2002)

अन्ततः चर्चा तो रचना की ही होती है

डॉ. पल्लव की बातचीत

नवें दशक में ठहरे से प्रतीत हो रहे उपन्यास-कथा परिदृश्य में अचानक एक हलचल होने लगी और एक के बाद एक अनेक महत्त्वपूर्ण उपन्यास और कहानी-संग्रह आए। 'कलिकथा वाया बाईपास' से लगाकर 'कॉमरेड का कोट' सदृश अनेक महत्त्वपूर्ण रचनाओं में ही एक उपन्यास चर्चा में आया और वह था 'काला पहाड़'। राजस्थान और हरियाणा से लगते मेवात के जनजीवन पर केन्द्रित इस उपन्यास से अपनी सार्थक पहचान बनानेवाले कथाकार-उपन्यासकार भगवानदास मोरवाल से उनके लेखन और समकालीन रचना परिदृश्य पर बातचीत यहाँ प्रस्तुत की जा रही है। मोरवाल के तीन कहानी-संग्रह 'सिला हुआ आदमी', 'सूर्यास्त से पहले' और 'अस्सी मॉडल उर्फ़ सूबेदार' तथा एक काव्य संकलन 'दोपहरी चुप है' के साथ दो सम्पादित पुस्तकें व बच्चों के लिए भी प्रकाशन आ चुके हैं। उन्हें अपने लेखन पर साहित्यिक कृति पुरस्कार, राजाजी पुरस्कार, डॉ. अम्बेडकर फ़ेलोशिप सम्मान व प्रभादत्त मेमोरियल सम्मान प्रदान किये गए हैं। प्रस्तुत है लेखक से बातचीत—

डॉ. पल्लव : अपने बचपन के बारे में बताइए! वह कैसा परिवेश था, जहाँ आप में एक लेखक बनने के संस्कार बन सके?

भगवानदास मोरवाल : अपने बचपन के बारे में कभी बताना पड़ा तो बहुत कुछ है बताने को। दरअसल, बचपन ही वह समय है जिसमें हमें उन बातों का भी पता चलता है, जिनसे हमारा सरोकार बाद में जाकर पड़ता है। किसी भी लेखक के रचनात्मक विकास और उसके नज़रिये का सबसे महत्त्वपूर्ण आईना उसका बचपन और उसका परिवेश है। मेरा पूरा परिवेश देश के उन बहुत सारे उपेक्षित और पिछड़े गाँव-क़स्बों की तरह है जिनमें बाह्य विकास के मिथ्या आँकड़े दिखाई देते हैं। आसपास वही दलित जातियाँ हैं जिनके छूने-भर से व्यक्ति एकदम शूद्र हो जाए। उन्हीं मेवों (मुसलमानों) के घर हैं जिन्हें आज़ादी के पचास वर्षों बाद भी सन्देह की दृष्टि से देखा जाता है। मगर इस सबके बीच जो सबसे अधिक इन समाजों

और वर्गों को अभिभूत करनेवाला तत्त्व है वह है इनका जीवन-व्यवहार। यही वह जीवन-व्यवहार या आचरण है जिसने मुझे लिखने के लिए प्रेरित किया।

प. : लेखन के आरम्भिक दिनों के बारे में बताएँ।

भ. मो. : शुरुआत क़स्बाई लेखन के चलते बेहद बचकानी लेकिन इनोसेंट कविताओं से हुई। चूँकि साहित्य जैसा कोई माहौल नहीं था इसलिए उस लेखन की पहचान करना बेहद मुश्किल था जैसा आज हम पढ़ते और लिखते हैं। हाँ, जो कुछ भी लिखा, अन्य कथा-तत्त्वों को छोड़कर, ईमानदारी से लिखा। निम्नवर्गीय जीवन की उन्हीं समस्याओं पर लिखा, जो आज भी मेरे जैसे लेखक का सबसे बड़ा आधार है। बहुत कुछ दिल्ली आकर पता चला। सफ़ेद-स्याह का फ़र्क़ यहीं आकर दिखा। 'काला पहाड़' उपन्यास भी लिखा तो यहीं आकर।

प. : 'काला पहाड़' को तो पर्याप्त प्रशंसा मिली है। इसकी रचना-प्रक्रिया और लिखे जाने के कारणों को थोड़ा बताएँ।

भ. मो. : इस प्रशंसा का मुझे बड़ा कारण यह लगता है कि हिन्दी का एक बहुत बड़ा पाठक-वर्ग ऐसा है जो निम्न मध्यमवर्गीय है तथा जिसकी आस्था धार्मिक या साम्प्रदायिक प्रपंचों से अधिक आपसी सौहार्द में है। यह उपन्यास मैं कहूँगा इसी वर्ग का प्रतिनिधित्व करता है। पिछले दिनों डॉ. नामवर सिंह ने कहा था कि—"हमारा विस्थापन हमारे सोचने के तरीक़ों और हमारी दृष्टि को एक व्यापकता प्रदान करता है, इन्हें गहरे तक प्रभावित करता है। इसका अहसास उन्हें विभिन्न प्रदेशों और राज्यों से पलायन करनेवाले और विस्थापितों से बने दिल्ली महानगर में आकर हुआ।" बहुत सारी विषमताओं और विद्रूपताओं के अलग-अलग अर्थ मुझे भी इस महानगर में आने के बाद समझ में आए। मेवात के जिन सामाजिक सरोकारों और आचरण को हम बहुत आम मानते हैं, वे ऐसे हैं नहीं। हिन्दू और मेवों के आपसी सम्बन्धों की जटिलता भारतीय समाजशास्त्रियों के लिए एक अध्ययन का विषय हो सकता है। इन्हीं सामाजिक, सांस्कृतिक और मानवीय सरोकारों ने मुझसे यह कार्य कराना शुरू किया।

प. : 'काला पहाड़' को कुछ आलोचकों-समीक्षकों ने आंचलिक उपन्यास माना है, क्या आप ऐसे किसी वर्गीकरण को ठीक मानते हैं?

भ. मो. : मैं इस तरह की टिप्पणी को किसी भी कृति का सरलीकरण मानता हूँ। दरअसल किसी रचना की रेंज को कम आँककर देखने के कारण ऐसी टिप्पणी की जाती है। यदि देखा जाए, बल्कि मेरा मानना है कि किसी कृति या कृतिकार का क़द छोटा करना हो तो ऐसी टिप्पणी उसके लिए काफ़ी है। यह किसी रचना का

उसकी व्यापकता और समग्रता में ठीक-ठीक आकलन न करना है।

प. : इस उपन्यास को पढ़कर राजस्थान और हरियाणा से लगे मेवात के पाठकों की कैसी प्रतिक्रियाएँ मिलीं?

भ. मो. : मुझे हैरानी यह देखकर हुई कि जिस हरियाणा के मेवात क्षेत्र से मेरा सम्बन्ध रहा उससे कहीं ज़्यादा प्रतिक्रियाएँ राजस्थान स्थित मेवात के सुधी विद्वानों और पाठकों से मिलीं। इसकी वजह मुझे यही लगती है कि राजस्थान के मेवात के पाठक मेरे हरियाणावाले पाठकों से कहीं ज़्यादा जागरूक और अपनी संस्कृति के प्रति संवेदनशील हैं। यही कारण है कि जितने ज़्यादा मेवात की साहित्यिक, सांस्कृतिक ऐतिहासिकता को लेकर राजस्थान में काम हुए हैं, या हो रहे हैं उतना उत्तर प्रदेश या हरियाणा स्थित मेवात में नहीं हुआ है।

प. : उपन्यास को लिखने में कितना समय लगा और कितने ड्राफ़्ट बने?

भ. मो. : लगभग पाँच वर्ष और तीन ड्राफ़्ट।

प. : क्या इसकी सफलता पर आपको पहले से विश्वास था? बड़े प्रकाशन का होना कहाँ तक लाभप्रद रहा?

भ. मो. : नहीं। इसकी सफलता पर मुझे बिलकुल विश्वास नहीं था बल्कि प्रकाशित होने तक और उसके बाद भी बहुत दिनों तक एक संशय बना रहा कि पता नहीं मेवात जैसे उपेक्षित और पिछड़े-अनजाने क्षेत्र पर लिखे गए इस उपन्यास को हिन्दी-जगत् किस रूप में लेगा। वह भी बक़ौल कमलेश्वर जी, "जहाँ साहित्य के कारख़ाने खुले हुए हों रचना और रचनाकार को खुलेआम कुछ मंचों से प्रायोजित किया जाता हो।" दरअसल, इधर हिन्दी साहित्य में किसी रचना या रचनाकार का अहित उसकी श्रेष्ठता या सफलता-असफलता नहीं करते, जितना ये मंच करते हैं। लेकिन इस उपन्यास का जो थोड़ा-बहुत नोटिस लिया गया वह इन मंचों द्वारा नहीं, अपितु उस पाठक-वर्ग द्वारा लिया गया जो वास्तविक रूप से किसी रचना का सही आलोचक होता है। बड़े प्रकाशक का होना भी लाभप्रद रहा मगर अन्ततः चर्चा तो रचना की ही होती है।

प. : आपने 'दलित-विमर्श के अन्तर्विरोध' शीर्षक से एक लेख लिखा था जो चर्चा में भी रहा। इस प्रसंग में बताएँ कि दलित-साहित्य आपकी दृष्टि में कैसा होना चाहिए और क्या यह भी ठीक है कि दलित ही दलित-साहित्य लिखें?

भ. मो. : दरअसल, इस लेख के माध्यम से मैंने अपने मन में उपजे कुछ सवालों और शंकाओं को उठाने की कोशिश की थी। मसलन, एक बहुत बड़ा प्रश्न यह था कि जब हम दलितों की बात करते हैं तब यह सिर्फ़ किसी एक जाति-विशेष पर

आकर ठहर जाती है। दूसरा प्रमुख प्रश्न यह था कि एक तरफ़ दलित बुद्धिजीवी, चिन्तक, लेखक आदि-आदि सवर्णों से तो यह अपेक्षा करते हैं कि वे भारतीय समाज से सामाजिक असमानता, उसमें व्याप्त जाति पर आधारित भेदभाव को दूर करें, लेकिन ऐसा कहते समय वे यह भूल जाते हैं कि वे अपने से निम्न वर्ग के लोगों के साथ एकदम सवर्णों जैसा व्यवहार करते हैं। मैंने इसके पक्ष में अनेक उदाहरण दिये किन्तु इसके उलट हमारे कुछ दलित लेखकों ने यह बहस जान-बूझकर व्यक्तिगत आरोप-प्रत्यारोपों में उलझाकर रख दी। कुछेक जाति-विशेष के तथाकथित नव-चिन्तकों और बुद्धिजीवियों ने इसे दो दलित जातियों के बीच का मुद्दा बना दिया।

मैं व्यक्तिगत रूप से इसका विरोधी भी नहीं हूँ कि दलित ही दलित-साहित्य लिखें, मगर इसमें दलित लेखकों की नीयत और मंशा तो साफ़ हो। यदि एकाध दलित रचनाकार जैसे ओमप्रकाश वाल्मीकि, डॉ. धर्मवीर, सूरजपाल चौहान को छोड़ दिया जाए, तो अधिकतर पुरस्कारों, सम्मानों, फ़ेलोशिप आदि के कुचक्र में फँसे हुए हैं। इस सन्दर्भ में मैं वरिष्ठ कथाकार अरुण प्रकाश की टिप्पणी दुहराना चाहूँगा कि—"दलित-साहित्य में संकीर्णता के बजाय पारस्परिक सहिष्णुता और एक लक्ष्यबद्धता आए तो ही साहित्य की इस नव्यतम धारा का भला होगा।"

प. : किन्तु क्या साहित्य को नारी-लेखन या दलित-लेखन जैसे खाँचों में विभाजित करना एक सही प्रवृत्ति कही जा सकती है?

भ. मो. : इस मुद्दे पर कोई त्वरित टिप्पणी करना तो मुश्किल है। ऐसा लगता है कि जितनी प्रखरता के साथ नारी या दलित-लेखन के पक्ष में बात फिर भी कही जा रही है, उस पर थोड़ी देर रुककर सोचना बहुत ज़रूरी है। मुझे लगता है इन खाँचों में विभाजित करने के पीछे कुछ लेखकों की अतिरिक्त रूप से छूट लेने की मंशा के साथ-साथ अन्य समुदायों द्वारा अतिक्रमण वाला भाव ज़्यादा निहित है। किसी हद तक इस प्रवृत्ति के चलते साहित्य में लेखकीय निकष और प्रतिमानों के बरअक्स 'शॉर्टकट' को बढ़ावा देना भी है।

प. : कहानी और उपन्यास विधा में आप ख़ुद को कहाँ अधिक सहज महसूस करते हैं?

भ. मो. : प्राय: एक धारणा बन गई है कि किसी भी कथाकार के लेखकीय मापदंड को उपन्यास से ही मापा जा सकता है। हालाँकि उपन्यास और कहानी विधा में कोई बड़ा फ़र्क़ नहीं है लेकिन उपन्यास विधा की एक विशेषता यह है कि एक

कथाकार अपने जीवनानुभवों के उस बीहड़पन को इसमें उड़ेल सकता है, जो कहानी में सम्भव नहीं है। इसलिए मैं अपने छोटे से अनुभव और पहले उपन्यास के आधार पर कह सकता हूँ कि अपने-आप को उपन्यास में कहीं अधिक सहज महसूस करता हूँ।

प. : साहित्यिक पत्रिकाओं के वर्तमान परिदृश्य से आप कितने सन्तुष्ट हैं? क्या इन पत्रिकाओं से आप कोई भिन्न अपेक्षाएँ भी रखते हैं?

भ. मो. : जहाँ तक साहित्यिक पत्रिकाओं के वर्तमान परिदृश्य का प्रश्न है तो उनमें उन पत्रिकाओं की भूमिका कहीं अधिक सार्थक है, जो किसी संस्थान या लेखक संघ द्वारा प्रकाशित की जा रही हैं। दरअसल, एकाएक एक के बाद एक प्रकाशित होनेवाली पत्रिकाओं के पीछे अत्यधिक प्रचार और स्थापित करनेवाला भाव कहीं अधिक दिखाई देता है। इनमें से कुछ पत्रिकाएँ ऐसी हैं जो आभिजात्य वर्ग के नवधनाढ्यों द्वारा पोषित हैं। इसलिए उनकी उपस्थिति लगभग हर अंक में दिखाई देती है। वास्तव में, साहित्य-सेवा से अधिक साहित्य के केन्द्र में आने के प्रयास और मुख्यधारा में ख़ुद को बनाए रखने के लिए एक ऐसा वर्ग साहित्य में आ गया है, जो साहित्य को 'प्रॉडक्ट' की तरह इस्तेमाल कर रहा है।

प. : आपके प्रिय लेखक कौन हैं?

भ. मो. : मेरे प्रिय लेखकों में प्रेमचन्द, रेणु, राही मासूम रज़ा, स्वयं प्रकाश, उदय प्रकाश, अरुण प्रकाश, संजीव, मंज़ूर एहतेशाम और अपने समकालीनों में ओमप्रकाश वाल्मीकि तथा हरि भटनागर हैं। इनके रचना-संसार में मुझे अपना संसार और जीवन-जगत् दिखाई देता है।

प. : पुरस्कारों के बारे में आप क्या सोचते हैं? इनसे कोई दबाव भी बनता है लेखक पर?

भ. मो. : पुरस्कार या सम्मान किसी भी लेखक के लिए प्रोत्साहित करनेवाला मात्र एक कारक होता है। जिस तरह आज इन पुरस्कारों और सम्मानों को पाने के लिए नये-नये तरीक़े और रणनीतियाँ अपनाई जाती हैं, उनसे इनकी गरिमा कम भी हुई है। मुझे नहीं लगता कि पुरस्कार या सम्मान से कोई दबाव बनता है। हाँ, इधर पुरस्कारों की संख्या में जिस तेज़ी से वृद्धि हो रही है, वह चौंकाने वाली है।

प. : इन दिनों क्या नया लिख रहे हैं? आगे क्या योजना है?

भ. मो. : एक और उपन्यास लिखने की कोशिश हो रही है। पृष्ठभूमि वही मेवात है। देखिए कैसा बनता है। कुछ कहानियाँ भी लिखने का मन है। भविष्य की योजनाओं के बारे में बताना थोड़ा मुश्किल है। मेवाती लोक-साहित्य पर कुछ काम करने का मन है लेकिन उसके लिए वैसी मानसिकता बनी नहीं है।

(*अनुकृति,* उदयपुर (राजस्थान); 2002)

राजनेताओं ने मेवात को पचास साल पीछे धकेल दिया

अनिल आर्य की बातचीत

अब से लगभग सात माह पूर्व यानी 6 दिसम्बर, 1992 से पहले बहुत कम ऐसे लोग थे, जिन्होंने मेवात क्षेत्र का नाम सुना था, और जिन्होंने सुना था उनके लिए मेवात एक उदाहरण व प्रतीक था—सांस्कृतिक एकता और आपसी सौहार्द का। लेकिन 6 दिसम्बर की दुर्भाग्यपूर्ण घटनाओं के बाद यही मेवात धीरे-धीरे सुर्ख़ियों में आने लगा और 30 जनवरी, 1993 की एक और दुखद घटना के बाद तो मेवात ज़्यादातर समाचार-पत्रों के प्रथम पृष्ठ की पहली ख़बर तक बन गया।

इसी निश्छलता और भोलेपन की सरज़मीं पर एक ऐसा रचनाकार भी जन्मा है, जिसकी रचनाओं में पूरा मेवात जैसे साथ-साथ चलता है। जिसकी कहानियों के पात्र रू-ब-रू होकर पाठक से बतियाते हैं और जिसकी कहानियाँ मेवात की बदहाली को बयान करती हैं, यह युवा कथाकार है—भगवानदास मोरवाल।

प्रस्तुत है इस कथाकार से यह बेबाक़ बातचीत—

अनिल आर्य : मोरवाल जी, अक्सर मेवात के बारे में कहा जाता है कि यह क्षेत्र सांस्कृतिक एकता की दृष्टि से इतना सम्पन्न है कि लोग इसकी मिसाल तक देते हैं, क्या आपको ऐसा लगता है?

भगवानदास मोरवाल : अनिल जी लगता नहीं, बल्कि है। यह तो आप भी महसूस करते होंगे क्योंकि आपका सम्बन्ध भी उसी क्षेत्र से है। सही बात तो यह है कि इस सम्पन्नता पर जो सम्मान मुझे मेवाती होने के नाते विरासत में मिला है उस पर बेहद गर्व होता है। गर्व इसलिए क्योंकि कभी-कभी मुझे लगता है कि जैसे किसी समुद्र की गहराई में केवल जीव-जन्तु या कीचड़ नहीं होती, अपितु उसमें बहुमूल्य मोती और सीपियाँ भी होती हैं, उसी तरह मेवात के भीतर भी अनेक

मोती और सीपियाँ छिपे हुए हैं। इसके गर्भ में सांस्कृतिक सम्पन्नता, एकता और आपसी सौहार्द का अभी भी विपुल भंडार है, ज़रूरत सिर्फ़ ऐसे गोताखोरों की है, जो इन्हें खोज सकें।

अ. आ. : तो क्या इस सांस्कृतिक एकता और आपसी सौहार्द को आपने अपनी कहानियों में भी प्रस्तुत किया है?

भ. मो. : हाँ, मैंने अपनी तरफ़ से पूरी-पूरी कोशिश की है। मेरी बहुत-सी कहानियों में आपको इसकी छाया बराबर देखने को मिलेगी। मेरी एक कहानी 'भूकम्प' को पढ़कर जाने-माने कथाकार और 'हंस' के सम्पादक राजेन्द्र यादव ने मुझे पत्र में लिखा था कि—"मेवाती परिवेश पर आधारित मैंने यह पहली कहानी पढ़ी है, एकाध ऐसी कहानियाँ रांगेय राघव ने ज़रूर लिखी थीं।"

मेरे ताज़ा कहानी-संग्रह 'अस्सी मॉडल उर्फ़ सूबेदार' की भूमिका में तो सुप्रसिद्ध आलोचक डॉ. नित्यानन्द तिवारी ने यहाँ तक लिखा है कि—"मोरवाल की कहानियों को पढ़ते हुए यह आभास ही नहीं होता कि उनके पात्र हिन्दू हैं या मुसलमान।"

मुझे लगता है कि डॉ. नित्यानन्द तिवारी के इस कथन से उसी सांस्कृतिक एकता का बोध होता है।

अ. आ. : आप अपनी किन कहानियों को ऐसी कहानियाँ मानते हैं?

भ. मो. : 'भूकम्प', 'महराब', 'लेकिन', 'झूठा दिन', 'अस्सी मॉडल उर्फ़ सूबेदार' ऐसी कहानियाँ हैं, जिनके पात्र और कहीं से नहीं बल्कि मेवात से लिये गए हैं। ये पात्र कहीं मेरी माँ का प्रतिरूप हैं तो कहीं मेरे पिता का। कहीं मेरे पड़ोसी का प्रतिरूप हैं, तो कहीं मेरे गाँव के सरपंच का।

शायद यही वजह है कि डॉ. नित्यानन्द तिवारी ने 'भूकम्प' कहानी की मुख्य पात्र पारो के सम्बन्ध में लिखा है कि पारो जैसा पात्र हिन्दी कथा-साहित्य में शामिल होने लायक है।

अ. आ. : क्या आपको ऐसा नहीं लगता है कि आपकी इन कहानियों पर आंचलिकता की छाप है?

भ. मो. : दरअसल, मेरी निगाह में आंचलिकता या महानगरीय जैसी कोई विभाजन रेखा नहीं है। कहानी तो कहानी है, उसका परिवेश कुछ भी हो सकता है। रही बात एक लेखक की सो लेखक जिस क्षेत्र और जिन जीवन-अनुभवों को जीता है, उन्हें वहीं की बोली-बानी में प्रस्तुत करने की कोशिश करता है। यह काम तो सुधी आलोचकों और समीक्षकों का है कि वे उसे किस ख़ाने में बिठाते हैं।

अ. आ. : लेकिन आपकी इन कहानियों को पढ़ते हुए बार-बार ऐसा लगता है कि इनके पात्रों द्वारा बोले गए संवाद नितान्त आंचलिक हैं—ऐसा कहीं आपने जान-बूझकर तो नहीं किया है।

भ. मो. : अनिल जी, जैसा आरोप आप मेरी कहानियों पर लगा रहे हैं, वैसा कभी आपने या किसी और ने पूर्वी उत्तर प्रदेश या बिहार के उन कथाकारों पर लगाते हुए सुना है, जिनकी कहानियों के पात्रों के संवाद विशुद्ध अवधी, मैथिली या भोजपुरी में होते हैं?

दरअसल, मेवात के मुझ जैसे लेखक का यह दुर्भाग्य है कि मेवात एक रेणु तो क्या, क़ायदे का पाठक भी पैदा नहीं कर पाया है, आलोचक की बात तो दूर रही। फिर भी यदि आपको इसका अहसास होता है तब मैं इसे अच्छा ही मानता हूँ। कम-से-कम मेरी पहचान तो बन रही है, क्योंकि मेवात में एक दोहा काफ़ी प्रचलित है कि—

भूम का तो काँटा भला, परभूम कैसा बाग।
जिनका भूम भाई दोनूँ छुटगा, वे जला जाएँ बिन आग॥

अ. आ. : आपका एक कविता-संग्रह भी प्रकाशित हो चुका है। आप अपने-आप को मूलत: क्या मानते हैं—कवि या कथाकार?

भ. मो. : मुझे लगता है कि ज़्यादातर लेखकों के लेखन की शुरुआत कविता से ही होती है, शायद इसलिए कि कविता के द्वारा वह अपनी बात को ज़्यादा असरदार तरीक़े से पाठक तक पहुँचा सकता है। लेकिन धीरे-धीरे वह अन्य विधाओं की ओर भी उन्मुख होता है और एक समय ऐसा आता है जब उसकी पहचान एक विधा-विशेष में बन जाती है। तब उसे स्वयं यह फ़ैसला करना होता है कि वह अपने-आप को क्या माने।

अ. आ. : हरियाणा प्रदेश के लोक-साहित्य को संरक्षण प्रदान करने का काम हरियाणा साहित्य अकादमी करती है, क्या आपको लगता है कि अकादमी इस दायित्व को पूरी ईमानदारी के साथ निभा रही है?

भ. मो. : किसी की ईमानदारी के बारे में तो मैं कुछ नहीं कह सकता। हाँ, इतना अवश्य सुना है कि यह अकादमी लोक-साहित्य को संरक्षण प्रदान करने का कार्य करती है। आपको यह विचित्र-सा लगेगा कि मैंने यह सुना-भर है क्योंकि मेवात का बड़ा हिस्सा दक्षिण हरियाणा में आता है, किन्तु जहाँ तक मेरी जानकारी है मैंने न तो आज तक ऐसा सुना है और न ही देखा है कि इस अकादमी ने मेवाती लोक-साहित्य के उत्थान और संरक्षण के लिए कोई क़दम उठाया हो। जबकि राजस्थान साहित्य अकादमी में अलग से मेवाती विंग है जिसके सदस्य अनेक मेवाती विद्वान हैं।

सबसे बड़ा दुर्भाग्य तो मेवात का यह है कि अकादमी के वर्तमान निदेशक न केवल इसी क्षेत्र के निवासी हैं बल्कि सालों तक धुर मेवात के एक क़स्बे के महाविद्यालय में प्रिंसिपल रह चुके हैं। मेवात के बारे में सब कुछ जानते हुए भी इन्होंने इस क्षेत्र के लोक-साहित्य के लिए कोई कारगर क़दम नहीं उठाया है और अब तो उनका कार्यकाल भी पूरा होने जा रहा है, ऐसे में उनसे अब क्या आशा की जा सकती है।

अ. आ. : इस उपेक्षा का आप क्या कारण मानते हैं?

भ. मो. : कारण तो दरअसल कई हैं लेकिन सबसे बड़े मैं दो कारण मानता हूँ। पहला तो यह कि अकादमी की बागडोर पहले प्रशासनिक अधिकारियों को सौंपी जाती रही है (बीच-बीच में अभी भी सौंप दी जाती है) और बाद में ऐसे तथाकथित साहित्यकारों के हाथों में सौंपी जाने लगी, जिन्हें भारतीय साहित्य या हिन्दी साहित्य तो क्या, अपने प्रदेश के साहित्य और साहित्यकारों के बारे में ही पूर्ण जानकारी नहीं होती है।

(*राष्ट्रीय सहारा;* 18 जून, 1993)

लेखक से किसी तरह के निष्कर्ष पर पहुँचने की अपेक्षा करना बेमानी है

जयसिंह यादव की बातचीत

जयसिंह यादव : आपको लेखन की प्रेरणा कहाँ से और कैसे मिली? लेखन के आरम्भ में आपको किन-किन समस्याओं का सामना करना पड़ा?

भगवानदास मोरवाल : किसी भी लेखक की प्रेरणा का पहला स्रोत उसका जीवन-जगत् और उसका जीवन-संघर्ष होता है। मेरे लेखन की प्रेरणा भी मेरा जीवन-संषर्घ है। रही बात आरम्भिक लेखन में आनेवाली समस्याओं की, सो लेखन कोई व्यवसाय नहीं है जिसमें समस्याओं की बात आती हो। लेखन अपने-आप बता देता है कि आपकी क्या-क्या समस्याएँ हैं।

ज. या. : आपने साहित्य की विभिन्न विधाओं (उपन्यास, कहानी, कविता आदि) में लेखन कार्य किया है लेकिन साहित्य के गलियारों में आप एक उपन्यासकार के रूप में ही जाने जाते हैं। इसका क्या कारण है?

भ. मो. : एक लेखक की पहचान किसी एक विधा में बनना बुरी बात नहीं है। लेखक को वही विधा अपनानी चाहिए, जिसमें वह अपने-आप को पूरी ईमानदारी और शिद्दत के साथ अभिव्यक्त कर सके।

ज. या. : आपने अपने उपन्यासों में जिन स्त्री-समस्याओं को उठाया है वे सार्वदेशिक हैं। किन्तु शिल्प-विन्यास में क्षेत्रीयता का रंग विशेष रूप से उभरता है। इसे आप किस नज़रिये से देखते हैं?

भ. मो. : क्षेत्रीयता तो अपनी बात कहने का महज़ एक कैनवस है, जबकि समस्याएँ होती सार्वभौमिक ही हैं। असल बात यह है कि अगर लेखक अपनी बात कहने में सफल हो जाता है तो वही उसकी कामयाबी है।

ज. या. : एक क्षेत्र की समस्या का अन्य क्षेत्रों के साथ सरोकार होना आप किस प्रकार मानते हैं?

भ. मो. : समस्याएँ किसी क्षेत्र-विशेष की कभी नहीं होतीं, वो मनुष्य की समस्याएँ होती हैं।

ज. या. : आपके तीन उपन्यासों में दो प्रमुखत: स्त्री-केन्द्रित रहे हैं। क्या आप अपने को स्त्री से जुड़ा लेखक मानते हैं?

भ. मो. : लेखक कभी भी यह सोचकर नहीं लिखता कि वह स्त्री-केन्द्रित लिख रहा है या पुरुष-केन्द्रित। लेखन लेखन होता है। वह न स्त्री से जुड़ा हुआ होता है और न ही पुरुष से।

ज. या. : आप हिन्दी उपन्यासों में स्त्री मुद्दों को लेकर एक पुरुष और महिला लेखन में कितना अन्तर मानते हैं?

भ. मो. : यह लेखक की दृष्टि पर निर्भर करता है। वास्तव में, स्त्री-पुरुष लेखन का अन्तर हमारे नज़रिये का अन्तर होता है।

ज. या. : आपकी नज़र में स्त्री की वर्तमान स्थिति कैसी है?

भ. मो. : आपका प्रश्न इस पर निर्भर करता है कि आप स्त्री की किस स्थिति के बारे में जानना चाहते हैं—सामाजिक स्थिति, आर्थिक स्थिति, राजनीतिक स्थिति या कोई अन्य स्थिति?

ज. या. : क्या हिन्दी उपन्यासों में चित्रित स्त्री की छवि पूर्ण है?

भ. मो. : यह पाठक के विवेक पर निर्भर करता है कि वह उपन्यास में स्त्री की कौन सी छवि देखना चाहता है।

ज. या. : क्या आप वर्तमान उपन्यासों में स्त्री से जुड़े प्रश्न को लिखना एक अनिवार्य चलन से बँधा मानते हैं?

भ. मो. : ऐसा ज़रूरी नहीं है।

ज. या. : आपके उपन्यास 'रेत' व 'काला पहाड़' में भी स्त्री की समस्या सामने आई और 'बाबल तेरा देस में' में तो पूर्णतया स्त्री ही केन्द्र में रही है। आप वर्तमान भारतीय महिलाओं के सामने आ रही नित नई समस्याओं के कौन-कौन से कारण मानते हैं?

भ. मो. : इसके अनेक कारण हैं—आर्थिक उदारीकरण से लेकर बदलते सामाजिक परिवर्तन तक। समाज की गतिशीलता के चलते मनुष्य की समस्याओं का रूप भी

बदलता रहता है। हो सकता है आनेवाले दो दशकों के बाद कुछ दूसरी समस्याएँ सामने आ जाएँ।

ज. या. : आपने अपने उपन्यास 'बाबल तेरा देस में' में लगभग-लगभग सभी स्त्री-प्रश्नों को उठाने का प्रयास किया है। क्या कोई और प्रश्न, जो आप उस समय नहीं लिख पाए थे, अब लिखना चाहेंगे?

भ. मो. : हाँ, ऐसे बहुत से प्रश्न हैं। मगर अभी उनके बारे में बताना मुश्किल है।

ज. या. : 'बाबल तेरा देस में' उपन्यास के किन पात्रों को महत्त्वपूर्ण मानते हैं? आपके वैचारिक मत को अभिव्यक्त करने में ये पात्र किस स्तर तक सफल हुए हैं?

भ. मो. : एक लेखक के लिए उसकी रचना का हर पात्र महत्त्वपूर्ण होता है, क्योंकि ये मात्र पात्र नहीं होते बल्कि इनमें कहीं-न-कहीं परोक्ष रूप से लेखक का अक्स भी होता है। बल्कि कुछ पात्र, चाहे वे स्त्री-पात्र हों या पुरुष-पात्र स्वयं लेखक ही होता है। इसीलिए कहा जाता है कि एक तरह से किसी पात्र में परकाया के रूप में स्वयं लेखक होता है। 'बाबल तेरा देस में' दादी जैतूनी, शकीला, मुमताज़, मैना यहाँ तक कि हाजी चाँदमल भी महत्त्वपूर्ण पात्र हैं। ये सभी पात्र अपने वैचारिक मत को अपने-अपने तरीक़े से अभिव्यक्त करने में सफल हुए हैं।

ज. या. : आपके स्त्री-पात्र स्त्रियों के साथ हो रहे अन्याय, असमानता, शोषण आदि का खुलकर प्रतिरोध करते हैं किन्तु आगे इन्हीं पात्रों द्वारा इस पर विराम लगाया जाता है, इस अन्तर्विरोध का क्या कारण है?

भ. मो. : यह किसी तरह का अन्तर्विरोध नहीं है। लेखक से किसी तरह के निष्कर्ष पर पहुँचने की अपेक्षा करना बेमानी है। यह लेखक के सोचने का तरीक़ा है। यदि पाठक को इसमें कोई अन्तर्विरोध नज़र आता है तो इसके कारण भी रचना में ही मौजूद हैं। यह आलोचकों और शोधार्थियों पर निर्भर करता है कि वे रचना को किस दृष्टि से देखते हैं।

ज. या. : आपकी दृष्टि में शहरी एवं ग्रामीण स्त्री, उच्च एवं निम्नवर्गीय स्त्री, हिन्दू और मुस्लिम स्त्री की समस्याओं में क्या समानता या असमानता है?

भ. मो. : धार्मिक, सामाजिक, भौगोलिक यहाँ तक कि आर्थिक-सामुदायिक भिन्नता व असमानता के कारण प्रत्येक मनुष्य की अलग-अलग समस्याएँ होती हैं। यह समाजशास्त्रीय अध्ययन की दृष्टि से इतना बड़ा बहस का विषय है कि इसे कुछ शब्दों में बयान नहीं किया जा सकता। हाँ, एक मनुष्य के रूप में कुछ समस्याएँ समान होती हैं। उनको आप अलग करके नहीं देख सकते।

ज. या. : स्त्री-विमर्श को लेकर इतनी चर्चाएँ चल रही हैं। फिर भी आपको अभी किन मुद्दों की कमी लग रही है?

भ. मो. : समय के साथ-साथ विमर्शों की परिभाषाएँ और उनका दायरा बदलता रहता है। आज जो विषय स्त्री-विमर्श के केन्द्र में हैं, ज़रूरी नहीं है कि वे कल भी हों। स्थितियाँ अपने-आप संकेत कर देती हैं कि लेखक को किन विषयों पर लिखना चाहिए।

ज. या. : मौजूदा स्त्री-विमर्श महिलाओं की दैहिक मुक्ति के इर्द-गिर्द घूमता हुआ दिखाई देता है। क्या हिन्दी में स्त्री-विमर्श का दायरा बेहद सिकुड़ा हुआ है। आप इससे कहाँ तक सहमत व असहमत हैं?

भ. मो. : यह हर लेखक के सोचने पर निर्भर करता है। कोई इससे सहमत हो सकता है और कोई नहीं।

ज. या. : आप हिन्दी साहित्य में स्त्री मुद्दों के लिए आत्मकथा या उपन्यास में से किसे महत्त्वपूर्ण मानते हैं?ल

भ. मो. : दोनों अपने-आप में महत्त्वपूर्ण हैं। सवाल इसका है कि लेखक अपने-आप को पूरी संलग्नता और ईमानदारी के साथ किस तरह खरा उतारता है।

ज. या. : नारीवादी दृष्टिकोण से 'बाबल तेरा देस में' उपन्यास के विषय में आपके क्या विचार हैं?

भ. मो. : पहली बात तो यह कि कोई भी रचनाकार जब लिखता है तब वह किसी दृष्टिकोण के तहत नहीं लिखता। यह एक आलोचकीय पद है और इसे देखना आलोचकों का काम है, न कि किसी कथाकार या उपन्यासकार का।

(2009)